总主编　惠　中

21世纪
小学教师
教育系列教材

小学品德与生活（社会）教学设计与案例分析

主　编　丁晓东
副主编　董一红　杨翠英　陈丽芳

中国人民大学出版社
·北京·

总 序

教师是教育事业发展的基础，是提高教育质量、办好人民满意教育的关键。《国务院关于加强教师队伍建设的意见》明确提出，我国教师队伍建设的总体目标是："到 2020 年，形成一支师德高尚、业务精湛、结构合理、充满活力的高素质专业化教师队伍。"为了实现这一目标，国家加大了教师教育改革的推进力度。2011 年 10 月，教育部在北京召开全国教师教育课程改革工作会议，颁布了《教育部关于大力推进教师教育课程改革的意见》和《教师教育课程标准（试行）》，对深入推进教师教育课程改革作出了总体部署。2012 年 2 月，教育部在广泛征求意见的基础上，正式颁布《幼儿园教师专业标准（试行）》《小学教师专业标准（试行）》《中学教师专业标准（试行）》，将其作为教师培养、准入、培训、考核等工作的重要依据。与此同时，为了严把教师入口关，教育部制定了教师资格考试指导意见和定期注册试行办法，颁布了考试标准，并于 2011 年底将浙江、湖北作为国家教师资格考试试点省份。

教育部关于教师教育改革的一系列重大部署对我国教师教育发展将产生积极、深远的影响。其中，各类"教师专业标准（试行）"明确提出了对合格中小幼教师的专业要求，为促进中小幼教师的专业化发展、建设一支高素质的教师队伍提供了基本准则；《教师教育课程标准（试行）》则聚焦教师教育课程的改革，其所倡导的基本理念、基本标准和课程模块等，对中小幼教师教育的课程设置、教学内容和培养方式的改革提出了具体、明确的要求；教师资格考试制度改革明确废止了我国教师资格认定的"双轨制"，要求师范生和非师范生必须参加国家统一的教师资格考试，包括笔试和面试，考试成绩合格者方能认定教师资格，这必然对教师教育机构的教师培养产生一定的冲击……这一切，都要求教师教育机构、教师教育工作者和研究者关注教师教育改革的动态，研究和领会教师教育改革的精神，进一步推进教师教育的课程教学改革工作。

在我国 1 200 万中小幼教师队伍中，小学教师占了近半壁江山，小学教师队伍建设是我国教师教育发展的一个重要方面。20 世纪 90 年代以来，随着我国经济、社会和教育事业的发展，我国三级师范教育体系逐步向二级甚至一级师范教育体系过渡，小学教师培养也经历了由以中专学历为主体，到大学专科和本科学历占主导地位的迅速转型。据不完全统计，目前各类教师教育机构开设的本科小学教育专业有160多个，开设的专科初等教育专业有近200个，形成了十分庞大的小学教师培养规模。小学教育专业是我国高等师范教育体系中一个全新的专业，经过小学教师教育界同人多年的实践探索和理论研究，其专业建设已取得许多重要成果。但毋庸讳言，其专业建设中依然存在着诸如培养模式不够清晰、课程设置不尽合理、课程内容简单照搬、培养方式变化不大等问题。特别值得指出的是，高等教育大众化带来的高等院校升格和结构调整，灵活、开放的教师教育体系构建带来的师范院校的重新定位和内部重组，小学教师培养迅速高学历化带来的培养模式变革和课程教学改革，都迫切要求我们贯彻落实教育部教师教育改革的精神，以培养造就高素质专业化小学教师为目标，创新教师教育课程理念，优化教师教育课程结构，改革课程教学内容，改进教学方法和手段，强化教育实践环节，加强小学教育专业建设，提高小学教师的培养质量。

加强教学基本建设是专业建设的中心问题之一。课程是组织教学的基本单位，教材则是课程的载体，教材建设涉及教育理念的更新、教学内容的选择和教学方式的变革，加强小学教育专业的教材建设是保证小学教师培养质量的重要方面。高学历小学教师的培养模式、课程体系仍处于探索之中，《教师教育课程标准（试行）》的颁发也必然导致小学教师培养课程的结构调整，加之国家教师资格考试制度改革对小学教师培养提出了新的要求，这些都应该体现在小学教育专业的教材之中。有鉴于此，我们组织编写了这套"21世纪小学教师教育系列教材"。

在这套教材的组织编写过程中，我们始终坚持并力图实现以下目标：

第一，根据《教育部关于大力推进教师教育课程改革的意见》《教师教育课程标准（试行）》的精神，按照小学教育专业培养模式改革和课程结构调整的要求，精心设计系列教材结构和具体编写项目。我们将本套教材设计为小学教师教育理论系列、小学教师学科教育系列和小学教师教育教学实践系列三个部分，分别针对小学教育专业师范生的教师教育理论课程的学习、主要任教学科专业基础课程的学习和小学教育教学实践能力提升三个方面。在具体教材项目选择方面，则注意与小学教育专业的课程改革相吻合，除了基本覆盖该专业传统基础课程之外，还设计了《小学教育基础》《小学生认知与学习》《小学数学思维方法》《儿童文学应用教程》《小学语文教学设计与案例分析》《小学数学教学设计与案例分析》《小学班队活动设计》《小学科学活动设计与指导》《小学综合实践活动设计与组织》《小学生心理健康与辅导》等教材，希望能够填补小学教育专业教材建设的一些空白。

第二，根据《小学教师专业标准（试行）》对小学教师的具体要求，坚持育人为本的基本理念，精心选择教材编写内容。教育生理和心理都处于迅速成长期的6～12岁儿童，要求小学教师具有良好的师德，要关爱小学生，尊重小学生人格，富有爱心、责任心、耐心和细心等，也要求小学教师具有综合的专业素养，具备合理的知识结构和多方面的专业能力。我们必须改变长期以来以学科知识体系为主线的教材内容组织方式，而应以小学教师的职业需要为前提，关注小学教育专业师范生培养实际，关注未来小学教师专业素养的养成，关注小学教育新课程改革的方向，关注小学不同版本教材的内容差异，并兼顾在职小学教师专业发展和培训的需要，选择合适的教学内容，形成具有自身特色的教材知识体系。

第三，根据国家教师资格考试制度改革的要求，突出实践取向和能力培养，将学科知识、教育理论与教育实践有机结合，以培养未来小学教师教书育人的实践能力。本套教材的编写十分注重从解决小学教育教学实践中的问题出发，其中教育理论知识学习以学生能理解和运用为目的，教育教学实践能力培养注重学生实践体验和反思的过程，同时兼顾国家教师资格考试相关内容与技能训练，以推动小学教师教育的教学方式和学习方式的变革。

第四，在教材的编写体例和内容呈现方式上，本套教材注意学习借鉴国内外相关高等教育教材的成功经验，根据不同的教材系列设计出更加灵活的编写体例，增加更多课堂和教育案例与相关知识专栏。写作语言风格活泼，避免简单的理论说教，以适合当代教育工作者阅读和学习的需要。

组织编写“21 世纪小学教师教育系列教材”是一项庞大的系统工程，此项工作不仅得到了全国许多从事小学教师教育的兄弟院校领导的大力支持、中国人民大学出版社领导的直接关心和策划编辑的精心策划，更有赖于各分册主编和编写者的辛勤劳动，以及教育部小学教育特色专业建设项目和上海市高校内涵建设项目所给予的资助，对此我们一并表示衷心感谢！

本人从事小学教师教育研究已有 20 年之久，也先后主持和参与了一些小学教师教育教材建设项目，在自己学术研究和职业生涯的最后阶段，我愿将多年从事小学教师教育研究的成果和经验，将自己参与教育部许多教师教育重大改革项目的思考和启示，运用于本套教材的编写过程中。希望通过各方的积极参与和共同努力，能够编写出反映教师教育改革与发展趋势的、具有特色的小学教师教育教材，为小学教育专业建设和小学教师专业发展尽绵薄之力。

是为序。

惠　中

2014 年 8 月 2 日

于上海师范大学教苑楼

前言

《教育部关于大力推进教师教育课程改革的意见》《教师教育课程标准（试行）》《小学教师专业标准（试行）》的实施，标志着教师教育已进入专业化建设的新阶段。为促进教师专业发展，满足建设高素质教师队伍的需要，开发适应当今高等师范院校师资培养要求的教材成为当务之急。基于此，作为“21世纪小学教师教育系列教材”，本教材期望能为小学教育专业建设与教师教育改革尽微薄之力。

本教材突出实践取向和能力培养，从解决小学品德与生活（社会）教学实践中的问题出发，以学生能理解和运用为目的，兼顾国家教师资格证考试相关内容与技能训练要求。据此，本教材紧紧围绕品德与生活（社会）教学设计的主题，以案例为“点”，以教学设计理论为“线”，按照“总—分—总”的思路选择编撰内容，涵盖本课程教学设计的基本理论、文本编撰与组织实施等方面，努力将教材内容构建为一个较完整的体系。第一章总体介绍教学设计，明确教学设计的要求与编撰规范。第二章分析品德与生活（社会）课程标准与教材，这是本课程教学设计的基础。第三、四章根据本课程内容，对品德与生活、品德与社会分专题进行教学设计分析。第五、六、七、八章根据本课程特点，从情境创设、体验、思辨、行为训练等环节进行教学设计分析。以上第三至第八章，从课程内容、课程特点两个角度，相互交织，呈现案例，深入分析。第九章剖析课程资源在本课程教学设计中的运用情况。第十章讨论本课程教学设计的组织实施，即说课、上课与评课问题。以上十章相辅相成，相互渗透，对一些重点理论与实践问题在不同章节从不同角度进行了阐述。在编写体例上，本教材灵活多样，设有“想一想”“知识链接”“案例”以及“案例分析”等栏目。其中，大多数案例出自一线老师，真实、生动、鲜活，为读者学习品德与生活（社会）教学设计提供了范例与指导。案例包括教学设计与教学实录两种形式，而从教学实录更能看到教学设计的现实性与可操作性。部分案例多次出现，但使用角度与内容不尽相同。此外，每一章附有“阅读文献”，以满足使用者的阅读需要。本教材适合师范院校小学教育专业大学生使用，也可作为小学品德与生活（社会）教师的重要参考书。

本书编写团队主要包括高校教授及小学品德与生活（社会）一线专家，来自我国东、西部地区。这样的团队结构，有利于教材编撰工作将理论与实践相结合，有利于我国不同地区使用本教材。其中，江苏省南通市品德与生活（社会）名师工作室负责人董一红老师提出从情境创设、体验、思辨、行为训练等环节进行编撰的思路，组织了第五至第九章的编写工作，其团队还为教材编写提供了样章。云南省品德与生活（社会）名师工作室负责人杨翠英老师组织了第二至第四章及第十章的编写工作。此外，陈丽芳老师参与了教材编撰的组织工作。丁晓东教授组建编撰团队，合理分工，确定了教材的编撰思路、内容、体例，对教材编撰质量进行监控与指导，并完成了大量的修改、统稿工作。各章节编撰人员如下：

第一章：陈丽芳（云南省曲靖市第二小学）、丁晓东（曲靖师范学院）

第二章：杨翠英（云南省玉溪第一小学）

第三章：第一节，张云霞（云南省玉溪第三小学）；第二节，陈斌（云南省玉溪第一小学）

第四章：第一节，杨翠英（云南省玉溪第一小学）；第二节，孟婷（云南省玉溪第一小学）

第五、八章：李铭萱（江苏省南通师范学校第二附属小学）

第六章：章小英（江苏省如皋师范学校附属小学）

第七章：董一红（江苏省南通市教育科学研究院）

第九章：朱帅（江苏省南通市虹桥第二小学）

第十章：胡梅芳（云南省玉溪第一小学）

在编撰过程中，丛书总主编、上海师范大学博士生导师惠中教授对本教材的编写给予了指导，中国人民大学出版社王雪颖、黄雨晨编辑对本教材的出版给予了帮助。在本教材付梓之际，对以上专家、编撰人员及同人表示衷心的感谢！

由于水平有限，时间仓促，疏漏错误难免，敬请读者提出宝贵意见。

编者

2016 年 11 月

目录

第一章

小学品德与生活（社会）教学设计总论

本章导读

何谓教学设计？为何进行设计？设计什么？怎样设计？本章围绕品德与生活（社会）课程，从理论阐述到典型案例分析，介绍了教学设计的含义、价值取向、基本要求、基本内容、编写等，展现了操作感知、实例感知、体验感悟、能力训练等各具特色的设计与组织的相关案例，以期达到师生双方相互激发、相互发现、相互创造、共同成长的目的。

第一节　品德与生活（社会）教学设计概述

一、教学设计的含义

“凡事预则立，不预则废。”教学设计是教学目的性、过程性、科学性、艺术性的统一，是对课程的二次开发。没有科学的、艺术的、精到的设计，就不会有优化的教学活动，不会有堪称精品的课堂教学，也不会有课堂教学效率的提高。因此，研究课堂教学设计是课程改革的需要，是落实国家九年义务教育课程标准的需要，也是教师专业发展的需要。

教学设计（教学的设想和计划）又称教学系统设计，是指为了达到预期教学目标，运用系统观点和方法，遵循教学过程的基本规律，对教学活动进行系统规划的过程。[①] 教学

① 参见吴效锋主编：《新课程怎样教——教学艺术与实践》，78页，沈阳，沈阳出版社，2003。

设计的内涵十分丰富，可从以下几个方面把握：第一，教学设计有自己的理论和方法基础；第二，教学设计关注学生的需要和特点；第三，教学设计是一个系统规划的过程。①

二、品德与生活（社会）教学设计的价值取向

品德与生活（社会）教学设计，是在把握学生的知识、能力、思想、情感等实际的基础上，坚持生本理念，以生活德育、实践德育等理论为指导，以儿童的社会生活为基础，以帮助儿童参与社会、学习做人为课程实施的价值追求，运用系统方法论对各种课程资源进行科学整合，对教学过程中相互联系的各个部分做出整体安排的一种构想。在新课程实施的背景之下，品德与生活（社会）教学设计具备了自己独有的特征，同时，又积极从国内外前沿教学设计观点中汲取营养，最终形成了具有学科特征的教学创新设计的理论基点。

（一）为学生的学习与发展而设计②

品德与生活（社会）教学以道德素质和基本技能为两条主线构建教学设计过程，依据加涅、兰达、梅里尔等心理学家、教育学家的教学设计原理，用系统的观点，将新课程理念和品德与生活（社会）教学策略融合到教学过程的设计中，建构了“为学生的学习与发展而设计”的理念。促进儿童的主体性发展是品德课程教学的根本要求。以学生为中心，围绕他们在学习过程中遇到的学习问题及思想道德发展问题而设计，是我们进行教学设计的核心理念。

（二）为个性化指导而设计③

品德与生活（社会）教学设计的目的是促进人与人之间交往技能、沟通技能的发展，为每位学生提供适合个人能力、对个人而言有意义的学习体验，努力让孩子亲近生活、践行生活理想，从而能够朝着重要的目标发展和成长。对学生实行个性化指导是品德与生活（社会）教学全过程的重要原则。把学生当成一个道德发展不完善的人，因材施教，通过搭建民主德育、实践德育、真实生活德育教育平台，运用差异发展、主动发展、师生平等发展、同伴协同发展、自我反思发展等策略方法，在互相尊重、互相理解、互相帮助、互相鼓励的学习氛围中引导学生主动参与学习的过程，充分挖掘学生的内部潜能，调动他们学习的主动性和积极性，充分感受和建构更多的良好品德及行为习惯，具备更强的自身道德发展与社会性发展能力。

---

① 参见蒋蓉、李金国主编：《小学课程与教学论》，158页，北京，北京师范大学出版社，2013。

②③ 此处借鉴张光富《品德与生活（社会）教学的设计》中的有关内容，见 http://www.dye21.cn/article/2008/1020/article_726.html，2008-10-20。

三、品德与生活（社会）教学设计的基本要求

品德与生活（社会）教学设计应遵从新课程课堂教学的三大理念：生活性、发展性、生命性。做到"一个突出"：突出学生是学习的主人，教师是品德学习的组织者、引导者与合作者。做到"两个关注"：关注有效策略的渗透，关注实践创新能力的培养。做到"三个必须"：必须是有效的课堂，要唤醒学生的情商和学习欲望；必须是能动的课堂，要学生主动参与，师生互动，共同探讨；必须是开放的课堂，课外收集信息，课内人人都说、人人都做。应该具备"新"（理念新、思路新、手段新）、"趣"（引发兴趣、保持兴趣、提高兴趣）、"实"（内容充实、训练扎实、目标落实）、"美"（风格美、氛围美、感受美）、活（教法灵活、教材用活、学生学活）的特点。

知识链接　　教学设计要求①

（1）创设良好教学情境，鼓励学生主动参与、合作学习，让学生拥有学习的主动权，拓展学生的发展空间，挖掘开发学生潜在的能力。

（2）注重学生获取知识的过程。让学生参与到探究的过程中去，体验获得知识的乐趣，培养学习自信心和学习能力。

（3）过程重于结论。

（4）正视差异，因材施教。

想一想：

如何理解上述有关品德与生活（社会）教学设计的基本要求？请选择其中的部分内容加以分析。

第二节　品德与生活（社会）教学设计与编撰

一、品德与生活（社会）教学设计的基本内容

（一）明确教学的预期——教学目标

教学目标是对学生学习结果的规定，即预期学生在认知、情感和行为等方面应产生的变化的具体明确的规定，是课堂教学行为的出发点和回归点。教学目标主要包括三方面：说明在学生身上预期的终点行为，完成这一行为的条件，能表现学生已经掌握了该学习任

① 参见吴效锋主编：《新课程怎样教——教学艺术与实践》，91页，沈阳，沈阳出版社，2003。

务的成绩水准。

《义务教育品德与生活课程标准（2011 年版）》明确规定了小学阶段本课程的总目标是“培养具有良好品德和行为习惯、乐于探究、热爱生活的儿童”①。目标要求是四个维度：情感与态度、行为与习惯、知识与技能、过程与方法。《义务教育品德与社会课程标准（2011 年版）》明确规定了本课程的总目标是“培养学生的良好品德，促进学生的社会性发展，为学生认识社会、参与社会、适应社会，成为具有爱心、责任心、良好行为习惯和个性品质的公民奠定基础”②。目标要求是三个维度：情感·态度·价值观、能力与方法、知识。课程目标指明了教学活动的方向和应达到的水平、程度，而教学目标是课程目标的具体化、操作化，通过生动鲜明的教学活动和师生的互动，把课程理念和教学实践联结在一起，具有一定的灵活性。在具体运筹活动目标时，要准确把握课程标准对于教学目标的要求，把握教学目标的维度。

案例 1

《我们的大地妈妈》教学目标的确定

（人教版《品德与生活》二年级下册第二单元第四课）

品德与生活课程标准中呈现的“保护环境”的课程目标：

（1）情感与态度：珍爱生命，热爱自然。

（2）行为与习惯：养成基本的文明行为，遵守纪律，保护环境，爱惜资源。

（3）知识与技能：初步了解生活中的自然、社会常识。

（4）过程与方法：体验提出问题、探索问题的过程。

品德与生活课程的大目标、大方向比较宏观，这就需要以课程标准和单元目标为基本依据，从整体与部分的角度，深入理解这一课与单元的对应关系，以及它在整个单元中的地位、前后课目标之间的逻辑联系。这样确定的教学目标，才会有针对性和实效性。基于这样的考虑，把本课教学目标细化如下：

（1）情感与态度：热爱地球，关爱自然，感激大自然对人类的哺育，初步培养保护生态环境的意识。

（2）行为与习惯：从身边的小事做起，能及时调整自己的行为，为保护环境做力所能及的事情。

（3）知识与技能：了解生活的家园环境状况及变化，懂得怎样保护我们的大地妈妈。

（4）过程与方法：尝试用观察、讨论等方法进行探究活动，体验提出问题、探索问题

---

① 中华人民共和国教育部制定：《义务教育品德与生活课程标准（2011 年版）》，6 页，北京，北京师范大学出版社，2012。

② 中华人民共和国教育部制定：《义务教育品德与社会课程标准（2011 年版）》，5 页，北京，北京师范大学出版社，2012。

的过程。

简要分析与原理运用：

依据课程标准，上述教学目标定位明确、清晰，便于操作，利于根据学生的实际制定、实施教学活动，落实活动目标，充分体现了课程分目标和总目标的一致性、关联性。

（1）目标取向要定位于学生的“最近发展期”。对学生学习目标和实现程度的设定应当与本校、本班学生的实际能力发展水平相适应，既不可以盲目拔高，使学生感到目标可望而不可即，又不能将目标定得过低，使学生失去学习兴趣。适当的、有一定挑战性的目标，有利于调动学生学习的积极性和提高教学效果。预设教学目标必须在正确了解儿童真实内心的道德情感和行为表现的基础上，准确把握学生的“现有发展水平”，根据学生学习状态、思想认识变化情况和认识能力，进行动态调整，以使教学符合学生实际，符合以学生为本的教学思想。

（2）体现目标的多样性。由于学生之间在学习兴趣、学习能力和个性特征上存在差异，教师在进行教学目标设计时，除了对全体同学提出共同要求外，应尽可能兼顾学生个体的不同需要，也就是说活动目标要有一定的层次性，要根据不同的学习对象提出相应的活动要求，做到分层要求、因材施教，使儿童异步达标，人人获得成功。

知识链接　　教学目标叙述的四个基本要素

1. 行为主体

人们判断教学有没有效益的直接依据是学生有没有获得具体的进步，而不是教师有没有完成任务。行为主体必须是学生而不是老师，在写教学目标的时候行为主体通常可以省略，但必须注意，一般采用的表达是“通过……学习，能说出……”“通过……学习，能分析归纳……”，而不是“使学生掌握……”“教会学生……”等表述方式。

2. 行为条件

行为条件指影响学生产生学习结果的特定的限制或范围。如“通过收集资料……”“通过观看影片……”“通过本课学习……”等。

3. 行为动词

行为动词必须是具体可测量、可评价的。如“知道”“归纳”“列举”“感受”“参加”等等。

4. 表现程度

表现程度是指学生学习之后产生的行为变化的最低表现水平，用以评价学习表现或学习结果达到的程度。

（二）选择适合内容的恰当方式——教学模式

品德与生活（社会）教学，按照教学内容可以分为三大类：品德教育类、习惯养成类、社会常识类。品德教育类又分为活动型、明理型两类。社会常识类又可分为社会生活常识、科学常识、地理常识、历史常识四类。这样，品德与生活（社会）教学可有七种课型，分别是习惯养成课、活动型品德教育课、明理型品德教育课、生活类社会常识课、科学类社会常识课、地理类社会常识课、历史类社会常识课。以上课型都应符合小学品德与生活（社会）教学的基本理念与要求，不能设计成科学课、地理课、历史课。

1. 习惯养成课教学模式

习惯养成课是以回归生活为核心的教学模式，适用于以习惯养成教育为主题的课型。如：讲卫生、珍惜时间、合理饮食、节约用水、不乱扔垃圾、不打扰别人、不吸烟、不酗酒等。通过对生活中的典型事例的分析、判断，提高学生道德和社会价值标准的辨析能力、实践能力，也就是适应生活、适应社会的能力，促进其良好品德的形成和社会性发展。本课型教学模式的基本框架是：激趣导课——探究明理——反馈评价——实践导行。

2. 活动型品德教育课教学模式

活动型，即寓教育于活动之中的课型。如教学《家乡的变化》（苏教版《品德与社会》四年级下册第二单元第七课）时，可根据教学内容，在学生认知的基础上进行实践活动：学生通过上网查找、收集图片或报纸，询问家长、实地考察等形式，了解自己的家乡几年来的巨大变化，对自己的家乡有初步的认识，在此基础上教师再进行课堂教学，深化明理，指导行动。教学中，教师可将思想品德课教学与班队活动、校园文化建设、家庭教育和社区教育有机地结合起来，提高教育实效。组织这类课型的教学，要有明确的目的，要使参与活动的所有成员，对活动的意图、作用等有足够的了解，做到心中有数；要精心组织和安排，对活动的内容、方法及程序等要周密考虑，详细交代；要及时进行总结，以增强教育的实效性。本课型教学模式的基本框架是：创设情境，引入话题——开展活动，充分体验——明理导行，提升感知。

3. 明理型品德教育课教学模式

明理型，即侧重于提高学生道德认识的课型。这种类型的课，主要是讲明道理，帮助学生获得一些道德知识，理解一定的道德概念，懂得一些道德规范，初步形成某些道德信念以指导他们的行为实践。这类课的基本教学要求是：观点正确、鲜明，说理清楚、明白；道理真实、可信，事例充分、有力；方法深入浅出，结构层层推进。如《拒绝诱惑》（粤教版《品德与社会》六年级下册第二单元第四课）可按此类课型进行教学设计。本课型教学模式的基本框架是：创设情境，激发兴趣——合作探究，动情明理——拓展延伸，情感升华——融入生活，真情体验。

4. 生活类社会常识课教学模式

生活类社会常识课内容分布比较广，低、中、高年级都有不同程度的体现。这种类型的课，主要是让学生掌握与自己生活息息相关的知识，教学内容主要有：紧急救助和自救的方法、培养自我保护的意识和能力、健康常识等。如《尝尝苦滋味》（人教版《品德与社会》五年级下册第一单元第三课）可按此类课型进行教学设计。本课型教学模式的基本框架是：趣味导课，激发兴趣——交流资料，发现问题——合作探究，解决问题——情感引导，促进落实——结合实际，有效拓展——课堂升华，引领生活。

5. 科学类社会常识课教学模式

科学类社会常识课主要目标是初步培养学生的科学意识和探究兴趣，培养学生热爱自然、热爱科学，进而指导学生学会健康、安全、科学地生活。教学内容主要有：认识季节、我们的身体等。如《夏日炎炎》（山东美术版《品德与生活》一年级下册第三单元、二年级下册第四单元）可按此类课型进行教学设计。本课型教学模式的基本框架是：趣味导课，激发兴趣——交流经验，初步感知——汇报资料，提炼方法——运用活动，深化认识——联系实际，激发情感——课堂升华。

6. 地理类社会常识课教学模式

小学品德与社会课程中的地理题材仅涉及一些简单的地图知识和区域地理内容，大致包括地理地貌、气候民俗、世界人口等等地球表面的地理环境中的各种自然现象和人文现象，其着眼点在于通过地理知识的学习，激发学生产生热爱地球、敬畏自然、多元接纳等人文情感，促进学生保护环境、尊重自然、强化责任等良好品德的发展。因此，教学过程中要以学生的社会生活为依托，最大限度地将整个教学过程设计为在学生自主学习的基础上，开展问题探究式的学习体验活动，围绕课前探究（搜集资料、现场调查、参观访问、实地观察、生活体验）、课中深化、课后发展来设计教学。如《蔚蓝色的地球》（人教版《品德与社会》五年级下册第四单元第一课）可按此类课型进行教学设计。本课型教学模式的基本框架是：创设情境，链接生活——汇报展示，合作探究——感悟深化，提升认识——回顾整理，拓展延伸。

7. 历史类社会常识课教学模式

品德与社会课中的历史部分不仅是告诉学生一段客观的史实，更重要的是通过这段史实对学生进行品德的陶冶，通过关注历史图片，关注历史人的故事，用好历史细节，看历史题材的影视片，引领学生努力去寻找“历史人”的心灵踪迹，感受他们的真实故事、他们的痛苦和快乐、他们的艰苦与辛劳、他们的追求与希望等，从而产生移情体验。如《走进中山故里》《悲壮的古炮台》《黄河在怒吼》（粤教版《品德与社会》五年级上册第三单元）可按此类课型进行教学设计。通过情感导入，用有血有肉的历史事实来感染学生，努力将历史事实转化成孩子的情感体验，引导学生从历史中汲取智慧，服务于现实人生。本课型教学模式的基本框架是：创设情境，激发兴趣——提出问题，明确目标——自主学习，自主建构——小组交流，分享互助——课堂展示，质疑释疑——精讲点拨，深化提高——课堂小结，达成目标。

（三）根据特定的教学目标而采取的教学形式——教学方式方法设计

赞科夫说：“教学法一旦触及孩子的情绪、意志或触及孩子的精神需要，这种教学方法就能发挥高度有效的作用。”教学设计时，教师要根据教学内容，认真思考选择教学方法，做到博采众长、比较择优、综合演化，乃至不断创新，取得最佳教学效果。

1. 对话欣赏

利用教材提供的话题、素材、留白（空间），以及教学过程中生成的问题，在教师的引领下，通过讲授、谈话、讨论、提问等方法，开展学生与文本之间、生生之间、师生之间的多元多维式对话，给学生鼓励、欣赏。如在教学《让爷爷奶奶高兴》（人教版《品德与社会》四年级上册第四单元第一课）时，老师用谈话导入新课：“同学们，咱们前几天做了一回追星族，狠狠地过了一把追星瘾。但追星的对象不是那些演艺明星，而是你们家的爷爷奶奶或者外公外婆，你们对爷爷奶奶或者外公外婆做了调查采访，收集了一些照片，并且制作了小报。来，让我看看你们的小报，多漂亮呀！我想内容也很精彩吧！你一定想把你的爷爷奶奶介绍给大家吧！请交流一下自己的小报，夸一夸自己的爷爷奶奶，看谁对自家的老人最了解。”老师根据学生汇报情况，进行随机评价、引导，在师生、生生平等的对话中，把学习变成“共同体”，把教室变成“学习场”，把课堂变成“情感园”。

2. 情境设计

让学生在情景交融中体验生活、领悟道理，是培养学生良好品德和行为习惯的一个十分有效的教学手段。在品德课程的教学设计中，通过生活再现、融入情境、角色扮演、换位体验等形式，通过画面再现、音乐渲染、实物演示、生活显示、语言描述等不同类型的情境，使儿童“身临其境”“心临其境”，获得真实的感受和积极的情感体验，从而提高道德认知水平和践行能力。如在教学《我们的地球》（浙教版《品德与社会》三年级下册第四单元第一课）时，教师通过播放课件让学生感受到地球的美丽，再通过播放新闻纪录片《地球面临的环境问题》呈现并陈述环境污染给人类带来的危害，进而提出思考：究竟是谁破坏了地球？引发了学生了解地球、保护地球的真情实感，道德情感与道德认识得到双重建构。

3. 模拟表演

通过参与、示范、模仿、练习、反馈等方法，引导学生全员、全程、全身心、多感官地去参与、亲历过程，如角色游戏、小品表演、情境扮演、哑剧表演、戏剧表演等。学习生活中待人接物的一般礼节、在紧急情况下的求助和自救、交通安全标志的识别与遵守交通规则、遵守公共秩序等方面的教育都可利用这一形式，活动的关键是让学生获得体验，演技好坏并不重要。还可以用“小小法庭”“知识银行”“我来当老师”等模拟形式进行授课，最大限度地调动每个孩子的积极性、创造性。

4. 观察调查

观察是指利用感官认识事物的实践活动，是儿童认识未知世界、提升认识水平的主要方法。调查是采用一定方法，通过一定的途径，深入实际了解特定的事物，以获取资料的方法。观察调查是儿童走进生活、感受生活、认识生活、获取生活经验的桥梁和基本方法，让儿童从自己的生活世界出发，用自己的眼睛观察社会，用自己的心灵感受世界，用自己的方式研究社会，对于引导儿童“学会生活”、形成勇于探究和创新的科学精神、发展儿童多方面的素质具有重要意义。在教学《在爸爸妈妈关心下成长》（苏教版《品德与生活》一年级下册第一单元第三课）时，引导儿童开展“寻找成长的足迹”活动，让儿童搜集自己小时候用过的东西，可以是物品、文字、图片、照片，也可以是录音带、录像、唱片，通过比较脚印、衣物等的变化，使其在“看看比比”中直观地感受自己长大了。在教学《家乡的变化真大呀》（鄂教版《品德与社会》四年级上册第四单元第九课）时，课前让学生有目的地了解自己的家乡几年来的巨大变化，通过上网查找、收集图片或报纸，询问家长、实地考察等形式，使学生对自己的家乡有初步的认识。再通过上课，教学目标中的认知目标被学生通过实践活动而接受，热爱家乡人民的情感行为目标就能取得好的效应。

5. 故事启发

美妙、动听的故事，对小学生有着十分重要的影响；浅显的哲理又常常成为小学生行为规范的指南。小学生喜欢听故事，容易模仿故事中人物的想法、语言、行动，这更是由小学生的记忆特点和思维特点所决定的。如在教学《在爸爸妈妈关心下成长》（苏教版《品德与生活》一年级下册第一单元第三课）时，老师给学生放《小乌鸦爱妈妈》视频，把观念和深刻的哲理寓于具体形象的故事之中，使学生明理悟道，受到启发教育。

6. 游戏活动

心理学家认为游戏是人类的本能和动机之一。儿童的肌体在游戏中得到锻炼，情感在游戏中得到满足，智力在游戏中得到发展。如低年级学生特别喜欢玩“找朋友”游戏，在做“找朋友”游戏时，让小朋友戴小红花头饰，找做得对的小朋友做朋友，并说明为什么找她（他），培养学生分辨是非的能力。还可以把较难记忆的内容通过“找朋友”游戏增强趣味性，帮助学生强化记忆，理解规则，学习知识，培养儿童的情感，体验集体生活的乐趣。

7. 构图表达

构图表达即引导儿童开展填色、绘画、剪拼图等活动，让他们通过图画和色彩表达内在的体验，激发创造的热情，不断升华儿童的道德情感。在教学《家乡风景美如画》（粤教版《品德与社会》三年级第四单元第十一课）时，引导儿童用画笔描绘心中的家乡美景，以此来激发儿童热爱家乡的情感。如《我国的行政区》（浙教版《品德与社会》三年级下册第三单元第一课）一课中，学生自己动手制作我国省级行政区的卡片、拼图，不仅培养了学生的动手能力，让他们记住了各省（市、区）的名字，而且陶冶了学生的情操，培养了他们的爱国思想。

8．竞赛评比

竞赛评比是指利用儿童争强好胜、想获得成功的心理，极大地激发儿童积极参与活动、不断进取的学习动机。可以模仿《快乐竞答》《挑战高手》《芝麻开门》《幸运52》《智力快车》等电视节目形式，也可以用“圆桌会议”“小学生辩论会”“开心家庭组合”等比赛形式，进一步增强儿童的学习兴趣和克服困难的毅力。实践证明，多数儿童在竞赛情境下开展学习活动，要比一般学习形式有效。如在教学《我是整理小能手》时，组织儿童开展“我会做，我能行”竞赛活动，让他们在整理书包、文具、书桌等竞赛中学会自理，取得了较好的教学效果。

想一想：

如何恰当地选择与使用教学方式方法？

（四）计划教学活动的基本流程——教学步骤

1．课前探究部分

学生课前准备是教学活动的需要，是培养学生自主学习和分析处理信息能力的重要手段，也是培养学生探究能力的有效途径。学生在课前进行的资料搜集、课前体验、准备素材等探究过程中获得体会、感受，为课堂学习奠定基础。通过准备活动，教师能够进一步了解学生，以便从学生的角度来营造课堂生活，把学生的个体认知、直接经验、生活世界以及学生中的共性问题作为鲜活的课程资源引入课堂。同时，学生在课前准备的过程中，丰富了生活的积累，加深了体验和感悟，为课堂活动做好了情感和心理上的准备。

2．导入新课部分

导入新课的要义在于通过创设情境、营造气氛，达到激发学生学习兴趣的目的。导入是教师引导学生进入课题的切入口和教学内容的联结点，也是教学环节之间的过渡手段。出色的导入新课的艺术犹如说书中的开讲、评弹中的开篇、戏剧中的序幕，能激发情绪、启发思考，让学生在兴致勃勃或激情荡漾中产生对新知识求索的渴望。教学活动可采用的导入方式很多，如营造情境导入（放松学生心态导入、激发学生动机导入、引导直观感受导入、唤起生活情感导入、渲染情感导入）、语言陈述导入（直述导入、故事导入、谜语导入、歌词或歌曲导入、诗歌导入、对话交流导入）、多媒体技术导入等。教学引语要起到“凝神、起兴、点题”三个作用，体现有效性和简约性原则，短时到位；具有趣味性和针对性，用情趣盎然、扣人心弦的导入激活活动，奏响一堂品德课的优美序曲。

3．主题探究部分

主题探究是课堂教学中最重要的教学环节，是课堂的主体部分。学生在这一环节中运用多种方式去寻求、探索，解决心中的疑问，达到课程教学的目标。当下，品德课教学不再是单纯文本的展示与学生的被动接受，教师应当充分关注学生自身的实际需求，依托学生个体的建构性组织教学。教师要善于处理教材、整合教材，既要借鉴一些资料，更要超越资料，进行个性化设计，采用多种教学手段，前延后伸，取舍备课资料，适度拓展，采用儿童乐于和易于接受的生动活泼的方式，引导其主动积极地参与教学活动。在引出和开展一个活动时，要做到活动清晰、目标明确。究竟要激发学生哪种情感，生成或改变哪种态度，培养什么行为习惯，使学生知道和掌握哪些知识和技能，关注哪些过程，学会什么方法，对于这些问题都要正确运筹、恰当把握，不要过于追求表面热闹，防止形式化。

第一，以儿童的生活为基础。儿童真实的生活是最好的课程资源，儿童的生活经验是课程的基础，儿童是在真实的生活世界中感受、体验、领悟并得到多方面发展的，儿童只有在自己的真实生活中才能进行有意义的学习。因此，品德课程应重视课程与儿童生活世界的联系，遵循儿童生活的逻辑，以儿童的现实生活为课程内容的主要源泉。教学活动要从课堂生活拓展到儿童的学校、家庭和社会生活，以密切联系儿童生活的主题活动或游戏为载体，以正确的价值观引导儿童在生活中发展、在发展中生活，从而促进道德品质内化，引导儿童过有意义、有创意的生活，努力使品德课程成为儿童道德生命成长的支点。如本章中“走近残疾人”（案例4）一课的设计就很好地体现了这一点。

第二，注重活动的情趣性。儿童天真活泼，喜新好奇。品德课程学习活动的设计要富有情趣性：一是活动出“新”，即通过对活动内容的精心安排、对活动形式的巧妙设计，让活动焕发出新的魅力；二是活动要出“奇”，经常性地在活动过程中设置一些问题情境，逐步培养儿童对司空见惯的活动情境和现象的好奇感，促其积极地感受、体验、感悟。

案例2　　**《没有规矩不成方圆》教学设计**[①]

（粤教版《品德与社会》三年级下册第四单元第十一课）

教学过程：

一、谈话激趣，了解规则

（1）听故事：有七个人住在一起，每天共喝一桶粥，粥每天都不够。一开始，他们抓阄决定谁来分粥，每天轮一个。于是乎每周下来，他们只有一天是饱的，就是自己分粥的那一天。后来他们开始推选出一个道德高尚的人出来分粥。强权就会产生腐败，大家开始挖空心思去讨好他，贿赂他，搞得整个小团体乌烟瘴气。然后他们开始组成三人的分粥委员会及四人的评选委员会，互相攻击扯皮下来，粥吃到嘴里全是凉的。最后，他们想出来

① 汪德周（曲靖市第二小学），曲靖市晒课大赛活动，2015年5月。

一个方法：轮流分粥，但分粥的人要等其他人都挑完后拿剩下的最后一碗。为了不让自己吃到最少的，每人都尽量分得平均，就算不平均，也只能认了。大家快快乐乐，和和气气，日子越过越好。

（2）提问：分粥的故事告诉我们什么道理？

（3）板书课题：没有规矩不成方圆。

二、联系实际，寻找规则

（1）组织全班学生参与“石头、剪刀、布”游戏。

（2）提问：“石头、剪刀、布”游戏中有没有规则？在游戏中有没有碰到不遵守规则的人？如果不按规则做会怎么样？

（3）小结：看来没有规则我们连游戏都玩得不开心。只有参加游戏的人都遵守游戏规则，游戏才能顺利进行，大家才能玩得开心、快乐。

（4）延伸：除了游戏规则，在我们的家里，在学校，在公共场所还有哪些规则呢？课前，同学们都做了调查，请拿出你们的调查报告讨论讨论，大家一起来交流。

三、运用规则，辨析评议

（1）教师导言：有了规则，我们又该怎么做呢？一起来看看下面的画面。

（2）播放生活中不遵守规矩的现象，让学生想想他们给别人的生活带来了什么影响。

（3）小结：如果人人都不遵守规则，马路上将交通堵塞，车祸横行；公园里将遍地垃圾，破败不堪；车站里人们不再排队，争抢无序；校园里将追逐打闹，混乱不堪；课堂里将各做各的，一无所成……一句话，没有规矩，不成方圆。假如没有规则，世界将一片混乱，十分可怕！

（4）学生反思：我们有没有做过因为不守规矩而影响别人的事情？

四、合作探讨，制定规则

（1）学生汇报课前寻找的班上所存在的一些问题。

（2）针对这些存在的问题，从课堂、课间活动、同学相处等方面来制定相应的规则。

（3）齐读《规则歌》：

守规则，爱学校，我校精神要记牢。
明诚信，体勤劳，奉献创新能做好。
人向善，更求真，崇文尚德品自高。
讲文明，懂礼貌，我校校风真正妙。
师生间，客人到，日常礼仪不能少。
进学校，不乱跑，你我安全最重要。
上下楼，向右靠，地有纸屑弯弯腰。
不打闹，不欺小，互助互爱大家笑。

上好课，用专心，积极发言勤思考。

好习惯，我养成，遵规守纪咱做到。

五、拓展规则，规范行为

(1) 教师小结：游戏中没有规矩，游戏就不公平；家庭中没有规矩，家庭就不和谐；公共场所没有规矩，公共秩序就会混乱；学校里没有规矩，我们的学习生活就没有条理。没有规矩，不成方圆。让我们自觉遵守规则，安全、快乐地生活！

(2) 播放《公民道德歌》后半部分，字幕：

中国好传统　大家来继承　有爱有恨有责任　是非两分明

同唱道德歌　文明向前进　和谐社会中　争当好公民

案例分析：

学生是在真实的生活世界中感受、体验、领悟。只有源于学生实际生活的教育活动才能引发他们内心的而非表面的道德情感、真实的而非虚假的道德体验和道德认识。本课设计以活动为中心，以学生为主体，根据学生的学习和生活特点，利用调查、游戏、合作交流、探讨、辨析等方法，让学生在体验、领悟、内化中感受规则在人们日常生活中的作用，感受规则无处不在，只有遵守规则，才能安全、快乐地生活，进而将遵守规则作为内心的情感需要，内化为自觉的行为，富有吸引力和感召力。

第三，凸显儿童的主体地位。教学活动能否取得预定的效果，归根到底将取决于学生参与的态度、状态和程度。教学设计要充分发挥学生的主体性和创造性，尊重和凸显学生的主体地位，引导他们全员、全程、全身心、多感官地去参与、亲历活动（包括外化显形的具体操作型活动和内涵隐形的心智型活动）。让全班每一个学生都动起来，不让一个学生被排斥或游离于活动之外；学生在系列主题活动的衔接和滚动中自始至终地去参与，用身体去经历，用心灵去感受，用耳朵去听、用眼去看、用手去摸、用鼻子去闻、用脑子去想，尊重和发展儿童的主体意识和能动精神，真正让儿童成为学习的主人。

4. 巩固结束部分

品德与生活（社会）课堂教学的结尾，是学生自我反思、自我教育，积极进行行为实践，进一步提高道德实践能力，促进知行统一的过程。课尾设计要着重考虑学生在这节课是否学到了知识、懂得了道理；是否有了感悟，是不是真正地动脑思考问题；是否发生了变化，不要简单地考虑用精要的语言总结全课，可把小结交给学生，锻炼学生的语言表达、归纳、总结能力。品德与生活（社会）课程最大的特点就是在课堂的学习后引导孩子去践行，到生活实践中去摸爬滚打。因此，教师首先要激发学生自觉践行的愿望，让学生自己提出践行的要求，还要对学生的具体行为进行必要的指导，使学生不仅知道要去做什么，还知道怎么做。这样，学生才可能实实在在地将课堂上所学得的一切运用到他自己的生活中去，解决他生活中的问题，改变他的生活方式，提升他对生活的认识、态度、价值观等。延伸设计的途径不外乎四条：其一，围绕课内的活动内容，延伸到课外去寻访、搜索相关的信息，以扩大视野；其二，由学生课内的表现扩展到让学生在课外去表现；其三，将课内解决问题的兴趣、获得成功的喜悦延伸到课外去，继续探究相关的新问题；其四，学会把课内掌握的有关生活和社会方面的知识拿到家庭、社会中去运用、去确证。教师可以通过展示拓展性材料，提供新的变化了的问题环境，使学生对所学知识进一步深化，提高迁移应用能力。方法有：画一幅宣传画、出一期墙报、小制作、设计一句广告词、班级竞赛、课下调查、回家做一做、亲近自然等。如教学《通信的种类和发展》（冀教版《品德与社会》四年级下册第二单元第一课）时，可以让学生到邮局寄一封信，或寄一张汇款单，或在网上练习发送电子邮件，体验通信的快速发展以及给人类生活带来的方便，达到“以活动促巩固，以活动促发展，以活动促践履”的目的。

5. 获取教学效果的反馈信息——教学评价设计

教学评价设计要强调发挥评价的诊断、反馈、改进、激励、强化等教育发展功能，促进学生不断发展。设计教学评价手段要注意以下四个方面：第一，评价要目的明确。评价目的明确，评价语言才可能准确，评价的导向性才能突出，评价才更有价值。第二，评价要体现多元化。主要表现为：评价主体多元化，即教师、学生自己、学生同伴等都可以作为评价的主体；评价方式多元化，采用多种多样的评价方式，多角度、多层面为学生提供表现机会，更大发挥激励作用；评价标准多元化，从多维度为学生确立多种评价标准，以利于不同层次学生的全面发展。第三，评价要注意过程性。评价要贯穿教学活动的全过程，教师要有意识地引导学生，并和学生一起适时评价。第四，评价要坚持发展性原则。要用发展的眼光看待学生的学习表现，在学习过程中对学生进行动态的评价，使评价成为学生进一步发展的导向和动力。①

教师在进行教学设计时，要采取一系列行为和活动的组织技术，对学习态度、学习能力与方法、学习结果进行综合性评价，让每个学生最大限度地参与团体的活动，担负起自己的责任，促进发展。教师可根据每节课的教学目标，精心编选一些诊断性测试题，包括判断题、填空题、匹配题、选择题等，通过测试获知学生达到教学目标的程度。评价学生时，要做到以下几点：第一，关注学生的态度，留心观察学生对活动的积极性、专注的程度、喜欢的程度，对周围环境中的重要事情、现象的关心程度，主动参与活动的程度以及情感的表现等。第二，关注学生在活动中动脑筋的程度，是否爱琢磨、爱发表意见、爱出主意、爱想办法，是否有自己的看法，是否能应用学过的知识或表现出一定的创造性，是否能想出各种获取信息和解决问题的途径和办法等。第三，关注学生在活动中是否与他人

① 参见刘文奇等：《新课程发展性教师评价》，1252页，北京，中国轻工业出版社，2004。

合作，是否能与同学、老师讨论或商量问题，是否友好地与同学合作，有问题时能否协商解决，能否主动地寻求别人的帮助等。第四，关注学生对活动的知识、技能掌握情况，是否掌握与活动有关的知识以及操作、表达所需的各种技能。用富有魅力的激励式、期待式、接纳式、亲近式语言唤起学生丰富的情感和极大的学习兴趣。可以问学生："你们觉得他说得精彩吗?""这一组的表现，你觉得怎么样?""你感觉自己在刚才的小组学习中表现积极吗?""你的看法和他有何不同?"把评价关系建立在师生之间、生生之间、组群之间，帮助学生形成一定的思辨能力和价值取向。如教学《乡音乡情》（北师大版《品德与社会》四年级上册第三单元第二课）时，老师设计了活动评价表，从"知道家乡的民间艺术并且喜爱这些民间艺术""有一定深度地了解其中一项民间艺术""乐意与同学们一起交流调查的资料""课堂上全程参与，敢于发表自己的见解""写给自己和同学的一句话"等几个方面，采用自评和同桌评价的方式，引导学生自我反思，互相促进。从前期作业到课堂表现，从知识能力到情感态度价值观，比较全面地评价学生的表现，尤其关注活动过程中学生是否参与以及参与的程度。

案例3 《我棒你也棒》教学设计①

（人教版《品德与生活》二年级上册第三单元第九课）

教学过程：

活动一：颁奖（组织教学，谈话导入）

师：同学们，上课之前，我们首先举行一个小小的发奖仪式。校长让我把这两张奖状发给咱们班的两个同学。你们认为到底应该奖给谁呢?

第一张奖状："勇敢奖"。奖给咱们班最勇敢的人。

师：奖给在今天的思品课上第一个举手发言的同学，在这么多老师面前，你第一个举手回答问题，我觉得你最勇敢。（鼓掌，隆重发奖）

第二张奖状："优点奖"。奖给这个团结、进取的优秀班集体中，一个有优点并且能找到别人优点的同学。

活动二：夸夸他人——找优点

同学们，你们认为应该奖给谁呢？为什么？

（1）学生自由发言，说出原因。

（2）同桌交流：夸夸别人，为制作优点卡做准备。

师：听同学们一说，老师现在发现，咱们班有优点的同学可真多！我看这样，把你想说的制成优点卡送给同学，好不好?

---

① 参见张茂聪、林冶金主编：《小学品德与生活课程标准研究与实施》，112页，济南，山东教育出版社，2012。

（看看谁能获得我们班的最佳发现奖：教师引导每个学生找到他人的长处，同时也使每个同学都被评价到，为制作优点卡做准备）

活动三：制作优点卡并赠送给同学——动手实践活动

（1）制作优点卡——教师演示指导。（可以为同桌，也可以为其他同学）

（2）赠送优点卡——教师（投影演示）找几个同学展示一下自己的设计：说说给谁的，他的优点是什么，说说你的心里话。最后把优点卡亲手送给他。

收到优点卡的学生谈感受，教师帮助张贴优点卡。（选4～5名学生展示）

（3）集体活动，赠送优点卡。（重复以上过程）

（4）情感补偿。

师：没有收到优点卡的同学请起立！谁能帮助这几个同学找到优点？

（根据同学们的发言，老师现场为同学制作几份优点卡，关注每一位学生）

活动四：小记者采访活动

师：现在，咱们班每个同学都找到了自己的优点，也学会了给别人找优点，这个消息被一位小记者听说了，他要来采访一下大家。

（投影：（1）听到同学的夸奖，你心里有什么想法？（2）在夸别人的时候，你有什么感受？）

（提示同学，准备接受采访）

谁想来当小记者？

记者1：我是《齐鲁少年报》的小记者。我想问一下大家，听到同学的夸奖，你心里有什么想法？

学生1：别人夸我字写得好，但是我觉得我课文读得不怎么好，我要向读书有感情的同学学习。

学生2：高兴，别人夸奖我，我要继续发扬自己的优点争取做得更好。

记者2：大家好，我是人民日报社儿童乐团分社的记者。我有个问题想问一下大家，在夸奖别人的时候，你有什么感受？

学生1：别人有的优点，有些我没有，我一定要学习这些优点，改正自己的短处，发扬长处，不断取得进步。

学生2：看到有同学的优点比自己多，才能不断学习别人的优点，更加进步。

师：说得真不错，老师有个建议，是不是应该夸夸我们的小记者？（学生踊跃发言）

活动五：在奖状上签名（拓展延伸，感情升华）

（1）老师总结：无论是赞美别人，还是被别人赞美，都会给人带来积极、愉快、高兴的体验。因此，在生活中，我们要学会观察，积极发现别人的进步与优点，以恰当的方式告诉他，让他知道你对他的欣赏，使大家能够生活在一个愉快和谐的环境中。同学们，我

们的第二张奖状应该奖给谁呢？（学生说自己的想法）

师：每个同学都找到了自己的优点，也学会了给别人找优点。其实我们每一个有优点的人和每一个能发现别人优点的人，都是这张奖状的主人。

（2）全班同学在奖状上签名。

“每个人都是奖状的主人。”在奖状上签名活动将课堂推向了高潮。

（3）活动延伸。

师：同学们，说一说这节课你的表现怎样？有没有缺点？给自己找到优点，更要找出不足，这才是最大的进步。

案例分析：

《我棒你也棒》一课的设计，以评价作为设计学生活动的主体和出发点，根据学生的个性差异，从实际出发，区别对待，注重了评价的层次性，充分体现了评价方式的多样化，实现了发展学生个性的良好愿望，充分地发挥了积极评价的正向作用。整个设计过程中的“发勇敢奖”“制作优点卡”“小记者采访”“每个人都是奖状的主人”四次评价设计，以及在不间断的教学过程中对学生优点及课堂表现进行积极的评价，调动了所有学生的评价热情，让学生主动悦纳自己并悦纳其他同学，使得本课无论是外在的表现形式，还是课堂教学所呈现出的学生生命主体的感悟和涌动，都体现出了良好的课堂评价设计所带来的教学效益。

知识链接　　教学评价的实施和反馈①

《义务教育品德与社会课程标准（2011年版）》关于评价的实施和反馈建议包括四条：（1）评价要真实、可信、公正、客观。注意积累能真实反映学生发展变化的资料，如学生的作品、作业等。（2）评价要注重知行统一。将道德认识与道德行为有机结合。（3）评语既要简要、精练，又要注意差异性、针对性。评价结果要能反映出每个学生在原有基础上的进步与变化。（4）评价结果要及时反馈给学生，并对评价结果做出合理解释，帮助学生准确了解自己的学习状况，评价结果的反馈应有利于学生自信心的建立和自我反思。

二、教学设计方案编写

好的教学设计不仅给人留下深刻的印象，也有利于教师轻松自如地完成教学任务。教

① 参见中华人民共和国教育部制定：《义务教育品德与社会课程标准（2011年版）》，26页，北京，北京师范大学出版社，2012。

学设计方案主要有两种基本编写格式，即文本式（详见案例4）与表格式（详见案例5），也可将文本式与表格式混合使用。不管是哪种教学设计方案，都应包括教学目标、教学内容、教师活动、学生行为、教学媒体和时间分配等方面的描述。

（一）文本式教学设计

1. 设计思想

简要说明本课教学的指导思想、理论依据和设计特色。

2. 教材分析

分析课程标准对本课教学内容的要求、本课内容的组成及其在教材中的地位和作用。

3. 学情分析

分析学生学习该内容的认知起点、学习障碍、学习难度及将采取的学习策略。

4. 教学目标

依据新课程理念，从知识与技能、过程与方法、情感与态度等方面对教学目标进行描述。

5. 教学重点和教学难点

本课的教学重点和教学难点。

6. 教学方法

本课教学中所运用的教学模式、教学策略和教学手段。

7. 课前准备

学生的学习准备，老师的教学准备，教学环境的设计，教学用具的准备。

8. 教学过程

描述教学过程的各个环节。力求做到：教学策略、教学方法和教学组织形式的选择注重学生学习实践过程的体验，体现自主、合作、探究学习方式的主要特征；努力实现学科教学的科学性，关注学习与生活、社会、学生的经验世界和想象世界的联系；较好地体现过程性评价对学生发展的作用，体现老师有效的指导；突出教学重点，巧破难点；内容安排合理、有序，容量适当；教学媒体使用适时、适量、适度，体现创新性和可操作性。

9. 板书设计

板书设计要提纲挈领、简洁明了、美观大方、直观形象，有感染力和艺术性，体现板书的简洁性、系统性、层次性、概括性，新颖易记。

（二）表格式教学设计

表格式教学设计内容见表1-1。

表1-1　　表格式教学设计

课题名称	教材版本名称，章、节名称
作者及工作单位	
设计思想	写出本课教学的指导思想、理论依据和设计特色

<table>
<tr><td>教材分析</td><td colspan="3">1. 课标中对本节内容的要求；本节内容的知识体系；本节内容在教材中的地位，前后教材内容的逻辑关系
2. 本节核心内容的功能和价值（为什么学本节内容）</td></tr>
<tr><td>学情分析</td><td colspan="3">1. 教师分析、师生访谈、问卷调查等都是比较有效的分析学生的手段
2. 学生认知发展分析：主要分析学生现在的认知基础（包括知识基础和能力基础）、学生学习本节内容应该要走的认知发展线
3. 重点填写学生在学习本节（课）时相关的心理状态、知识结构特点和学习准备状态，作为解决教学重点、难点，选择教学策略，设计课堂教学过程的依据。如果设计的教学活动是在信息化环境下进行的，还需要分析学生现在所具备的信息素养状况，以利于教学活动的开展</td></tr>
<tr><td>教学目标</td><td colspan="3">教学目标的确定应注意按照新课程的目标体系进行分析</td></tr>
<tr><td>教学重点</td><td colspan="3">说明本课所必须解决的关键性问题</td></tr>
<tr><td>教学难点</td><td colspan="3">说明本课学习时易产生困难和障碍的内容</td></tr>
<tr><td>教学方法</td><td colspan="3">说明本课所采用的教学方法</td></tr>
<tr><td>课前准备</td><td colspan="3">包括需要预习的内容，考虑的问题，调查、研究、收集的资料等</td></tr>
<tr><td>课时安排</td><td colspan="3">1 课时</td></tr>
<tr><td colspan="4">教学过程
教学过程的表述不必详细到将教师、学生的所有对话、活动逐字记录（这不是预设），但是应该把主要教学环节、教师活动、学生活动、设计意图表达清楚</td></tr>
<tr><td>教学环节</td><td>教师活动</td><td>预设学生行为</td><td>设计意图</td></tr>
<tr><td>1. 导入新课
2. 主题探究
3. 巩固练习
4. 评价修正
5. 促进迁移</td><td>教师在参与教学活动时的各种表现（语言、动作、思维、表情等各个方面）</td><td>学生在参与教学活动时可能发生的各种表现（语言、动作、思维、表情等各个方面）</td><td>要说出每个环节、每个提问、每个动作的具体指向、明确的目的。与教学活动、学生的表现一一对应</td></tr>
<tr><td>板书设计</td><td colspan="3">简练、清晰、实用，勾勒整堂课的主要内容</td></tr>
<tr><td>学生学习活动评价设计</td><td colspan="3">设计评价方案，向学生展示他们将被如何评价（来自教师和小组其他成员的评价）。另外，也可以创建一个自我评价表，这样学生可以用它对自己的学习进行评价</td></tr>
</table>

一般而言，文本形式可以比较充分地表达思想和具体的内容，信息量大，但不易直观地反映教学结构中各要素之间的关系；而表格形式能够比较简洁、综合地体现教学环节中教、学诸因素的整合。因此，书写形式可以根据具体的内容要求灵活展现，或者以表格书写，或者以文本形式书写，或者将文本和表格形式合二为一，采用文本形式书写前端分析，表格书写教学过程，从而组织成为一篇教学设计方案。教学设计必须写出教师自己的设计思想、理念、目的、理由甚至理论依据，要有自己的独特、创新、个性化的设计。教学设计完成后还应提前做好预设：教学目标实现了没有？教育、教学理念转化为具体的教学行为了吗？通过什么方式转化？有没有创造性地挖掘和利用教学资源？教学设计最突出的亮点是什么？教学预设是否有效？有没有比这更有效的设计？要在反思中不断调整自己的教学设计，使课堂整体教学行为更加有效与完美。

第三节　小学品德与生活（社会）教学设计案例与分析

教学设计取决于设计者对教学思想、教学目的的理解，取决于对教学内容的掌握和对学生实际的了解。教学设计要注意以下几点：树立与时俱进的教学观念；在尊重教材的基础上，要创造性地使用教材，用教材教，而非教教材；重视教学方式方法的选择；教学过程设计要依据教学内容，创造性地设计师生活动，避免教学过程模式化、机械化、无序化，提倡个性化教学设计。由于课堂教学的形态是多种多样的，很难把各种各样的教学形态一一标出后分别举例评析，这里分别以文本式与表格式各举一例，以求窥一斑而见全豹。

案例 4

“走近残疾人”教学活动设计①

（人教版《品德与社会》四年级上册第四单元第二课）

教材分析：

“走近残疾人”是人教版《品德与社会》四年级上册第四单元“关心你，爱护他”第二课《伸出爱的手》中的第一个话题。这一主题由“走近残疾人”“如果我是他”“生活中还有这样一些人”“社会是个温暖的大家庭”四个话题组成，旨在培养儿童的社会责任感和公德意识。“走近残疾人”侧重于体会残疾人的困难与不易，感受残疾人的坚韧与顽强，培养对残疾人的理解、尊重和关爱之情，进一步丰富学生的情感体验，完善学生的人格。

学情分析：

现在的学生大多是独生子女，生活环境和条件较优越，生活在被父母宠爱的环境里，以自我为中心的意识较强，加之年龄小，在平时的生活中较少接触到残疾人，不容易体会到残疾给残疾人生活带来的不便和困难以及残疾人的坚韧与顽强，更谈不上理解、尊重和关爱残疾人。

设计思想：

“走近残疾人”这一课根据学生的实际情况，从学习经验出发，创设能让学生体验的情境，营造浓浓的情感交流氛围，通过换位体验、资料交流等活动，使学生在情境中理解、感悟、体验，进而从内心深处萌发对残疾人的同情、理解、尊重和关爱，并化为实际言行，体现品德与社会课程“关注儿童现实生活，珍视儿童生活独特价值”的理念。

教学目标：

1. 情感、态度与价值观目标

能够理解、尊重和关爱残疾人，并对他们在困难面前自强不息的精神持有敬佩之情。

---

① 本案例由云南省曲靖市第二小学陈丽芳老师提供。

2. 知识与能力目标

（1）知道残疾人生活中的不方便，初步了解我国残疾人保护方面的有关政策和措施。

（2）感受残疾人在实际生活中的困难，以及他们为克服困难所付出的努力。

（3）培养体察他人、观察社会事物和获取社会信息的能力。

3. 过程与方法目标

通过体验、讨论等方式，学生树立尊重、关爱残疾人的意识。

教学重点：

走近残疾人。

教学难点：

理解、尊重残疾人。

教学方法：

情景教学法、体验法、谈话法、讲授法等。

课前准备：

多媒体课件、体验活动的道具；学生搜集残疾人的相关资料。

教学过程：

活动一：创设情境，激发情感

导入：同学们！当我们在蓝天下快乐奔跑，在百花丛中放声歌唱，每天迎着朝阳，走向光明的人生时，你可曾想到，同在一片蓝天下，还生活着这样一群特殊而困难的群体（在背景音乐中播放各类残疾人的图片）：他们或者在漫漫长夜里摸索，或者在无声的世界里生活，或者是靠轮椅、拐杖度过一生。这节课就让我们走进残疾人的世界，用我们的心去体验他们的生活。（板书课题：走近残疾人）

设计意图：儿童的生活是课程的基础。这里以一组特征较为明显的残疾人图片让学生强烈地感受残疾人的悲伤与不易，为儿童了解残疾人、尊重残疾人、真正走近残疾人奠定了良好的情感基础。

活动二：模拟活动，体验情感

（1）师：虽然同学们都见过残疾人，但是对他们不一定很了解。今天，我们一起来进行一次模拟活动，体验一下残疾人的生活。

体验活动一：单手戴红领巾。全体学生一只手插进裤兜，用另一只手戴红领巾。

体验活动二：手语传话。老师告诉每组第一个组员“请借我一本字典”，开火车用手势传话表述，最后一名组员说出领会到的意思，老师公布答案。

体验活动三：蒙眼前进。每组推荐一名代表从后排座位出发，蒙住眼睛绕讲台一圈后再回到原位。

（2）交流体验感受。

设计意图：体验产生理解，体验产生情感。让学生在正常人看来很简单的活动中换位体验，切身感受到残疾人生活中面临的困难和痛苦，萌发对残疾人的同情和理解，使课堂教学不再是空洞的说教和生硬的灌输。

活动三：感悟顽强，积蓄情感

（1）师：通过刚才的体验，我们可以深深地感受到许许多多的残疾人在生活中的种种艰辛。你们想知道现实生活中残疾人是怎样生活的吗？让我们一起到《超级演说家》的节目现场，听陈州是怎么说的。（播放视频）陈州面带笑容“登场了”，观众掌声雷动，主持人全体起立，全场为之动容。你喜欢陈州吗？哪些地方让你喜欢？

（2）师：一个失去双腿的人，13 次登上了泰山之巅；一个失去双腿靠着两只木盒走路的人，走遍了全国 20 多个省份、700 多座城市，开了 3 000 多场街头演唱会，给家里买车、买房。一个生活比正常人艰难的人，却能轻松看待生活，幽默地表达自己，以这样的一种方式，坦然面对生活，他是生活的强者，值得我们大家敬佩，值得我们学习。在现实生活中，还有许多残疾人都是这样，面对生活中的困难，他们并不是依赖别人的照顾，而是发挥自己的聪明才智，学会了许多常人难以做到的本领。（播放《从篮球女孩到水中飞鱼——钱红艳逐梦残奥会》视频）

（3）学生交流感受。

（4）介绍你们了解到的具有特殊的能力或是做出过突出的贡献的残疾人。

设计意图：教师精心选择自强不息的残疾人代表，通过多媒体播放深深打动学生的心。学生交流自己收集到的具有特殊的能力或是做出过突出的贡献的残疾人事迹，使学生对残疾人的认识、体验逐步深刻，也使本课的教学掀起高潮。

活动四：导行延情，升华情感

（1）师：今天我们了解了残疾人，亲身体验了残疾人在生活中遇到的不便，对残疾人有了新的认识，尤其是他们在生活中表现出来的自立自强的精神值得我们大家敬佩。我们国家为了让大家都来关注残疾人，专门设有全国助残日，你们知道是哪一天吗？（每年 5 月的第三个星期日为“全国助残日”）同时，我国还有专门为残疾人提供服务的机构和设施，你们都知道哪些？

（2）观看社会各界关爱残疾人、学校与特殊学校开展“手拉手”活动等图片资料。

（3）交流：在平时生活中，我们应该怎样对待残疾人呢？

（4）投影：中国残疾人联合会的负责人给市民的三条建议：

第一，遇到盲人要先发出声音再接触他们的身体，以免吓到盲人。

第二，遇到聋哑人，要让他们“目中有你”，用写字交流，最好学会一些简单的手语。

第三，遇到行动不方便的残疾人，要用他们适应的方式来帮助他们，以免他们不习惯。

（5）总结延伸：一次自然的让座、一回悄悄的让道、一个关切的眼神、一句温暖的问候、一双扶助的手都能让残疾朋友倍感温暖。“爱心一小步，道德成长一大步。”让我们用真挚的爱去帮助他们，用实际行动去尊重他们、关爱他们，为他们插上隐形的翅膀，让他们生活更加方便、快乐！（在“只要人人都献出一点爱，世界将变成美好的人间”的音乐中呈现“中国残疾人联合会”和“残疾人在线”网址）

设计意图：这一环节的设计意图在于让学生从文本回归生活，开展更多的活动，参与更多的社会实践。

板书设计：

走近残疾人

设计意图：用翅膀高高托起“同情”“理解”“尊重”“关爱”的心，鲜明地表达了本课的主题，给人以强烈的震撼。

案例分析：

本课设计始终把握“走近”的原则，以搜集资料、观察生活、模拟体验、观看视频、资料回顾、讨论交流、表达关爱等形式，触及学生的心灵，引导学生体会残疾人的不便与困难、不幸与烦恼，感受他们顽强的性格和抗争精神，进而从心灵深处真正理解、关爱、尊重残疾人，从行动上真正帮助残疾人。教师发挥了指导者、支持者、引导者、合作者的作用，创设相应的环境气氛和教学情景，让学生充分参与活动，尽情地交流与分享。准备、体验、展示、评价的过程设计都力图让学生深入情境过程中受教育，实现对学生的有效引导，使品德教育成为一种真实的、儿童所能理解的实践活动，成为具体的、可感的、可触的认识、感悟和体验。在结课拓展的环节中，以“社会各界的关爱行动”、学校与特殊学校“手拉手”系列活动的事实画面让学生体会社会福利事业的人文关怀，为孩子树立了榜样。提供相关网址和与残疾人和谐相处的建议，丰富了教学内容，让学生从文本回归生活、走进生活，以实际行为走近残疾人，播撒“爱”的种子，实现了教师情感、学生情感和文本所要表达情感的共振，实现了课内外、校内外行为的整体性、一致性、延续性，较好地体现了思想品德课程的生活性、活动性及开放性和源于生活、高于生活、指导生活的核心理念。

案例5　《说声“我能行”》教学设计①

课题名称	《说声“我能行”》教学设计
作者及工作单位	云南省曲靖市第二小学骆靖萍
教材分析	《说声“我能行”》是粤教版《品德与社会》三年级下册第二单元“我尝试自主学习”中的一课。本课通过小主人公丹丹在学习中的经历，让学生体验到健康的心理对学习成功的重要性，进而培养自己的自信心，做学习的小主人
学情分析	三年级学生在接受别人的评价中能发现自身的价值，产生兴奋感、自豪感，对自己充满信心。但由于经历少、阅历浅，他们在学习、活动以及人际交往等方面有其局限性，因此适应能力有限，加上意志品质等方面的原因，容易因为一两次偶发事件的失败而产生自卑、恐惧的心理，在心中形成阴影。本节课通过师生的互动活动，让学生看到，只要找准原因，对症下药，勇敢地迈出第一步，就可能获得成功；让学生排除烦恼，战胜胆怯、自卑的心理，逐步铸就相信自我、展示自我、敢于大胆尝试的良好意志品质
设计理念	1. 以“活动”为载体，通过观看视频、对话、展示等多种形式让学生去认识、思考、辨析、感悟，使他们在获得内心体验的过程中逐步形成相应的正确的价值观念和良好的心理素质 2. 在整个活动中，调动和利用学生已有的经验，把他们的个人知识和生活经验作为教育的重要资源，结合学生现实生活中实际存在的各种胆小的问题，共同探究，智慧共享，不断丰富和发展他们的生活经验，懂得发挥自己的优势，树立自信心，形成乐观向上、积极进取的生活态度
教学目标	1. 情感、态度与价值观目标：了解自己的优点和不足，懂得发挥自己的优势，树立自信心，形成乐观向上、积极进取的生活态度 2. 能力目标：能正视自己及他人的优点和不足，初步形成正确的评价能力 3. 知识目标：懂得只有相信自己，敢于表现自己，才能使自己得到锻炼，不断进步的道理
教学重点	崇敬勇敢坚毅的人，养成坚强自信乐观向上的优秀品质
教学难点	帮助学生战胜胆怯、自卑的心理，树立和增强自信
教学方法	启发式教学法、情境教学法
课前准备	课件
课时安排	1课时

教学过程

教学环节	教师活动	预设学生行为	设计意图
第一板块：畅谈感受，酝酿情感	谈话：同学们，你们在取得好成绩时的心情如何呢？那考砸了的心情呢？	学生自由发言	通过语言引出学生的两种表现，为学习新课做好铺垫

① 骆靖萍（曲靖市第二小学），云南省品德与生活（社会）说课大赛活动，2011年5月。

第二板块：学习课文，探求新知	1. 播放丹丹日记	学生有兴趣地投入	让学生体验到健康的学习心理对学习成功的重要性
	2. 丹丹考试不理想，她是怎么想的呢？（根据学生回答相机板书课题）丹丹对自己说“我能行”的心态就是乐观、自信（板书：乐观、自信）	学生回答	
	3. 同学们，遇到困难和失败，如何保持一份好心情呢？快登上“好心情列车”说一说吧 4. 丹丹在老师、同学、爸爸妈妈的关心帮助下，想出了哪些解决的方法？	学生讨论交流，发表看法	让学生在困难和失败面前，学会调整自己的心态，积极对待
	5. 期末考试到来了，看丹丹怎样做？你们从丹丹的故事中受到什么启发？	学生发表看法	
	6. 师：同学们，在我们生活的道路上不可能是一帆风顺的，总会遇到这样或是那样的困难、失败，但是，在困难、失败面前一定不能失去信心。信心可以使我们充满激情去笑对困难，过关斩将，实现理想。即使在最困难的时候，仍能保持乐观奋进的拼搏精神。相信自己，只要坚持不懈地积极进取，就一定会获得成功		让学生面对困难和挫折，始终保持乐观向上的心态，进而培养自己的自信心
第三板块：利用故事，感悟情感	1. 播放独臂女孩雷庆瑶失去双臂后如何在生活中把双脚变成“一双灵巧的双手”视频，说一说此时此刻，你最想说什么	看视频	让学生体验到自信与成功的关系，激发崇敬勇敢坚毅的人，养成坚强自信乐观向上的优秀品质
	2. 图片呈现经过努力获得进步和成功的人（刘翔、杨利伟、邓亚萍、李娜、刘伟）	看图片，听讲述	
第四板块：创设情境，激活情感	1. 说说你遇到的困难或挫折，你将怎样面对困难和挫折呢？打算怎么克服它？	自由发言，相互帮助	让学生列举胆怯、不自信的事例，引导学生相互分析原因和由此带来的后果，帮助学生排除烦恼，战胜胆怯、自卑，让每个学生认识自己的优势，展示自己，表现自己，从而相信自己
	2. 念念儿歌《我能行》	齐读儿歌《我能行》	
	3. 夸夸自己：同学们，每个人心灵里都有两扇大门，一扇叫“我能行”，一扇叫“我不行”，让我们一起走进“我能行”的大门，说说自己“能行”的方面	展示特长	
	4. 师：看到大家多才多艺，我由衷地感到高兴，我想，你们将来都会是了不起的人，也是明星		

第五板块：歌曲延伸，播撒情感	1. 同学们，自信些，因为生活需要自信；自信些，因为成功需要自信的支持；自信些，因为失败需要你用自信去克服。永远相信自己，无论处于何种困境，遭遇怎样的挫折，都能及时勇敢地对自己大声地喊出——“我能行”（播放歌曲《我真的很不错》高潮部分）	跟音乐唱歌	这一环节的设计点明了勇敢地对自己大声说“我能行”的意义所在
	2. 同学们，如果你们常常保持乐观、自信的心态，别人一定会对你跷起大拇指的（板书：大拇指图）		

板书设计：

说声“我能行”

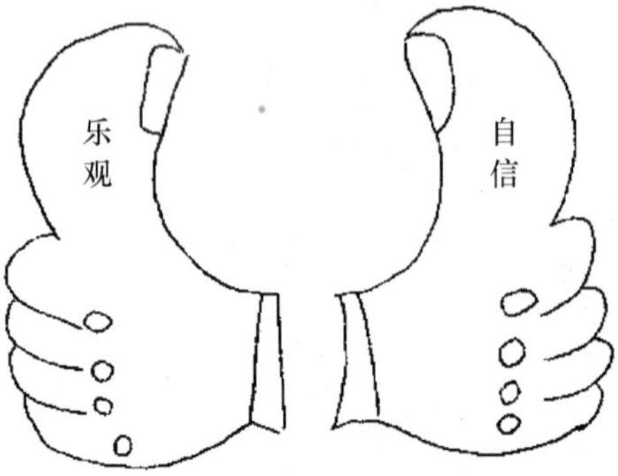

案例分析：

本课首先从考试成绩不理想这一学生经常遇到的问题出发，让学生想象课文主人公丹丹的各种不愉快的心情，与丹丹自己自信的表态形成强烈的反差。教师借此告诉学生，遇到挫折和困难并不可怕，一定要保持一份好心情，同时还要在老师、同学和家人的帮助下，找到解决问题的方法，并通过自己的努力获得成功，在心中树立“我能行”的强烈意识。教学设计以活动板块的形式，构建了从感性到理性、从形象到抽象的认知过程。五大板块各自独立却又层层递进，每个活动都给予学生充分的空间，体现了教师为主导和学生是主体的有机结合。

一份优秀的教学设计必须是科学性和艺术性的有机结合、预见性和实效性的协调组合，无不倾注了教师特殊而细微的历练。“一枝一叶总关情。”教师正确、先进的教学思想和高超的教学艺术、独特的教学风格，是设计质量的根本保证。对每个教学环节的设计，都要有操作的理论依据和极富弹性的方式方法，需要教师具有创新的勇气、深厚的知识储备和经验积累以及熟练的教学设计功底。面对思维活跃的学生和纷繁复杂、题材多样的课本，品德与生活（社会）课程的教师要不断学习新理念，不断更新知识，掌握正确、可行的教学策略，充分尊重学生的主体地位，融会贯通、举一反三，研究教材，研究学生，做到知已知彼、扬长避短，渗透新理念，体现新思想，融注新方法，以新的学生观、课程观、学习观、质量观等对课堂教学进行科学合理的规划和设计，促进学生态度的形成、情感的交流、习惯的养成、道德的浸润，促进学生和谐、主动、可持续发展。

思考与练习

1. 如何理解“教学设计”？请谈谈你的观点。
2. 请你选择一份品德与生活（社会）教学设计，并进行简要分析与评价。
3. 结合实际，谈谈如何才能创造性地进行教学设计。

阅读文献

1. 高峡. 义务教育品德与社会课程标准（2011 年版）解读. 北京：高等教育出版社，2012.

2. 倪牟双，赵艳辉. 从设计“教”到设计“学”. 北京：中国轻工业出版社，2014.

3. 蒋蓉，李金国. 小学课程与教学论. 北京：北京师范大学出版社，2013.

4. 吴效锋. 新课程怎样教：教学艺术与实践. 沈阳：沈阳出版社，2003.

5. 张茂聪，林冶金. 小学品德与生活课程标准研究与实施. 济南：山东教育出版社，2004.

6. 张茂聪，林冶金. 小学品德与社会课程标准研究与实施. 济南：山东教育出版社，2004.

7. 刘道溶. 小学品德与生活（社会）教学活动设计案例精选. 北京：北京大学出版社，2012.

第二章

小学品德与生活（社会）课程标准与教材

本章导读

品德与生活（社会）是一门什么课程？与以往的品德课程有什么区别？本章通过一些鲜活的案例，帮助你理解课程的性质、基本理念、目标、设计思路及内容和教材的特点，更好地认识这门课程和使用教材，为教学设计奠定基础，并在实际教学中实施好这门课程。

《义务教育品德与生活课程标准（2011年版）》和《义务教育品德与社会课程标准（2011年版）》是在2001年以来我国实行新课程改革的基础上修订而成的。《基础教育课程改革纲要（试行）》指出：国家课程标准是教材编写、教学、评估和考试命题的依据，是国家管理和评价课程的基础，是教材、教学、评价的出发点与归宿。① 因此，我们应学习领会品德与生活（社会）课程标准的精神实质，为提高该门课程的教学设计水平奠定基础。

想一想：

你是如何认识课程标准的？

第一节 《义务教育品德与生活课程标准（2011年版）》介绍

品德与生活是在小学一、二年级新开设的一门综合课程。《义务教育品德与生活课程标准（2011年版）》将品德与生活课程的意义表述为："小学低年级阶段是儿童从幼儿生活向小学生活过渡并逐步适应学校生活的重要时期，也是儿童品德和行为习惯、生活态

① 参见朱慕菊主编：《走进新课程——与课程实施者对话》，49页，北京，北京师范大学出版社，2002。

度、认知能力发展的重要时期。”① 品德与生活课程标准将品德与生活课程的价值和功能表述为：“品德与生活课程根据社会与时代发展的需要和儿童身心发展的特点而设置，旨在以正确的价值观引导儿童更好地适应学校生活，形成良好的品德和行为习惯，在充满探究与创造乐趣的童年生活中，为学会生活、学会做人打下基础。”② 可见，品德与生活课程对培养人、塑造人具有基础性作用。

一、课程性质

品德与生活课程具有生活性、活动性、综合性、开放性的基本特征。

（一）生活性

品德与生活课程标准关于“生活性”的表述是：“本课程视儿童的生活为宝贵的课程资源。课程学习本身是儿童生活的组成部分，是儿童在教师指导下真实体验生活、主动参与生活、创造生活的过程。本课程遵循儿童生活的逻辑，以儿童生活中的需要和问题为出发点；以儿童的现实生活为课程内容的主要源泉；以用正确的价值观引导儿童在生活中发展、在发展中生活为课程的基本追求。”③ 品德与生活课程是用儿童的生活逻辑来构建课程体系，一、二年级儿童主要是以家庭和学校生活为主，面临从幼儿园到小学的过渡，孩子遇到的主要问题是作息时间、人际交往、学习环境的变化等，教学的内容就是儿童日常的家庭生活、学校生活的内容，采用生活的逻辑来建构课程的内容，通过教学帮助学生过更好的生活，过好“当下的生活”“自己的生活”，“教育就是一种生活”④。

案例1　《学校里的一天》教学片段⑤

（浙教版《品德与生活》一年级上册第一单元第三课）

教学目标：

学生了解校园日常生活的安排和课程设置，感受学校生活的美好，积极、主动地参与各项校园活动，学会基本的生活常规，学会安全快乐有序度过每天的校园生活。

教学片段：

师：谁知道课程表是做什么的呀？

生：上面写着上什么课，一看就知道上什么课。

---

①② 中华人民共和国教育部制定：《义务教育品德与生活课程标准（2011年版）》，1页，北京，北京师范大学出版社，2012。

③ 同上书，2页。

④ 成尚荣：《生活教育·儿童世界·青春文化——从审议的视角解读品生、品社和思品课标》，载《基础教育课程》，2012（Z1）。

⑤ 杨翠英，云南省品德名师工作室教师培训活动，2014年9月。

师：对了，课程表写着我们每天的学习与活动的安排，今早第一节是语文课，张老师带着大家学习拼音宝宝。第二节该上数学课了，王老师要带大家和数字做游戏，我们该怎样做？

生：我们要把语文书收起来，把数学书拿出来。

生：还要拿出练习本。

师：对呀！看课表可以提前安排好自己的学习活动，请看课表上还写着一个“大课间活动”，我们该做什么？

生：一起排队到操场跳《小苹果》。

师：跳舞很开心，谁能说出课间活动的注意事项。

（学生纷纷举手说要排队、不要拥挤、不要打闹……）

师：对，课间活动安全第一，要文明有序。大家一起做我的小老师，教我跳《小苹果》吧。（师生跳《小苹果》舞蹈）

师：（教师模拟上课铃声）上课铃响了，我们要怎么办？

生：快快进教室，看课程表，摆好书本。

生：……

师：小小课程表，是我们学校生活好帮手，它提醒我们进入学校要有规矩、守时间，让我们在学校快乐学习和生活。

案例分析：

在上述教学片段中，整个过程都以儿童学校生活中相依相伴的“课程表”作为切入点和教学活动的导线，帮助学生了解校园日常生活的安排和课程设置，了解如何通过课程表安排自己的学习和活动，学会与人交往等。学习活动的开展也是以儿童的实际生活为出发点，让他们感受到学校生活的美好，积极主动地参与各项校园生活，在交流和实际的活动中获得直接的经验。正如卢梭所说：“我们一开始生活，我们就开始教育自己。”① 这样的教学内容和形式实现了品德与生活在学生身上的统一。

（二）活动性

品德与生活是一门引导学生在活动中获得经验与体验的课程，被称为活动型的综合课程。品德与生活课程标准中对于“活动性”是这样阐述的：“本课程超越单一书本知识的传递和接受，以活动为教和学的基本形式。课程的呈现形态主要是儿童直接参与的各种主题活动、游戏或其他实践活动；课程目标主要通过儿童在教师指导下的活动过程中的体验、感悟和主动建构来实现。”② 这正如有的学者所言：“青少年的道德，既不是固有的善

① ［法］卢梭：《爱弥儿》，上卷，13页，北京，商务印书馆，1978。

② 中华人民共和国教育部制定：《义务教育品德与生活课程标准（2011年版）》，2页，北京，北京师范大学出版社，2012。

良本性的展开，也不是单纯环境强化的产物，而是主体与环境交互作用的结果。当代德育教育模式更是提倡内化、实践与主动创造，并格外强调集体的能动性与创新精神，在社会中展开各种生动活泼的创造性活动。”①

“以活动为教和学的基本形式”，通过引导儿童主动参与各类活动来进行教学，是品德与生活课程教学的一大特点。“在本课程中，儿童获取知识的主要途径是通过活动主动进行构建，而不是依赖教师的直接传授。”在以往的思想品德课教学中，教学主要停留在“激趣”“认知”“明理”“导行”环节上，注重的是教师的“激”“讲”“导”，以教师的“说教”为主，教师许多时候变成了宣传的“播放机”。教师的任务更多的是告诉学生“什么是对的”“什么是错的”，要求学生“你应该这样做”“你不应该那样做”。罗马帝国时代的希腊作家普鲁塔克说过：“儿童的心灵不是一个需要填满的罐子，而是一颗需要点燃的火种。”品德与生活课程以活动的开展为主要的教学方式，一节课的教学可以是一个或几个活动，采用个体、小组、集体等多种活动方式，通过唱、画、演、做等活动手段开展教学。②

案例 2　　**《我们的国庆节》教学片段**③

（人教版《品德与生活》一年级上册第二单元第五课）

教学目标：

知道我国的国名和国庆节，感受人们欢度国庆的喜悦之情，尝试以自己喜欢的方式表达对祖国的热爱。

教学过程：

活动一：我眼中的国庆节

师：10 月 1 日是什么日子？

师：10 月 1 日是新中国诞生的日子，是祖国妈妈的生日——国庆节。为庆祝国庆节，全国人民要放假，还要开展一系列的庆祝活动，你们知道国庆节有哪些活动吗？

（学生结合自己的经验说国庆节的所见所闻及经历）

师：大人都用自己的方式庆祝国庆节，我们爱自己的祖国妈妈，我们也用自己的方式给祖国庆祝生日。

活动二：祖国妈妈的生日会

学生特别高兴以主人翁的姿态出主意、想办法，给祖国妈妈过生日。师生一起布置教室，在黑板上写上 10 月 1 日，画上国旗、蛋糕，写上：祖国生日快乐，我爱您……教室

① 钱源伟：《基础教育改革研究》，76 页，上海，上海科技教育出版社，2003。

② 参见杨翠英：《以人为本　自主体验　获得发展——〈品德与生活〉教学体会》，载《课程教材教学研究（小教研究）》，2003（12）。

③ 杨翠英，玉溪市品德与生活教师培训会议，2013 年 12 月。

布置好后，开始给祖国妈妈唱生日歌和送礼物。首先唱国歌，接着给祖国妈妈唱《生日歌》《祝福歌》。一起为祖国妈妈许愿："祝祖国妈妈日益强大！""祝祖国妈妈富强！"……接下来又用各种方式向祖国妈妈献礼："我要努力学习，成为解放军，保卫祖国妈妈！"……

案例分析：

对于一年级的小学生，"国家""祖国"的概念是比较抽象和空泛的，"妈妈"的概念比较具体和亲切，庆祝国庆节用儿童喜爱的给祖国妈妈过生日的活动方式开展，让学生体验到国庆的热烈愉快的气氛和生日的喜悦，在这个过程中记住祖国妈妈的生日，用自己的方式由衷地表达对祖国的大爱之情。

（三）综合性

新一轮国家基础教育课程改革将实现课程的综合化作为课程改革的一项重要任务。品德与生活是在对我国小学低年级原有思想品德、自然（或科学）、社会和活动等课程进行高度整合的基础上生成的新课程，它不再是传统意义上的思想品德课、自然课或生活课程了。品德与生活课程从低年级儿童的生活经验出发，其内容涵盖了品德教育、劳动教育、社会教育和科学教育。[①] 品德与生活课程兼具了品德教育、科学教育、社会教育以及生活教育等多重价值。品德与生活课程标准对于"综合性"是这样阐述的："本课程以儿童的生活为基础，具有综合性。课程设计体现儿童与自然、儿童与社会、儿童与自我的内在整合；课程内容体现品德教育和生活教育有机融合；教学活动体现儿童的生活体验与道德体验、知识学习与社会参与、问题探究等彼此渗透、相互促进，实现生活、教学、发展的三位一体。"[②] 儿童的生活和成长不是单一的线性结构，儿童的成长涵盖生活的方方面面。如"我上学了""我的一天""过新年"（人教版《品德与生活》一年级上册）几个单元设置了以下内容：（1）上学、放学路上的交通安全；（2）《我会好好地吃》一课中涉及的良好饮食习惯；（3）《看我多精神》一课中涉及的正确的坐、立、走姿势；（4）外出活动、逛庙会中防止走失。在内容设置上涉及衣食住行，在空间上有学校、家庭、社会生活的方方面面，立体综合地展现了孩子多个维度的生活。

知识链接　　综合课程与分学科课程[③]

综合课程与分学科课程是相对应的。分学科课程是一种单一的课程组织形式，它强调不同学科门类之间的相互独立性，强调一门学科的逻辑体系的完整性。综合课程是一种双学科或多学科的课程组织模式，它强调学科之间的内在联系，强调不同学科的相互整合。

① 参见朱慕菊主编：《走进新课程——与课程实施者对话》，26页，北京，北京师范大学出版社，2002。
② 中华人民共和国教育部制定：《义务教育品德与生活课程标准（2011年版）》，2页，北京，北京师范大学出版社，2012。
③ 参见朱慕菊主编：《走进新课程——与课程实施者对话》，27页，北京，北京师范大学出版社，2002。

想一想：

举例说明分学科课程与综合课程的区别有哪些。

（四）开放性

品德与生活课程标准对于“开放性”的表述为：“本课程面向儿童的整个生活世界。教学目标随着儿童生活及活动过程的变化和需要不断调整；教学内容从教科书扩展到儿童生活的各个方面；课堂从教室扩展到家庭、社区以及儿童的其他生活空间；教学时间在与学校其他活动或学科的配合和联结中灵活而弹性地延展；课程评价走向开放、多元，全面关注儿童丰富多彩的体验和个性化的创意与表现。”① 总的来讲，开放性包括教学目标、教学内容、教学时空、教学评价四个维度的开放。

案例 3　　**让家长参与课堂教学的延展活动②**

《中秋与重阳》（人教版《品德与生活》二年级上册第二单元第八课）中有一个话题“尊老敬老话重阳”。课堂教学活动之后，为了提高教育的实效性，设计一张表格让家长参与课外延展活动。具体如下：

尊敬的家长：

尊老敬老是中华民族的优秀传统美德，在“九九”重阳节之际，让孩子为家庭、社区中的老人做一件（或几件）力所能及的事，请家长给予支持，谢谢！祝愿老人健康长寿！（此表由孩子和家长在活动后填写）

1. 在重阳节我为＿＿＿＿＿＿做了＿＿＿＿＿＿＿＿＿＿＿＿
2. 平时我为老人做了＿＿＿＿＿＿＿＿＿＿＿＿＿＿＿＿
3. 家长的话：＿＿＿＿＿＿＿＿＿＿＿＿＿＿＿＿＿＿
二年级（　　）班学生＿＿＿＿＿家长签字＿＿＿＿＿

案例分析：

教学活动如果只是在课堂上进行，很大层面是停留在口头上，不能真正落实到行动上。上述活动把课堂和家庭、社区联系起来，把学习的空间从教室扩展到家庭、社区以及儿童的其他生活空间，让学生通过活动获得体验，能够提高德育教育的实效性。

① 中华人民共和国教育部制定：《义务教育品德与生活课程标准（2011 年版）》，3 页，北京，北京师范大学出版社，2012。

② 参见杨翠英：《让家长成为教学活动的合作者》，载《云南教育》，2005（16）。

想一想：

你是怎样理解品德与生活课程的开放性的？

二、课程基本理念

品德与生活课程基本理念是：

（1）引导儿童热爱生活、学会关心、积极探究是课程的核心。

（2）珍视童年生活的价值，尊重儿童的权利。

（3）道德存在于儿童的生活中，德育离不开儿童的生活。

（4）让教与学植根于儿童的生活。

四个基本理念最突出的特点之一就是都是围绕“儿童生活”。“儿童生活”是这门课程的基础。品德与生活是一体的。“生活作为道德的‘基础事实’是和道德一体的，脱离了生活，道德也就成了僵死的条文和抽象的原则。生活是道德的沃土，道德源于斯、长于斯，与生活‘同呼吸、共命运’，没有生活，也就无所谓道德。”① 在教学中要重视“生活”对于儿童的意义，教学活动要置身于学生的生活，关注儿童当下的生活的意义和价值，并指导学生过更好的生活。特点之二就是将儿童放在主体地位，关注人。关注人是新课程的核心理念，意味着教学活动从儿童个体的需求出发，关注每一个儿童，关注学生的情绪体验，关注学生的道德生活和人格养成。② 品德与生活课程承认儿童是处于成长与发展过程中的具有独立人格的人，尊重他们不同的生活方式、学习方式及生活的价值，尊重他们的权利，教学活动从儿童生活出发，把了解儿童作为教学的基础，用儿童生活的方式引导他们去观察、去思考、去感悟、去体验。

案例 4 《鲜艳的红领巾》教学实录（节选）③

（人教版《品德与生活》二年级下册第三单元第八课）

教学目标：

（1）了解红领巾的意义，为自己是一名少先队员感到自豪和光荣，并能用红领巾激励自己不断进步。

（2）体验少先队活动的乐趣和生活在少先队组织中的快乐。

教学过程：

活动一：情境导入

老师戴着红领巾进教室，引出少先队员、红领巾等，师生一起回忆第一次戴上红领巾

① 高德胜：《生活德育论》，41页，北京，人民教育出版社，2005。

② 参见朱慕菊主编：《走进新课程——与课程实施者对话》，119页，北京，北京师范大学出版社，2002。

③ 杨翠英：《〈鲜艳的红领巾〉教学实录》，载《品德与生活教师培训手册》，323页，北京，人民教育出版社，2007。

时的情境和心情。

活动二：认识红领巾和队旗、队歌

在展示活动中认识中队旗和大队旗，并集体唱队歌。

活动三：参观体验

师：作为一名光荣的少先队员，还有许多少先队组织的知识需要了解，我们现在就去少先队大队部去看一看，之后交流你看到了什么、想到了什么。（按顺序带领学生到少先队大队部参观，10 分钟后带回教室）

（注：学校大队部里陈列着队旗，仪仗队的鼓号，学校大队部队干部一览表，历年学校少先队组织和个人获得的奖杯、奖状，优秀少先队员照片，少先队员活动图片展板，学生获奖的科技作品等。）

活动四：交流感悟

师：谁想告诉老师，你看到了什么？想到了什么？

生 1：我看到里面有许多的奖状，我们学校太了不起啦。

生 2：我看到里面放着的号，我想吹，我想成为号手。

生 3：我看到墙上有许多大哥哥大姐姐的照片，我也想把我的照片放进去，让其他同学看。

生 4：我看到同学获奖的科技作品，有机会我还想好好地再看一下。

师：大家看了少先队大队部以后，对我们少先队组织有了进一步的了解，作为一名少先队员，我们很光荣，我们要爱惜这个光荣的称号，努力学习。

案例分析：

《鲜艳的红领巾》的教学，如果停留在"空讲"道理的层面上，便成为无法"触动内心的活动"，学生会觉得无趣。在以上的案例中，教学从学生的实际生活出发，谈自己加入少先队和参加活动的心情，再带领学生参观少先队大队部，学生积极性高。看到那么多的奖状、奖杯，学生了解了红领巾的意义；看到丰富多彩的少先队活动的照片，学生理解了少先队组织的先进性，体验到少先队活动的乐趣和生活在少先队组织中的快乐。作为少先队员，学生们感到自豪和光荣，激起了自我的责任感。这些都不是教师灌输和强加给孩子的，而是儿童自己在活动中体验得到的。

想一想：

你是怎样理解品德与生活课程的教和学都根植于学生生活的？

三、课程目标

课程目标是课程的宗旨和价值导向。品德与生活从本质讲属于一门全新的德育课程，它的人文性较强，是以育人为本的课程，不同于语文、数学等其他课程。品德与生活课程标准将这门课程的总目标阐述为："品德与生活课程旨在培养具有良好品德和行为习惯、乐于探究、热爱生活的儿童。"① 总目标体现了人文性，课程还需引导和帮助学生达到四个方面的分目标，分别是"情感与态度""行为与习惯""知识与技能""过程与方法"。"品德与生活课程目标并非局限于一个活动领域，而是涉及与学生生活相关的各个领域，是对学生多方面发展提出的要求。"② 品德与生活（社会）教材实现了从文本"偏重道德的认知目标"到旨在让学生更好地"过道德生活"的多维目标的转变，具有开放性和综合性的特点，在同一话题中往往会体现多重目标的综合。③ 因此，教学中不能把教学肢解为生活课或简单的活动课，不能把品德课上成历史课或地理课等。

案例5 《家乡的物产多又多》教学片段④

（人教版《品德与生活》二年级下册第一单元第二课）

教学目标：

了解家乡的自然资源，知道家乡的特产有哪些。

教学过程：

活动一：说一说

师：今天我们来认识家乡的物产，有谁知道我们的家乡有哪些特产？

（学生如数家珍般说出鲜花和蔬菜等家乡特产，教师在学生回答的基础上进行补充，还有铁矿、烟草等等）

活动二：记一记

师：我们家乡的物产真多，我们要记住自己家乡的特产，同伴互相说一说、记一记。

活动三：比一比

互相比赛哪个同学记得多，并表扬记得多的同学。

案例分析：

本教学侧重让学生认识和记住家乡的物产有哪些，但没有关注学生在收集家乡物产过程中获得的对家乡的热爱和自豪之情，没有关注同伴之间的交流和分享，即忽视了品德与生活课程的"育人"功能。"德育课堂，究其根本是一个引导儿童去探寻生活意义的课堂。

① 中华人民共和国教育部制定：《义务教育品德与生活课程标准（2011年版）》，6页，北京，北京师范大学出版社，2012。

② 有宝华：《品德与生活课程性质分析》，载《人民教育》，2002（增刊）。

③ 参见杨翠英：《谈品德与生活（社会）课教学目标的确立》，载《云南教育·小学教师》，2008（Z2）。

④ 云南省玉溪市品德与生活课程教学研讨活动，2003年12月。

它主要关注的不是教人学会一些谋生的工具性知识和本领，它的关注是在使人懂得什么样的生活才是美好的，在生活中有什么是值得去追求的，它要帮助人去生成有意义的生活，去过有意义的生活，去形成内在于人的、有道德意义的世界。”①

想一想：

教学目标的设置有哪些注意事项？

四、课程设计思路及内容

品德与生活课程设计的三条主线是“儿童与自然”“儿童与自我”“儿童与社会”，四个方面是“健康、安全地生活”“愉快、积极地生活”“负责任、有爱心地生活”“动手动脑、有创意地生活”。三条主线和四个方面交织构成儿童生活的基本层面，也是教学的基本内容。四个方面的内容递进与马斯洛的需要层次理论基本一致，从基础的生理、安全的需要及情感需要逐步高层次递进至自我超越发展。“健康、安全地生活”是儿童生活的前提和基础，侧重于儿童的个体生理和情感层面的需求；“愉快、积极地生活”是儿童生活的主调，比较侧重儿童个体精神层面的发展；“负责任、有爱心地生活”是儿童的道德需求，比较侧重儿童与社会互动交往过程中的精神需求；“动手动脑、有创意地生活”是儿童个性发展的内在需要，比较侧重儿童与自然社会互动的质量及其生活的质量（见图 2－1）。

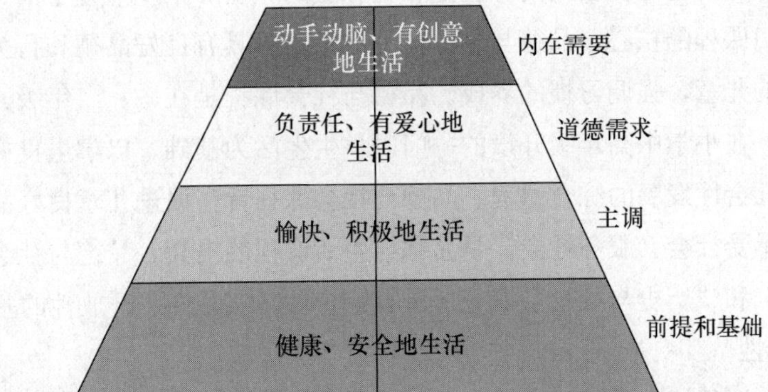

图 2－1　品德与生活课程内容

品德与生活课程标准对“课程内容”进行了特别说明：“课程内容”中四个方面的内容虽然各有侧重，但它们之间是相互联系、相互贯通、整体呈现的。在健康、安全的前提下，儿童的生活既要充满乐趣与色彩，也应当富有责任与创造，因此，在实施中不要将它们割裂开来。

① 鲁洁：《行走在意义世界中——小学德育课堂巡视》，载《课程·教材·教法》，2006（10）。

想一想：

品德与生活教学内容四个方面之间的关系是怎样的？

第二节 《义务教育品德与社会课程标准（2011年版）》介绍

《义务教育品德与社会课程标准（2011 年版）》指出："小学中高年级是学生逐步熟悉和理解社会生活的重要时期，也是形成道德情感、道德认识和道德判断能力，养成行为习惯的重要阶段。品德与社会课程以社会主义核心价值体系为指导，以满足学生的身心需要为目标，以学生社会生活为基础，注重学生在主动学习的过程中，初步掌握认识社会事物和现象的方法，提高道德判断和行为选择能力，发展学生主动适应社会、积极参与社会的能力。"① 这说明在中高年级开设品德与社会这门课程意义重大。

想一想：

开设品德与社会课程对于孩子的成长有何意义？

一、课程性质

品德与生活、品德与社会两门课程是相辅相成的，引导学生热爱生活、参与社会、学会做人是这两门课程的核心。品德与生活课程注重培养具有良好品德和行为习惯、乐于探究、热爱生活的儿童，强调习惯的养成。品德与社会课程是在一、二年级开设品德与生活课程的基础上，在小学中高年级开设的一门以学生生活为基础、以学生良好品德形成为核心、促进学生社会性发展的综合课程。品德与社会课程旨在促进儿童良好品德形成和社会性发展，强调感受社会、服务社会，是品德与生活课程的提高。品德与社会课程区别于初中"思想品德"和"历史与社会"课程，具有综合性、实践性、开放性的基本特征。

（一）综合性

品德与社会课程标准对"综合性"的表述是："本课程设计体现社会环境、社会活动和社会关系的内在整合；课程内容有机融合品德和规则教育，爱国主义、集体主义和社会主义教育，历史与文化、国情教育，地理和环境教育，生命与安全教育，民族团结教育等；教学活动体现学生生活经验、知识学习与社会参与的彼此渗透和相互促进，从多角度、多层面引导学生去理解、认识自我、他人和社会，并以此为基础形成基本的道德品质。"② 这门课程面向儿童的整个生活世界。儿童生活是一个完整的世界，是整体的、多

---

① 中华人民共和国教育部制定：《义务教育品德与社会课程标准（2011 年版）》，1 页，北京，北京师范大学出版社，2012。

② 同上书，1～2 页。

元的、综合的。面向儿童的生活，不能只面向一个方面，尤其不能只关注和面向儿童道德知识的学习，不能只关注和面向儿童的符号世界。①

品德与社会课程跟初中“思想品德”“历史与社会”（或“历史”“地理”）课相衔接，将多方面的教育内容有机融合在一起，具有区别于过去分科课程的特性。如人教版《品德与社会》六年级下册第一单元“你我同行”中设置了《男生和女生》《朋友之间》《学会和谐相处》三个主题，内容涉及青春期的知识、人际交往的知识和心理健康的知识；再如在第二单元“人类的家园”中设有《只有一个地球》《我们能为地球做什么》《当灾难降临的时候》等话题，包含地理、环保、安全教育等多方面的知识；六年级上册第二单元“不屈的中国人”中设有《不能忘记的屈辱》《起来，不愿做奴隶的人们》等话题，其中包含丰富的历史知识等。可以说，在同一册中有不同话题与不同的内容，并且同一话题中涵盖不同的知识点，内容的多样性、丰富性很好地体现了品德与社会学科的综合性。

（二）实践性

品德与社会课程标准对“实践性”的表述是：“本课程学习是知与行相统一的过程，注重学生在体验、探究和问题解决的过程中，形成良好道德品质，实现社会性发展。课程设计与实施注重联系学生的生活实际，引导学生在实践中发现和提出问题，在亲身参与丰富多样的社会活动中，逐步形成探究意识和创新精神。”学生是事件的见证者、参与者、亲历者，这样获得的内心的体验和感悟才是最直接和最深刻的，可谓“教育乃人之自我构建的实践活动”②。“忽视了受教育者在德育过程中自我道德的自主构建，德育过程难以取得实质性效果。”③

案例 6　　《集体处处有规则》教学片段④

（浙教版《品德与社会》四年级上册第三单元第二课）

教学目标：

知道规则在我们生活中的重要性，我们身边有哪些规则，我们要如何遵守规则。

教学过程：

师：今天要在我们班找到一个投篮高手，谁是呢？（课前在教室摆放一个活动的儿童投篮架，学生跃跃欲试，几个投篮好的同学在同学们的推举下纷纷上前比试，但是球都没

① 参见成尚荣：《生活教育·儿童世界·青春文化——从审议的视角解读品生、品社和思品课标》，载《基础教育课程》，2012（Z1）。

② 鲁洁：《教育：人之自我构建的实践活动》，载《教育研究》，1998（9）。

③ 赵志毅主编：《德育原理与方法》，99页，北京，人民教育出版社，2013。

④ 徐文琳，玉溪市小学“高效课堂”教学竞赛，2012年9月。

有进去，非常沮丧和不服气）

师：“你们都不是高手，看我的，我能做到百发百中，我是世界上的无敌投篮高手。”（学生怀疑、好奇又期待地看着老师，教师从容地走到篮球架边，接二连三把球放进去）

生：“老师是放进去的。”“老师骗人！”“这样投球不算数！”“不公平，你犯规。”（学生情绪异常激动）

师：之前有谁规定过球不可以放进去？（学生无话可说，教师从刚才的活动引出游戏规则，趁机引出规则及规则在生活中的重要性）

案例分析：

教师不仅告诉学生规则在我们的生活中有多重要，而且让学生在参与最熟悉、最喜欢的游戏活动中体验到规则的重要性，并为后面的教学活动夯实基础。

（三）开放性

品德与社会课程标准对“开放性”的表述是：“本课程内容根据社会生活的发展变化和学生身心发展的需要，有弹性地吸纳鲜活的社会生活事件；教学空间从课内向课外延伸，从课堂向学校、家庭和社区扩展；课程评价关注不同学生的学习起点和学习态度，不以单一指标评价学生的发展，评价不仅关注学习结果，更重视学习过程和日常行为。”①

案例 7　　**《日新月异的交通》教学片段②**

（浙教版《品德与社会》五年级下册第三单元第三课）

教学目标：

知道我国交通的巨变，初步了解新中国成立以来的交通变化及日常生活交通工具的特点，学会使用交通图，培养热爱祖国的情感。

教学准备：

围绕“2012 年 6 月 28 日”和“2014 年 4 月 30 日”两个时间点，收集云南交通史上的事件，与父母一起交流家乡及全国的交通变化与感受。

教学过程：

活动一：说一说

2012 年 6 月 28 日，昆明长水国际机场正式投入运营；2014 年 4 月 30 日，昆明地铁 1、2 号线正式通车，针对两个云南交通历史大事件，展示收集的资料，并展开交流。

① 中华人民共和国教育部制定：《义务教育品德与社会课程标准（2011 年版）》，2 页，北京，北京师范大学出版社，2012。

② 杨翠英，云南省品德名师工作室教师培训活动，2004 年 10 月。

活动二：议一议

分享在收集资料过程中的感受。

活动三：算一算

你到昆明或北京有哪些方式？各种交通方式到达目的地需要多少时间？由此想到什么？感受“地球村”。（教师和同学们对汇报展示的同学给予充分的评价和肯定，在整个活动中让学生感受到祖国西南边陲云南的交通便利）

案例分析：

课堂教学不是照本宣科，也不是单纯按照课本上的素材进行教学就万事大吉，它需要合理利用和挖掘多种社会资源。本案例根据云南本土的实际开展教学，紧密结合学生身边的社会重大事件，从中捕捉、挖掘鲜活的素材，把身边发生的时事、案例等纳入教学的内容中，如此，教学内容成为灵活的、开放的、可选择的、需要补充的。课前让学生收集资料，与父母一起交流，把教学活动扩展到家庭和社会，从而使整个教学活动从内容、形式到评价都是开放的。

想一想：

品德与社会课程的性质是怎样的？请举例说明。

二、课程基本理念

品德与社会课程基本理念是：

（1）学生的生活及其社会化需求是课程的基础。

（2）帮助学生参与社会、学会做人是课程的核心。

（3）提高德育的实效性是课程的追求（见图 2-2）。

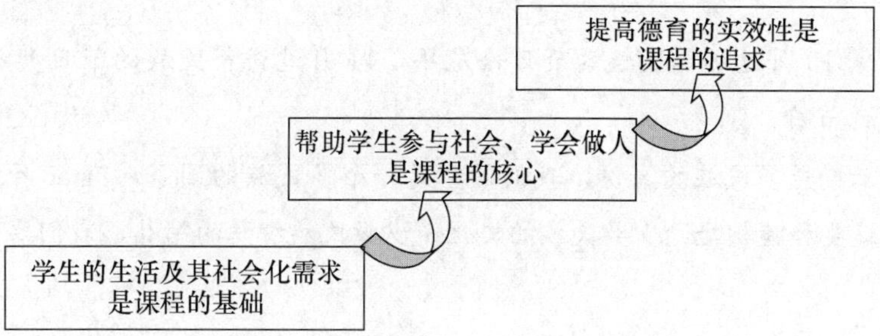

图 2-2 品德与社会课程基本理念

（一）学生的生活及其社会化需求是课程的基础

“儿童生活是本课程的基础，学生的生活及其社会化需求是课程的基础。”这一理念，体现了现实生活对儿童品德形成和社会性发展的特殊价值。

案例 8　　《少数民族之乡——云南》教学片段[1]

（浙教版《品德与社会》四年级下册第三单元第三课）

教学目标：

知道云南有多少个少数民族，知道民族的节日与文化的关系，体验民族文化的美，学会尊重各民族习俗。

教学准备：

向父母了解自己民族的习俗，有条件的准备一套（件）自己民族的服饰。

教学过程：

活动一：现场调查——我们班里的各民族

师：我们先做个统计表，看看我们班有哪些民族？（开展调查活动，引出课题）

师：我们一个班就有 12 个民族，据老师了解，我们班有许多同学的家里比较特殊，一个家里就有几个民族。谁来介绍一下？

生：我的奶奶是傣族，爸爸和爷爷是彝族，妈妈是哈尼族，我到底是什么民族呢？

生：我妈妈是山东人，汉族，我和爸爸是彝族。（教师强化课题）

活动二：民族习俗大观

同学结合自己的调查汇报各个民族的习俗，带有民族服饰的同学展示自己的服饰。

活动三：我们是快乐的大家庭

结合许多同学家庭情况，围绕如何处理各民族习俗的问题进行讨论。

师：请问一个家庭有几种民族的，在家里讲哪种民族的语言？过哪个民族的节日？

生：因为我们家里存在不同的民族，在家里需要沟通时讲汉语。爸妈要求我如果周围有几个民族朋友在一起，不能只说自己民族的语言，这样不礼貌，要讲大家都能听懂的汉语。

生：我们家 10 月过妈妈民族的节日哈尼年，11 月过爸爸民族的节日彝族年，12 月过春节，算是我的节日。

师：我们云南是多民族的省份，我们国家是一个多民族的国家，有 56 个民族，我们生活在祖国大家庭要和睦相处，少数民族的文化是少数民族智慧的结晶，我们要传承下去。

案例分析：

学生的品德与社会性发展源于他们对生活的认识、体验和感受，学生的生活对于本课程的构建具有重要的价值。课程必须贴近他们的生活，反映他们的需要，让他们从自己的

---

① 杨翠英，玉溪市小学品德名师工作室研训活动，2014 年 6 月。

世界出发，用自己的眼睛观察社会，用自己的心灵感受社会，用自己的方式研究社会，并以此为基础，提升学生生活。[①] 本案例从“我”和“我家”多民族的实际出发，让学生体验云南是多民族的省份，懂得各个民族的习俗、节日文化，感受到民族文化的美，感受到多民族和睦相处的快乐。

（二）帮助学生参与社会、学会做人是课程的核心

“帮助学生参与社会、学会做人是课程的核心”，这体现了以育人为本的现代教育价值取向，也是品德与社会课程的方向。[②]

案例 9　　**《网络世界》教学片段**[③]

（浙教版《品德与社会》四年级上册第四单元第四课）

教学目标：

感受网络带来的便捷和危害，知道网络有哪些利弊，培养良好的网络素养。

教学准备：

提前让学生通过网络上传一些素材给老师。

教学活动：

师：网络上有 QQ 等可以用来聊天，假如陌生人和你聊天你该怎么办？

（教师扮演陌生人，在现场与学生 QQ 聊天，页面根据师生的对话显示）

师（陌生人）：你是谁？

生：我是奥特曼。（有的说我是奥巴马、火星人……）

师（陌生人）：你几岁啦？

生：我有 108 岁。（其他学生一个赛着一个说 3 岁、1 000 岁……）

师（陌生人）：你家住哪里？

生：我家住白宫。（其他学生说月亮、山洞……）

（学生为自己和他人离奇的答案感到异常兴奋）

师：你们多聪明呀！都知道遇到陌生人和你们聊天不能说真话，因为网络是个虚拟的世界，不能轻信他人。

案例分析：

在网络社会，人们的生活离不开网络，让学生从小学会利用网络获得更好的生活是非常有必要的。教师在扮演陌生人的过程中，本意是想通过活动让学生知道不能轻信陌生

① 参见高峡：《品德与社会课程标准修订要点简述》，载《基础教育课程》，2012（Z1）。

② 参见吴慧珠：《学习和实施〈品德与社会课程标准〉》，载《试教通讯》，2003（29）。

③ 云南省玉溪市红塔区品德与社会课程教学比赛，2013 年 9 月。

人，但是采用了不恰当的方式，结果适得其反，对学生造成误导，让学生认为“与陌生人聊天真好玩，可以乱说话”，这是需要注意的。如果学生在现实中这样做，首先，孩子刚开始还是怀有戒心地去聊天，随着聊天的深入，孩子可能在无意识中泄露自己的信息。其次，应该教育学生不要浪费时间陷入网络与陌生人进行无聊的对话，不要让孩子从小沉迷网络，要培养学生从小养成较好的网络素养，要从大处着眼，从细节入手，站在学生成长的高度，关注习惯培养和意识的引导，帮助学生更好地参与社会、学会做人。

（三）提高德育的实效性是课程的追求

品德与社会课程作为新的德育课程，应追求有效的品德教育。品德与社会课程标准强调，“必须从学生发展的现实和可能出发，提高德育的实效性”①。教学中要“选取学生生活中真实可信的生动事例，采用学生乐于和适于接受的生动活泼的方式，帮助他们认识和解决现实生活中的问题，使教学成为学生体验生活、道德成长的有效过程”。教学要在立足学生生活的基础上，避免“假、大、空”。

案例 10 《红绿灯》教学片段

（浙教版《品德与社会》五年级上册第四单元第三课）

教学目标：

感受违反交通法规的严重后果及遵守交通法规的重要性，提高安全意识，认识常见的交通安全标志及作用，愿意自觉遵守交通法规。

教学过程：

活动一：观看视频，震撼心灵

学生观看交通惨案视频。

师：面对带血的数字和惨不忍睹的事故现场，你有什么感受？

生：……

师：正因为如此，我们每个人都必须亮起心中的红绿灯。（教师板书课题）

师：今天我们学习的不仅仅是交通信号灯，还包括一系列的交通标志和交通法规。

活动二：认识标志，增强意识

（1）出示各种已经做好的交通标志，认一认那些交通标志。

（2）小组讨论交通标志的颜色、图案有什么不同，并说说在什么地方见过。

（3）利用儿歌记住交通标志。

（4）识记标志，分别出示文字或图片，说出对应图片或名称。

---

① 中华人民共和国教育部制定：《义务教育品德与社会课程标准（2011年版）》，3页，北京，北京师范大学出版社，2012。

活动三：学习法规，文明行路

看课件，学习行人及乘车人通行规定。

活动四：创设情境，学以致用

教师在教室地板上画出有三车道的道路（左转弯车道、直行车道、右转弯车道）及十字路口。请部分学生分别站在不同的车道上，教师在十字路口前举着有标记的红绿灯，其他同学观看和指挥。

师：现在是哪个方向的绿灯亮？哪些同学可以行？

生：左转弯灯亮了，左转弯车道的同学可以行，其他同学不能走。

师：现在变化红绿灯，现在是哪个方向的绿灯亮？哪些同学可以行？

生：……（学生异常兴奋，其他同学呼喊着："左转！""直行！""右转！"）

活动五：化情为行，教育延展

师小结：今天学习了交通标志的知识，在实际生活中遵守交通法规，我们的生命才会安全。

案例分析：

教学要结合学生的生活来设计开展。在"创设情境，学以致用"部分，由于小学生不可能站在车道上学习交通规则，教师便让他们站在模拟道路车道上学习交通规则，增强了教学的实效性。

想一想：

你如何理解"帮助学生参与社会、学会做人"是课程的核心？

三、课程目标

课程标准对品德与社会课程的总目标的表述是："品德与社会课程旨在培养学生的良好品德，促进学生的社会性发展，为学生认识社会、参与社会、适应社会，成为具有爱心、责任心、良好行为习惯和个性品质的公民奠定基础。"① 具体包括情感、态度、价值观，能力与方法，以及知识三个方面，这三方面是有机的统一体，要把知识的学习、情感态度价值观的培养和行为能力的培养融为一体，不能单纯地进行知识的教学，也不能脱离知识教学和能力培养进行抽象的情感、态度、价值观教育。课程目标（教学目标）是课程实施的依据，对课程目标的把握直接影响课程实施（教学）的效果和质量。教学中把握好教学目标是非常重要的。

一位教师将《公共场所拒绝危险》（人教版《品德与社会》四年级上册第二单元第五课）的教学目标设置为"认识一些公共场所的安全标志，学做安全标志，并比赛谁做得

① 中华人民共和国教育部制定：《义务教育品德与社会课程标准（2011年版）》，5页，北京，北京师范大学出版社，2012。

好”。在课堂教学活动中，开展了“比一比，做一做”的活动，由于许多安全标志学生已经认识，教学活动主要是师生一起动手做安全标志，教学活动的重点变成怎样把安全标志做得标准、美观大方等。然后又花了许多时间评比谁做的安全标志好、谁做的安全标志漂亮。《公共场所拒绝危险》这个话题的教学目的不是学习制作安全标志，而是让学生认识一些安全标志，并知道在公共场所如何远离危险。由于教学目标的偏离，这个主题教学达不到应有的效果。

想一想：

教学目标对教学有什么作用？请举例说明。

四、课程设计思路及内容

（一）课程设计思路

品德与社会课程设计思路是：一条主线，点面结合，综合交叉，螺旋上升。品德与社会和品德与生活属于同一类综合课程，两门课程之间要注重有机对接。各年龄段儿童生活的领域虽然会不断扩大，但基本领域却是相同的。对重复出现的内容，要选择不同的切入点，设置合理梯度，提出不同的学习要求，尽量使其边界清晰，避免重复学习。“一条主线”即以学生的生活发展为主线；“点面结合”的“点”是社会生活的几个主要因素，“面”是学生逐步扩展的生活领域，在面上选点，组织教学内容；“综合交叉，螺旋上升”指的是每一个生活领域所包含的社会要素都是综合的，在不同的年段层次不同，螺旋上升。①

（二）课程内容

品德与生活课程内容所体现的是人们最起码的生活常识，是儿童必备的生活常识，所以适合于低年级学习；而品德与社会课程的内容比品德与生活内容更广泛，是儿童从基本的生活逐步进入社会所要具备的最起码的社会知识。随着儿童成长、生活范围和生活经验的增加，品德与社会课程内容也比品德与生活课程的更加广泛和深刻，有机融合了品德和规则教育，爱国主义、集体主义和社会主义教育，历史与文化、国情教育，地理和环境教育，生命与安全教育，民族团结教育等，在内容中增加了地理、历史常识教学，体现其综合性。

品德与社会课程标准所设置的品德与社会课程内容包括六个方面：我的健康成长、我的家庭生活、我们的学校生活、我们的社区生活、我们的国家、我们共同的世界。可以看出，教学内容从个体到学校、家庭、社区、国家，最后走向世界，是一个以“我”为中心向外扩展的同心圆（见图 2－3）。这遵循了儿童生活的实际，打破了社会常识以散点式安

① 参见高峡：《品德与社会课程　修订要点简述》，载《基础教育课程》，2012（Z1）。

排，即根据儿童生活的实际，打破思想品德、历史和地理知识原有学科逻辑，将各种知识分散到儿童生活的方方面面，不求知识的系统全面，但求其与生活的连接。这与过去的思想品德和社会课遵循学科体系来组织内容是完全不同的。①

图 2-3　品德与社会课程内容

品德与社会性发展是在逐步扩展的生活领域中，通过与各种要素的交互作用实现的。课程以学生的生活为基础，教材借助组织多学科内容、多领域生活情境（家庭、学校、社区、国家、世界）及社会环境、社会活动、社会关系，引导学生在体验中尝试自主探究解决生活中的实际问题，借此促进良好品德形成和社会性发展。

想一想：

品德与社会课程的设计是如何体现“综合交叉，螺旋上升”的思路的？请举例说明。

第三节　品德与生活教材介绍

目前品德与生活教材有不同的版本，呈现方式各有特点，有许多相同之处。下面以人民教育出版社和浙江教育出版社的品德与生活教材为主进行介绍。

一、品德与生活教材的特点

（一）以儿童生活为基础，遵循儿童生活的逻辑设计主题

品德与生活课程标准指出：“本课程遵循儿童生活的逻辑，以儿童生活中的需要和问

① 参见吴慧珠：《学习和实施〈品德与社会课程标准〉》，载《试教通讯》，2003（29）。

题为出发点；以儿童的现实生活为课程内容的主要源泉；以用正确的价值观引导儿童在生活中发展、在发展中生活为课程的基本追求。”① 不同版本的品德与生活教材在编写设计上都注重与生活的联系，从儿童能够感受到的多彩的、活生生的生活出发，通过一个个儿童感兴趣的话题来引导儿童观察和体验生活中的各种事物，加深他们对生活、对社会的认识和感受。② 教材注重生活本身对儿童发展的特殊价值，“儿童生活蕴藏着丰富的教育内涵和价值，是教材编写的主要资源”③。充分利用儿童的经验背景，尊重学生的认知需要和情感需求，设计成系列的、综合性的、源于生活又高于生活的教育性活动。品德与生活教材梳理了学生在一到二年级成长过程中可能会遇到的具有普遍意义的生活难题和道德冲突，并根据这些来确定单元和主题，做到了单元和主题与课程标准的有机结合。

一年级的孩子刚从幼儿园进入小学，面对陌生的环境，需要适应小学学习和生活节奏，适应作息时间、学习时空、人际关系的改变，因此，品德与生活教材把孩子面临的这些现实的生活问题作为教学资源，设置为教学主题。如人教版《品德与生活》一年级上册第一单元设置“我上学了”的主题，在这主题下分别设计了《我背上了新书包》《校园铃声》《新朋友　新伙伴》《平安回家》几个话题，目的是帮助学生完成从幼儿到小学生的过渡，使学生愉快地与老师同学交往相处，并学习遵守学校的规章、纪律，帮助学生适应新的学校生活。这些主题的内容都是一年级学生生活中面临的、要解决的实际问题，都是一年级儿童真实生活的再现和提升，体现了“以学生为本”的基本观点。

想一想：

你如何理解儿童的生活经验是教学资源的一部分？

（二）以儿童文化的形式呈现教学主题

无论按照何种模式呈现教科书，对于蕴含道德观、价值观的教科书来说，必须改变直接或间接呈现道德知识（规范性语言）和道德结论（评价性语言）的传统做法，更多地以问题或情景来呈现道德（价值），相对突出道德价值的内隐性和道德语言使用的陈述性，使道德在真实的社会生活中呈现出来并成为“真实的”道德，以便在教学中加以体验、感受、辨析和引导，并让受教育者获得真正的自我道德体验。④ 品德与生活教材用于以儿童的经验为起点的品德教育，符合儿童当下的道德发展需要。对于每一主题，教材不再是以“德目”或道德规范知识的严密体系形式呈现，而是从原本综合在一起的儿童生活出发，在进行生活教育的同时自然地进行品德教育。每一个主题都是以若干个生动有趣的话题来

① 中华人民共和国教育部制定：《义务教育品德与生活课程标准（2011年版）》，2页，北京，北京师范大学出版社，2012。

②③ 赵昕：《新教材编写的思考与实践》，见《品德与生活教师培训手册》，2页，北京，人民教育出版社，2007。

④ 参见张茂聪、史德志、张新颜主编：《小学品德、生活与社会教师专业能力必修》，46页，重庆，西南师范大学出版社，2012。

呈现，采用儿童的语言和学生喜闻乐见的形式，增加教科书的趣味性、可读性、启发性和指导性。在呈现方式上以图为主，图文并茂，比较受学生喜爱，符合儿童的特点。

1. 以话题的形式呈现学习的主题

以话题的形式引发学生思考研讨，进行自主学习，是目前教材编写中普遍采用的形式。人教版的教材就是以一个个话题的方式呈现，并且是以从单元话题到课题话题再到活动话题的“三级话题”构架方式呈现学习活动的主题。如人教版《品德与生活》一年级上册第三单元的单元主题是“我的一天”，在这个单元中共设置了《和钟姐姐交朋友》《我很整洁》《我会好好吃》《我自己会整理》《看我多精神》几个话题，在《和钟姐姐交朋友》话题下又设置了“快到上学时间了，钟姐姐说……”“猜猜看，钟姐姐都对明明说了些什么?”等子话题，在一个话题下以多个话题的形式呈现教学的内容。

2. 以“儿童主人翁”的方式呈现话题名称

教材以人为本，把儿童放在主体地位，站在学生的立场编写教材，从儿童的视角选取话题，从儿童的生活中选取学习的内容，用儿童的眼睛来观察，用儿童的心灵来体会，用儿童的头脑来思考。教材以学生的现实生活为基本线索设置主线，以儿童为主体设置课程，突出学生的主体地位。

首先，在话题名称的呈现上突出学生的主体性，以第一人称“我”的方式呈现课题。这样的呈现方式让学生感到教材上说的都是“我的事情”，都是“为我设计的”，都是“我喜欢的内容”，给学生第一感觉是亲切。其次，呈现的主题及场景都是学生日常学习、生活的场景，学校的生活、家庭生活。如人教版《品德与生活》一年级上册第一单元第一课《我背上了新书包》呈现学校门口生动的上学场景，老师带领哥哥姐姐欢迎新同学，并设置了话题“上学的第一天，你高兴吗?”，让学生结合自己说心情，引导学生体会上学的喜悦，让学生觉得都是“我熟悉的”，是“我的生活”。

3. 以场景呈现活动主题内容

根据低年级的儿童以形象思维为主、喜欢卡通图片等特点，教材在学习环节设计、事件主人的设计上以绘画卡通人物的形象和实景照片的方式呈现学习的主题，虚实结合。图片是活动的指引与提示，符合儿童的特点，儿童与文本对话的过程如同看儿童漫画的过程，学生比较喜欢，体现了德育教育意图的隐蔽性，教育目的在潜移默化中达成。场景式的呈现让教材具有极大的空间和弹性，学生可以对卡通图片扩充想象，再创造丰富场景，教学中师生还可以实时补充图片，扩充教学的时空，结合实际让教学的内容更加生动和丰富。如人教版《品德与生活》二年级下册第一单元中的《家乡的物产多又多》一课，主题是让学生了解家乡的物产，实景图片的呈现目的是引导学生讨论“我们的家乡有哪些物产”，卡通图片提示学生“我可以问问大人家乡产些什么”，从而把教材引向现实的生活，并让孩子掌握收集资料的方法和技能。

4. 以同伴玩伴的方式引出对话

儿童的成长需要伙伴，品德与生活教材在编写的过程中应充分考虑到儿童的特点，设计学习的伙伴与孩子一同成长。

首先，课程和教材中的人物就是学生的伙伴和朋友。他们和学生一起学习、一起思考和探索、一起感受喜怒哀乐，他们在一起交谈他们所关心的人和事，这些人和事是儿童不感到有心理距离的，因为教材只将儿童自己的生活展现在他们面前。其中有儿童可以体会到的苦与乐，有他们曾经经历过的喜悦和烦恼，有他们能够理解的道理和知识，也有他们的期望和追求。① 其次，教材中设计的漫画动物等也是孩子的玩伴。如人教版《品德与生活》从一年级上册到二年级下册四册教材中，都设计有一只“小白兔”与孩子在对话，这只“小白兔”以学习中的玩伴的形式在每个话题中出现，许多话题都由“小白兔”引出。例如，在《我背上了新书包》一课中，小白兔说：“上学的第一天，你高兴吗?”“说说你美好的心愿吧!”“你们的校园有哪些设施，说说它们的作用。”此时的小白兔不仅是伴随学生成长的伙伴，还是学生与教师、学生与文本、学生与学生之间对话的一个纽带，使得对话更加充满童真童趣，更加丰富多彩，让课本生动、丰富。这样的设置虽然是儿童的形式，但里面的教育内涵不完全是儿童的，还有成年人对儿童的一种引导。

5. 以活动的方式呈现活动主题，体现活动性的原则

品德与生活课程标准指出：“教材应体现‘活动型’课程的特点，内容的选择和呈现突出活动性，有利于教师和儿童采用活动型的教与学方式。”② 品德与生活教材的每一个话题都设计了许多儿童化了的活动，有抽签、各种游戏等。如人教版《品德与生活》一年级下册第二单元第七课《我们和太阳做游戏》设计了“阳光、我们和我们的影子是什么关系”等活动，让学生玩“影子游戏”，让学生与大自然充分地亲近，让孩子在玩中探究和阳光有关的一些自然现象，培养学生探究的兴趣和习惯，让学生从别人的活动中获得启发，从自己的活动中获得体验和感悟。这样的呈现方式体现了课程的活动性，也激发了学生参与活动的热情。

（三）以时间和儿童成长的基本线索，螺旋上升分布主题，体现综合性原则

教材遵循儿童成长的规律，对于教学目标的达成是循序渐进的，对于同一个教学目标，不是一次性完成，集中进行教学，而是以时间和儿童成长的基本线索，螺旋上升分布主题，把知识点分散到不同的活动中，呈现一个点面结合、螺旋上升的态势，让学生逐步感受，不断深化体验。如“健康、安全地生活”这个层面的内容分别在不同的主题中以不

---

① 参见鲁洁：《品德与生活、品德与社会：最有魅力的课程》，见《品德与生活教师培训手册》，54 页，北京，人民教育出版社，2007。

② 中华人民共和国教育部制定：《义务教育品德与生活课程标准（2011 年版）》，22 页，北京，北京师范大学出版社，2012。

同的形式呈现，人教版《品德与生活》在一年级上册中设置了《平安回家》《看我多精神》等内容，在一年级下册中设置了《我换牙了》《我有一双明亮的眼睛》《小心，别伤着》《夏天，我们注意什么》等内容，二年级上册中的《秋游去》也有健康生活、安全教育几个“点”的内容，这样，从一年级到二年级都有“点”的分布，让学生循序渐进地逐步养成良好的健康习惯，学会健康生活。

（四）留白的设置使教学具有较大的弹性，留有余地，体现现实性原则

品德与生活课程标准指出：“教材必须关注儿童现实的生活，选择贴近儿童生活的有意义的内容。”① 品德与生活课程标准对课程内容进行了说明：“本课程内容为基本标准。在开展教学活动和编写教材时，在全面、准确地把握本课程标准的前提下，根据各地区、学校和儿童的实际可以有所调整。”

教材是范例，教材中教学内容具有较大的空间和弹性。教材中有大量的留白，给教师和学生留下开发空间，操作性和适应性比较强，教学中可以结合学生的现实生活，对教学资源进行开发，大量地对教材进行补充。教师和学生是课程的开发者。如人教版《品德与生活》一年级上册第一单元“我上学了”中的“我们的校园”的教学，就要从本校的实际出发，把学生带出教室参观与学生关系密切的设施，如厕所、教师办公室、医务室、图书室等，并进行常规教育和安全教育。

人教版《品德与生活》一年级上册课本扉页“给家长的话”指出：“本课程面向儿童的生活世界……课程将从课堂扩展到家庭、社区乃至儿童的所有空间……希望家长与我们一起，帮助儿童完成他们的学业。”品德与生活的教学活动需要家庭、学校、社会共同合作，是一个“大课程”。如在教学人教版《品德与生活》一年级上册第四单元“过新年”的话题《新年好》《欢欢喜喜过春节》时，就要根据当地的习俗及活动开展教学活动；第三单元“我的一天”中的话题《我会好好吃》《和钟姐姐交朋友》的教学需要扩充到家庭，需要学生家长配合学校一起对学生进行养成教育，要求家长做好示范、督促工作，请家长指导学生做好课后一周的饮食记录和作息记录，孩子良好的生活、行为习惯的养成需要家长和教师、同学共同努力。

（五）教材直观、形象，突出主题，体现科学性的原则

教材根据儿童的特点来编写，“教材的内容必须符合儿童品德发展的规律和教育规律，内容的选择与组织、活动的安排与呈现、版式的设计与表现等必须符合小学1～2年级儿童身心发展特点、学习特点和认识规律，适合儿童的审美、阅读习惯和接受能力，有利于激发儿童学习的兴趣”②。如人教版《品德与生活》一年级下册第一单元第一课《我的一家人》中呈现一张“我和爷爷奶奶、爸爸妈妈在一起”的照片，目的是通过这张照片引发同学互相“说一说，你的家里都有谁”；再以“我和爸爸、妈妈一起植树”的照片引出学生家庭活动的

①② 中华人民共和国教育部制定：《义务教育品德与生活课程标准（2011年版）》，21页，北京，北京师范大学出版社，2012。

话题，通过这些话题来感受亲情。学生看到真实的、生活的情境，比较容易唤起自身的感受，从细小之处体验到家人的爱。

（六）有机渗透，体现思想性原则

教材结合儿童的特点，把一些科学观念、道德观念和审美观念渗透到教材中，加强对儿童进行情感、态度、价值观的教育，重视儿童良好品德与行为习惯的养成。如人教版《品德与生活》一年级下册《我为家人添欢乐》一课，就用图文结合的形式呈现生活道理“能做的主动做，不会做的学着做”，浅显生动地实现了对儿童的引导。

想一想：

品德与生活教材在呈现方式上与其他学科有什么不同的特点？请举例说明。

二、教材使用策略

（一）把教材当作教学“范例”的策略

品德与生活课程标准指出：“本课程的教科书是教师引导儿童开展活动的重要资源，也可视为帮助教师正确理解本课程教学特点的‘案例’。”[①] 教材就是引发学生和文本之间、学生和学生之间、师生之间对话的媒介（见图 2－4）。

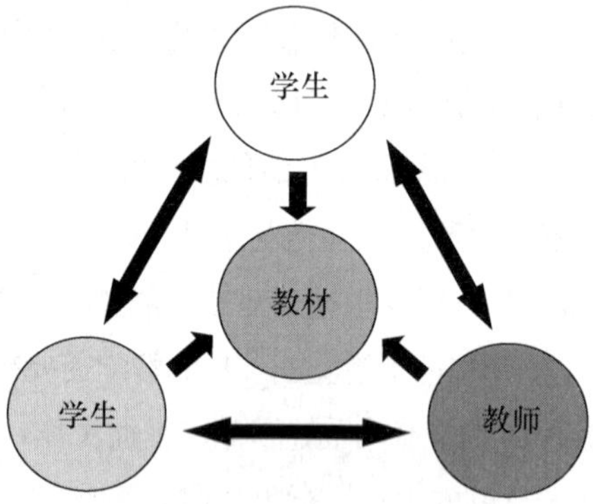

图 2－4　教材的媒介作用

在使用教材的过程中要认真研读课本，理解编者的意图，明白教材中图片、提示语等呈现的目的是什么，蕴含的教育意图是什么。要把现实中的儿童作为教学活动的主体，以现实儿童生活为出发点，思考如何引发现实中的儿童与书本上的儿童的对话，要根据教学意图和结合现实中的儿童的生活开展多样活动。

教师在教学中不能简单地“教教材”、照本宣科，不能上成看图说话，也不能弃而不用，必须创造性地“用教材”。

---

① 中华人民共和国教育部制定：《义务教育品德与生活课程标准（2011 年版）》，14 页，北京，北京师范大学出版社，2012。

案例 11

《我自己会整理》教学片段

（人教版《品德与生活》一年级上册第三单元第十课）

教学过程：

活动一：说一说：她在做什么

师：课本上这个小朋友在做什么？

生：她在整理书包。

生：她在整理玩具。

生：……

（学生在教师的指导下逐一说每幅图片上的小朋友在做什么）

活动二：读一读：我有一双灵巧的手

（学生在老师的带领下读课本上的文字）

案例分析：

在这个教学片段中，教学仅就课本上的图片和文字进行“看图说话”和“看字学文”，就教材“教教材”。学生只是旁观者、评判者。简单地对课本内容进行说明就完成教学，没有理解编者的意图，没有把课本作为一种引发对话的工具，教学只停留在“走过场”上。教师应扩大教科书的功能，广泛开发和利用其他形式的课程资源，使教学活动形式丰富多彩，各具特色。① 只有立足学生的实际生活的教学，才能让学生得到体验，获得发展。

案例 12

《家人的爱》教学片段②

（人教版《品德与生活》一年级下册第一单元第二课）

教学目标：

认识家庭成员，感受家人对自己的爱，懂得孝老爱亲。

教学过程：

活动一：我的家人

学生根据自己的实际分别用照片、多媒体课件或者录像介绍家庭成员及活动。

活动二：我家的爱

结合内容介绍、分享家庭成员是如何互相关爱的。

---

① 参见张茂聪、史德志、张新颜主编：《小学品德、生活与社会教师专业能力必修》，64 页，重庆，西南师范大学出版社，2012。

② 云南省玉溪市品德名师工作室研讨活动，2014 年 9 月。

学生回顾家庭活动和分享家庭成员之间的亲情故事，如有的父母教自己游泳，有的回老家看望老人等。

案例分析：

学生和教师是课程的开发者和建设者。教学不是仅仅用课本上的照片，而是教师和学生对教材进行二度开发和创作，把学生自己及自己的生活作为教学内容补充进来，结合学生实际，让学生说自己的家，感受家庭温暖，激发爱家的情感，从而发挥课本的“范例”作用。

（二）把教材当学生学习的“作业本”

教材中为学生设置了一些活动空间，让学生“有一番天地”可以自主发挥，让学生可以写写、画画、涂涂、贴贴。在教材的使用过程中一定要把这些“留白”用好，可以把学生收集的资料、心得体会中的一些内容补充到教材中。利用教材留白，把课堂教学与学生家庭活动、学校班队活动、社区活动等结合起来。

如在人教版《品德与生活》二年级上册《我升入了二年级》一课中，针对学生刚刚升入二年级的激动心情和对新学期的美好期待，开学第一课课本上设置了“我的心愿”的留白，让学生自主地、个性地表达自己的心愿，激发学生对学习生活的热爱，可以让学生把此刻的心愿用自己的方式记录下来。再如，人教版《品德与生活》一年级上册《平安回家》一课，课本上设置有这样的栏目：“过有信号灯和人行横道的马路时，要做到：红灯____，绿灯____，走____。”这时候可以把教材作为“作业本”使用。课程成为学生表达自己观点的一种方式，使得儿童的品德和行为习惯的形成、知识和经验的积累、能力与智慧的增长在其生活中综合地实现，并成为一个连续的过程。

（三）把教材当作学生的“成长记录”

一、二年级的教材中有许多活动，并为活动留下了记录的空间。例如，人教版《品德与生活》一年级上册《新朋友　新伙伴》中设计有“画画你的新朋友，请他签个名”的活动空间。教科书对于学生来说，是开放的和生成的，教科书不再仅是用过的旧物品，而是凝聚学生自己思考和情感并体现学生创造力的“作品集”①。此时，教材不仅仅是学生活动的指南，还是见证孩子成长的记录本，每册教材都记录孩子一个学期参与的活动和心得，两年的教材收集起来，就是儿童童年的成长记录本。

（四）把教材作为家校沟通的“桥”

品德与生活课程具有开放性，教学中需要家长的参与和指导。教材中设计了一些活动指导，可以很好地指导家长和孩子一起参与活动。如人教版《品德与生活》一年级上册

---

① 张茂聪、史德志、张新颜主编：《小学品德、生活与社会教师专业能力必修》，47页，重庆，西南师范大学出版社，2012。

《和钟姐姐交朋友》设计了活动“和家长商量一下，试着列出自己的作息时间表”，“你做到了吗？做到了，给自己画一个‘★’，再请家长签字。没有做到，请家长帮你做到”。教材作为家校沟通的一个“桥”，可以打破封闭、孤立的课堂中心模式，把学校和家庭、社区联系起来，更好地让教学活动得到延展。

想一想：

在品德与生活教材的使用中要注意哪些问题？

第四节 品德与社会教材介绍

品德与社会教材适用于小学三至六年级，每个年级分上下两册，每套教材共八本。本节仍以人民教育出版社和浙江教育出版社的品德与社会教材为主进行介绍。

一、品德与社会教材和品德与生活教材的关系

（一）与品德与生活课程的联系

品德与社会教材从三年级上册开始，前承品德与生活课程学习的内容，六年级下册与初中的“思想品德”“历史与社会”或“历史”“地理”课程相衔接，与品德与生活课程一脉相承，遵循学生成长的规律，并在呈现形式上各有特点。如在品德与生活课程标准中，一、二年级品德与生活课程“负责任、有爱心地生活”部分设有“爱父母长辈，体贴家人，主动分担力所能及的家务劳动”的内容。与此相对应，人教版《品德与生活》一年级下册分别设计了《我的一家人》《家人的爱》《我为家人添欢乐》等主题，通过分享家庭亲情故事感受家庭的温暖。与之相衔接，品德与社会课程标准中有“知道自己的成长离不开家庭，感受父母长辈的养育之恩，以恰当的方式表达对他们的感激、尊敬和关心”的内容。人教版《品德与社会》如此呈现以上主题：在三年级上册的第一单元“家庭、学校和社区”中设有《我爱我的家》等主题，在三年级下册第一单元“在爱的阳光下”设有《家人的爱》《读懂爸爸妈妈的心》等主题。在四年级上册第一单元“珍爱生命”中设置有《美丽的生命》《我们的生命》等主题。这些主题都是通过活动让学生感受到家人的爱。从“品德与生活”到“品德与社会”，教学内容一脉相承、互相联系，从不同的角度选取不同的点和面，以“综合交叉，螺旋上升”的方式在各册呈现。虽是同样的话题，但教学目标不一样，深度不一样，学生获得的感悟也不一样。

（二）与品德与生活课程的区别

随着儿童的成长、儿童生活范围的扩大、自我意识和能力的增强，儿童逐步接触社会，课程的内容从自身及身边的“生活”扩展到“社会”，品德与社会教材比品德与生活

教材更加宽广和丰富，增加了一些地理、法律、历史等知识。在呈现方式上，与品德与生活教材相比，品德与社会教材增加了文字的量、写实的照片、知识点的提示，增加了思考的主题，还出现了一些格言（名人名言）等，特别是小学高年级的教学内容的选取和呈现方式逐步与中学衔接。如人教版《品德与社会》六年级下册第一单元“你我同行”第三课《学会和谐相处》介绍了孔子的名言“己所不欲，勿施于人”，以此引导学生学习体悟如何与人相处。还可以用小资料的形式呈现一些信息，如四年级上册第一单元“珍爱生命”第二课《我们的生命》中介绍了“人的寿命有多长?”等资料，用这样的小资料的方式，扩大学生的视野，丰富学生的知识面。这些知识可以阅读和讨论，教学的内容和形式逐渐与中学接轨，为初中的学习及成长起到过渡的作用。

二、品德与社会教材的特点

（一）以儿童的生活和视角来选择教育的内容

本课程教材以儿童生活中所遭遇到的事件即“生活事件”作为它的基本内容，以直接的家庭、社区邻里、国家的日常生活事件为主，不再以德育目的为主要内容来通篇讲道德规范要求。教材中涉及的生活事件很少是有关伟人或古人的，而主要是儿童在日常生活中遭遇到的、具有丰富道德教育意义的生活事件，教学内容都是以儿童的视角来取材的。如人教版《品德与社会》三年级上册第一单元“家庭、学校和社区”设置的话题分别是《我爱我的家》《我们的学校》《我生活的社区》，第二单元“我在学习中长大”设置的话题分别是《我学会了》《向“谁”学》《做学习的主人》《大家都在学》。这些教材内容的选取都是站在儿童的视角说“我自己的事情”，儿童就是教材中的生活事件里多元角色的主角。到了高年级，随着儿童生活面的扩大，儿童的视野拓展了，选择的内容也逐步扩展。如六年级上册第一单元“走向文明”设置的话题分别是《科技带给我们什么?》《社会文明大家谈》《健康文明的休闲生活》《学会拒绝》，内容广泛，但也都是从儿童的视角来选取教育的内容，以儿童的视角来观察问题。

（二）以话题的形式呈现学习的主题

品德与社会课程标准指出：“选材应充分考虑学生的学习兴趣、生活经验、心理需求和实际生活需要，凸显学习内容的思想性和科学性。”“教材编写要体现综合课程的特点，整合各相关学科的知识内容，并通过设置若干学习的主题，展现不同的学习视角和问题视角。”品德与社会教材有许多历史、社会、自然等知识，但不再是以往的学科知识体系的浓缩与再现，不仅是知识信息（包括道德规范、行为准则等知识）的载体，更多的是以简单的文字、卡通图片或实物图片的方式呈现学习主题，教材成为学生进行思想活动所凭借的话题和范例本。如浙教版《品德与社会》六年级下册第四单元“飞向明天”的话题分别是《祖国属于我们》《放眼现代世界》《迎接美好未来》，学习的内容就是一个个讨论的话题。

（三）以儿童文化的方式呈现教学内容

“教材的呈现方式要适合学生的阅读、审美习惯和接受能力，有利于激发学生的学习兴趣和学习愿望。”① 在呈现方式上，“以儿童文化的方式”体现在学习环节设计、卡通人物（设计）上：每个学习环节的设计都是儿童化了的，生活中的内容主要是以卡通人物配以简洁的文字的形式呈现，设计游戏、讨论等活动，并在教材中设计与儿童对话的卡通人物。如在人教版《品德与社会》三年级到六年级的八册教材中，每一话题中都有一个卡通人物，其作用是传达小知识、提示语，引领儿童与儿童、儿童与文本、儿童与教师对话。卡通人物一定程度上替代教师，有时是话题的引发者，有时是活动的组织者，而不是单纯由教师组织对话，从而使活动儿童化。如人教版《品德与社会》三年级上册《我的责任》一课，通过卡通人物提示：“自己的事情，能做的应该自己做；不会做的事情学着做。家庭、学校、社区的事情应该积极参与。”卡通人物代替他人以“他”的方式对儿童进行提示，以“另一个我”进行自我总结。在人教版《品德与社会》六年级上册第一单元第四课《学会拒绝》中，卡通人物向学生发问：“我们能为禁毒做点什么?”教材里的卡通人物是教师与学生、学生与学生、学生与书本对话的桥梁和媒介。

课本中穿插了大量的漫画，还有的是写实的照片，图文并茂。如人教版《品德与社会》六年级上册《不能忘记的屈辱》一课中，有火烧后的圆明园的照片，有生化武器的照片，有文字陈述《南京条约》，有对“九一八”事变、南京大屠杀的叙述，内容丰富、易懂。卡通人物和漫画以儿童的形式呈现教育内涵，实现了成年人对儿童的引导。

（四）以活动的方式呈现教学活动

虽然教材中有许多知识点，但品德与社会教学活动不是“授—受”模式，教学的过程不是单纯接受知识的过程，要用自主探究的方式让学生通过活动去感受、体验、领悟与表达。如浙教版《品德与社会》五年级上册《难忘的校园生活》设计了“成长记录”“展示台”“风景线”“收藏夹”“喜欢之最”“难忘之最”等多个活动，为儿童主动参与、自主学习、尝试、体验和实践活动留有空间，在这些活动中，儿童用“调查”“实践”“探索”“讨论”“服务”“辨别”“创造”“表现”等多种方式去感受、体验、领悟与表达。在形式上更要反映儿童的需要，让他们从自己的世界出发，用自己的眼睛观察社会，用自己的心灵感受社会，用自己的方式研究社会。

（五）教材具有较大的弹性

教材有弹性，留有大量的空白，为儿童的道德创造留下了空间，可以让教师和学生充分地结合自己的实际进行二度创造和开发，学生可以结合自己的实际进行添加和链接，可以结合城市、农村的不同情况，开展活动。如人教版《品德与社会》三年级上册《我的责

---

① 中华人民共和国教育部制定：《义务教育品德与社会课程标准（2011 年版）》，27 页，北京，北京师范大学出版社，2012。

任》一课中设计了“我该做什么”活动：“1. 在家里______________”“2. 在学校班级里________”“3. 在社会上________”。这是所有孩子都生活的空间，设计这样的环节，可以让学生结合自己的情况，说说自己的事情。再如：四年级上册第三单元第一课《家庭小账本》中有“一周家庭小开支”的设计，学生填写“我的调查小记录——家庭一周的开支”。这样的活动，可以让学生结合自己家庭的实际开展活动，不论是城市还是农村的孩子，都可以开展调查，鼓励了儿童的创造性思维。学生在一定程度上可以自主选择、自主创造，把自己的思想、感情向教材中的儿童表达，可以写出来、说出来、演出来、画出来，教材成为一种可以使儿童进行创造的文本。教材中的留白是儿童心灵表达的空间，使教材有了更加宽阔的适应性、平等性。

想一想：

你是如何理解品德与社会教材的“弹性”的？请举例说明。

三、教材使用策略

（一）把教材当作“范例”

让“世界成为学生的课本”，而不是使“课本成为学生的世界”，才能使得品德学习逐渐内化为学生的自我需求，外显为学生的行为，升华为学生的自我品质。教学中要因地制宜地拓展教学时空，有效组织适宜的教学活动。

案例 13　　**《我是谁》教学设计（片段）**[1]

（人教版《品德与社会》三年级上册第四单元第一课）

教学目标：

体验不同的人在不同的场合应有不同的角色，学会在不同的场所扮演好自己不同的角色。

教学过程：

活动一：我的称呼有哪些？

师：尽可能多地写出别人对“我”的称呼。（宝宝、哥哥、小朋友、张浩……）

活动二：我的角色有哪些？

师：给“我”的称呼分类：什么时候，在哪里，谁在叫我，那时候我是谁。（在家里称呼有宝宝、小浩……，在学校里是张浩，在社会上是……）

活动三：我要怎样做？

① 杨翠英，云南省品德名师工作室教师培训活动，2014 年 10 月。

师：我是谁？应该怎样做？（在家我是孩子，要听父母的话；在学校我是小学生，是同学们的朋友，我要好好学习……）

案例分析：

案例中，对于社会角色的话题的切入，不是按照课本教学，而是在理解课本设计理念的基础上，从写别人对自己的称呼入手，一个人除了姓名还有许多称呼，一个人在不同的场合有不同的称呼，让儿童从一个人的不同的称呼中体验人在不同场合的不同角色。这样的设计，选择真实生活中的儿童化、日常化内容作为活动内容进行教学，符合学生的实际，体现了“用教材”的策略。

（二）把教材当作“活动手册”

教材还具有工具性，教材有许多留白的地方，学生可以向教材表达和对话。同时，教材设计了许多课内外活动，可以把课本作为课堂及课外活动的一种活动手册加以利用。如人教版《品德与社会》三年级上册《我爱我的家》一课中设计了“我的家”栏目，学生可以用画或写的方式把自己心中的家描绘和表达出来。再如人教版《品德与社会》四年级上册《做个聪明的消费者》一课，设计了消费记录“我的调查记录”环节，可以把课本当作活动手册，指导课内外的活动，并把课堂活动与课外活动连接起来。

（三）把教材当作“知识小百科”

品德与社会课程具有综合性，教材涵盖的内容和知识点非常多，在每一册教材中，都有许多的知识点以小资料等方式呈现。如人教版《品德与社会》五年级上册《江山多娇》一课设置了“小资料”；六年级上册《环球旅行去》一课有不同世界历史古迹的背景介绍，如“奥林匹克运动的来历”等。这些是孩子了解社会和世界的窗口，也是他们学习成长的资源库。

（四）把教材当作教学活动的“线”

教材的每个话题里面都设计了一个或多个活动，可以把课前、课中、课后活动连接起来，教材如同串起这些活动的一根线。如人教版《品德与社会》六年级下册《战争风云下的苦难》一课设计了“资料收集”“整理资料”“谈谈对资料的认识和感受”几个课内外的活动，教学活动可以围绕教材设计一系列活动来展开。课本不仅是教学内容的载体，还是教学活动的连接线。

思考与练习

1. 选择并阅读品德与生活或品德与社会教材中的某一课，分析与之相对应的课程标准中的相关要求，并以此为例，谈谈如何根据课程标准精神使用好教材。

2. 品德与生活、品德与社会两门课程的教材在编撰理念、呈现方式及使用策略上有哪些相似之处？

阅读文献

1. 朱慕菊．走进新课程：与课程实施者对话．北京：北京师范大学出版社，2002.

2. 钱源伟．基础教育改革研究．上海：上海科技教育出版社，2003.

3. 人民教育出版社课程教材研究所综合文科课程教材研究开发中心．品德与生活教师培训手册．北京：人民教育出版社，2007.

4. 李季湄，张华．义务教育品德与生活课程标准（2011年版）解读．北京：高等教育出版社，2012.

5. 中华人民共和国教育部．义务教育品德与生活课程标准（2011年版）．北京：北京师范大学出版社，2012.

6. 中华人民共和国教育部．义务教育品德与社会课程标准（2011年版）．北京：北京师范大学出版社，2012.

7. 张茂聪，史德志，张新颜．小学品德、生活与社会教师专业能力必修（专题二）．重庆：西南师范大学出版社，2012.

8. 赵志毅．德育原理与方法．北京：人民教育出版社，2013.

第三章

小学品德与生活教学设计

本章导读

本章解读品德与生活教学设计的基本策略，在深入把握教材、充分了解学情的基础上，根据本课程的生活性、活动性、综合性、开放性的基本特征，分专题精心设计活动，让教学活动植根于儿童的生活，在儿童的生活中进行良好品德的培养。

第一节 品德与生活教学设计的基本策略

策略，即“根据形势发展而制定的行动方针和斗争方式”，“讲究斗争艺术；注意方式方法”①。教学设计策略，主要指教学设计的一些方式方法。根据品德与生活课程的实施目标要求，教学设计可采取如下一些基本策略：

一、准确定位教学目标

教学目标是教学活动的出发点和归宿，它支配着教学的全过程；教学目标又是教学活动的核心和灵魂，可以说教学目标的准确定位是有效教学的前提，它不仅规定着“教”与“学”的方向，更关系到课堂教学效率问题。只有准确定位目标，才能克服品德教学中的盲目性和随意性，使品德课堂教学具有实效性。

① 中国社会科学院语言研究所词典编辑室编：《现代汉语词典（第6版）》，132页，北京，商务印书馆，2012。

苏霍姆林斯基认为，确定课的目标是很困难的，即使对有多年经验的教师也是如此。那么，如何准确地定位课时教学目标？应该从哪些角度出发来确定品德与生活的课时教学目标呢？

（一）紧扣课程目标

课程目标是课程的宗旨和价值导向，正确解读品德与生活课程目标，有利于教师把握教学的方向性。只有心中有准则，才能准确定位教学目标。品德与生活课程的总目标是“培养具有良好品德和行为习惯、乐于探究、热爱生活的儿童”①。总目标之下，又设立了情感与态度、行为与习惯、知识与技能、过程与方法四个方面的分目标。总目标的实现有赖于四个分目标的统一与整合。课程目标是对教学活动基本的、整体性的要求，指明了教学活动的方向和应当达到的水平或程度。每一课的教学目标应以课程总目标和情感与态度、行为与习惯、知识与技能、过程与方法分类目标为参照，并服从、服务于它们。

品德与生活课程标准从国家和社会对儿童品德的基本要求与儿童个体健康发展的要求两者有机结合的高度，对小学品德教育的目标与内容做了基本规定，品德与生活课教师必须深入学习和理解有关内容。例如：品德与生活课程标准在“内容要求”中明确规定，学生通过学习能“适应并喜欢学校生活”，“在学校里情绪安定，心情愉快”，“熟悉学校环境，能利用学校中的卫生保健设施”②，这一内容要求体现了低年级儿童“健康、安全地生活”的学习目标。教师明确了这一目标，便能在低年级教学中自觉、灵活地实现这一目标，克服品德教育中存在的一些误区。

案例1　**《五星红旗升起的地方》教学目标**

（浙教版《品德与生活》二年级上册第二单元第四课）

对照品德与生活课程目标，《五星红旗升起的地方》这一课所要实现的“情感与态度”目标是落实课程总目标下“情感与态度”分类目标中的第一条：爱亲敬长，爱集体、爱家乡、爱祖国。这一课的侧重点是“爱祖国”。这一课所要实现的“行为与习惯”目标是落实课程总目标下“行为与习惯”分类目标中的第二条：养成基本的文明行为习惯。这一课的侧重点是懂得升国旗的基本礼仪，能在升国旗时自觉遵守升旗的行为规范。这一课所要实现的“知识与技能”目标是落实课程总目标下“知识与技能”目标第五条：初步了解有关祖国的知识。这一课的侧重点是认识国徽和国旗，并知道其含义，知道“国旗、国徽和国歌都是一个国家的象征”。这一课所要实现的“过程与方法”目标是落实课程总目标

① 中华人民共和国教育部制定：《义务教育品德与生活课程标准（2011年版）》，6页，北京，北京师范大学出版社，2012。

② 同上书，8页。

下“过程与方法”目标的第三条：学习几种简单的调查研究方法并尝试应用。这一课的侧重点是通过让学生调查不同人回忆升国旗时的情感和感受，进一步激发学生对国旗的崇敬。

案例分析：

课程目标是把握每一课课时教学目标的前提和基础，两者虽处在不同的层面，但可以看成一个相互联系的整体。课堂教学目标则是课程目标的具体化，操作性更强。通过生动鲜活的教学活动和师生的互动，把课程理念和教学实践连接在一起。品德学科教师要把握好两者之间的关系，有效开展教学活动，使教学活动在目标的指引下有序开展。

（二）整体把握教材

品德教材按主题组织材料，充分考虑到各年龄段儿童的认知特点，形成具有学习坡度的层次和系列。因此，我们只有尊重学生的年龄特点和身心发展水平，站在整套教材的高度来俯瞰每册教材的具体要求，才能制定出恰当的教学目标。

案例2　　整体把握教材，科学确定教学目标（一）

（浙教版《品德与生活》一年级下册、二年级下册）

年级	单元	主题	单元目标
一年级下册	第三单元 我在班级中	1. 我们分享，我们快乐	鼓励学生在班级中积极与人交往，通过同学与同学这一最基本的人际交往渠道，让学生感受到自己与同学、与班级的亲密互动的关系，积极主动地创造班级的良好氛围
		2. 我帮你，你帮我	
		3. 我们的教室，我们的家	
		4. 我们共庆六一节	
二年级下册	第二单元 班级的荣誉	1. 班级风景线	让儿童在自己班集体生活经验的基础上，通过各种体验活动，感受班集体的可爱，进一步培养儿童的集体意识，让儿童知道自己是集体的一员，认真完成集体交给的任务，爱护班级荣誉，关心、爱护同伴
		2. 一次运动会	
		3. 班级小明星	
		4. 我们的班级报	

案例分析：

二年级下册第二单元“班级的荣誉”是对一年级下册第三单元“我在班级中”教学主题的延伸。对于初入学的一年级学生来讲，首先要建立起“集体”的概念，初步懂得在班集体中和同学分享、合作，有担当，掌握集体生活中与人相处的正确方法。而二年级下册的第二单元则通过美化教室、组织参加学校的运动会、评选班级的小明星、制作班级的黑板报等各种日常班级活动，让学生感受班集体的可爱，进一步培养儿童的集体意识，让儿童“知道自己是集体的一员，认真完成集体交给的任务，爱护班级荣誉，关心和爱护同伴”。

同一主题，在不同的年级会重复出现，但不同的年级有不同的要求，教师只有把握好教材在学生不同发展水平上所呈现的教学目标以及重难点，心中有数，才能做到教学有度，才能准确定位课堂教学目标。

案例3　　整体把握教材，科学确定教学目标（二）

（浙教版《品德与生活》二年级下册第三单元）

年级	单元	主题	教学目标
二年级下册	第三单元 家在自然中	1. 美丽的大自然	侧重感受大自然的美好
		2. 动物、植物和我们	侧重感知大自然与人类的密切关系
		3. 美好的家园	侧重移情体验环保的重要性，培养环保意识

案例分析：

这一单元包含三个主题，内容编排互相关联、互相衔接。第一课《美丽的大自然》，引导学生动用感官欣赏大自然的美好，增强自己热爱大自然的情感；第二课《动物、植物和我们》引导学生认识到动物、植物都是人类的好朋友，培养儿童珍爱生命、保护动植物的情感、意识和能力；第三课《美好的家园》引导学生通过移情体验，引发其对周围环境的思考，树立环保意识和爱护家园的责任感，能尽自己的力量保护生态环境，美化家园。这样，抓住单元中各课目标的定位，从整体与部分的对应关系来思考各课的目标。

（三）深入了解学生

把了解儿童作为教学的基础。鉴于本课程的性质和特点，教学必须以深入地了解儿童为基础。教学的每一个环节都需要在了解儿童的实际生活和发展状况，掌握每个儿童的特点和各不相同的需要，了解其所在的家庭和社区的状况等基础上进行。① 教学设计要把对学生的了解放在首位，只有了解学生，教学才能有的放矢，才能以学生为本。

以浙教版《品德与生活》二年级下册教材为例，教材中《班级风景线》《班级小明星》《美丽的大自然》《我们的社区》等内容，就需要教师联系本地、本班的实际，开展有针对性的教学活动。教师要判断教材所选取的教学事件与本地区、本校、本班的具体情况有哪些相符，有哪些不相符；哪些教材资源可以直接应用于教学，哪些教材所提供的活动案例不符合本班学生实际，需要重组、替换、重新开发；等等。

---

① 参见中华人民共和国教育部制定：《义务教育品德与生活课程标准（2011年版）》，12页，北京，北京师范大学出版社，2012。

案例 4 **《我们的社区》教学目标的定位**

（浙教版《品德与生活》二年级下册第四单元第一课）

（一）根据城区学生实际生活情况，确立教学目标

（1）协助学生认识社区环境、社区设施。

（2）学生在社区生活交流中，发现、体验社区人员提供的服务，从而激发起热爱社区、尊敬社区工作人员的情感。

（3）愿意参加社区组织的服务活动。

（二）根据农村学生实际生活情况，确立教学目标

（1）认识农村环境和农村生活、生产设施。

（2）学生在农村生活交流中，发现新农村的变化，从而激发起热爱农村的情感。

（3）愿意参加村委会组织的服务及集体活动。

案例分析：

社区是学生生活的地方，对学生来说既熟悉又不熟悉。教学中以学生的生活经验为教学源泉，引导学生观察、关注自己的社区，激发学生对社区的热爱。通过讨论交流提升学生的认识，明白自己在社区的生活离不开社区工作人员的劳动，并引导学生课后（或双休日）去参与社区的活动，进一步激发学生对社区的热爱。

“社区”的概念，对于城市的学生而言不算陌生，社区设施的配备和社区工作人员提供的服务相对农村要完善、全面和到位些。而对于农村的学生来说，社区的概念比较陌生，他们对所居住的村委会的设施和村委会工作人员提供的服务的认知与体验不太深刻。农村设施可能更多的是生产基础设施，如水窖、沟渠等。学生既是学习的主体，又是自主发展的主体。教师要充分尊重学生的主体性和差异性，根据学生的实际生活来准确定位教学目标。

想一想：

除了以上几个方面外，准确定位品德与生活课程的课时教学目标还涉及哪些因素？

二、趣味导入

“兴趣是最好的老师。”只有学生对学习的内容感兴趣，才会产生强烈的求知欲望，自动地调动全部感官，积极主动地参与教与学的全过程。古人云：“感人心者，莫先乎情。”“激发学生兴趣，启迪学生思考，唤起学生情感”是品德学科教师首先要解决的问题。因此，针对儿童的特点，要利用多种手段和媒介激发他们参与活动的兴趣。课堂教学中，教师应该充分发挥学生的学习主动性，引导他们从教材通向生活，把教材承载的价值、目标

和他们的生活有效地连接起来，让他们主动、积极地用真实生活和自主活动来展开教材中的“生活”和“活动”，从而“感受”和“体验”教材中承载的价值目标。

常言道：“良好的开端是成功的一半。”一节成功的好课从引人入胜的精彩导入开始。在设计品德课堂导入时，要根据教材呈现的不同情景，结合学生的实际，设计灵活多样的导入方法，最大限度激发学生的学习兴趣和参与学习的欲望，保持对学习主题的高度关注，积极主动地学习。

（一）歌曲、儿歌激趣导入

歌曲导入是指教师选择与教材内容有密切联系的歌曲作为开场导入新课内容的一种方法。这种方法，能创设情境，渲染气氛，使学生迅速进入状态，取得事半功倍的效果。运用歌曲导入，所选歌曲必须与教材有密切的关系，同时歌曲本身必须健康有益，有利于提高学生素质，不能纯粹地追求趣味性。

如教学浙教版《品德与生活》二年级上册《我爱您，祖国》时，“祖国”对于低年级的学生而言，比较抽象。上课伊始，可以播放歌曲《祖国和我》，在优美的旋律、动听的童声中，激活学生的感官，营造温馨、亲近的课堂氛围，使学生马上进入情境，在欣赏音乐的同时明白歌曲的内涵，巧妙引出“祖国”这一概念，为后面活动的开展做好情感和知识的铺垫。这样，让抽象的“祖国”具体化，激发学生进一步了解祖国的欲望。再如，教学浙教版《品德与生活》一年级上册《我们一起做》时，可以播放低年级学生较熟悉的歌曲《丢手绢》，重现学生喜闻乐见的游戏场景，激发起学生乐于参与“丢手绢”游戏的欲望，营造轻松的活动氛围，自然地引出游戏活动，从而水到渠成地在参与游戏当中体验“一起做”的快乐和初步的规则，也使得教学目标的达成自然、无痕。

（二）利用实物直观导入

实物具有直观性、生动性，符合低段儿童的认知规律和直观形象的思维特点，可以让刻板的教材活起来，从而拉近学生和教材的距离，成为学生参与教学活动的强动力。例如，教学浙教版《品德与生活》二年级下册《动物、植物和我们》时，上课伊始，教师采用直观的方式直接出示兔子和文竹图片，这样既顺势引出动物、植物两个概念（师板书：动物、植物），揭示部分课题，又能形象地激发学生的探究兴趣，为后面的教学活动做好情感铺垫。通过兔子和文竹的展示，引导学生分组交流课前搜集的动植物图片，让学生学会分享，拓宽对动植物的认知范围，丰富学生动植物知识的初步储备，并且在交流的过程中逐步激起学生对动植物的喜爱之情，使知识和情感两条线交错并行。最后，通过多媒体展示一组富有生机与活力的动植物画面，再一次深深地刺激着学生的感官，在拓展认知的同时，喜爱之情也再次被点燃和强化。在这小小的课堂上，学生充分感受到动物、植物鲜活的生命力，这是文字叙述无法替代的真实体验。

（三）利用技术媒体形象导入

在导入新课时，可以利用多媒体生动、直观等优势，创设出一个生动有趣的教学情境，化无声为有声，化静为动，吸引学生的注意力，弥补传统教学中学生面向静态呆板的教材文本的缺陷，使学生进入一种生动活泼的学习氛围，提高学生的学习兴趣。教师再及时利用设置好的发人深省的问题，引领学生进行思考和探讨，会收到意想不到的效果。

例如，在浙教版《品德与生活》二年级上册《假期安全真重要》一课的教学中，上课伊始，教师首先利用多媒体设备，播放了一段“小孩溺水，同伴救助不当全部身亡”的新闻视频，使学生在实景视频的观看中，真切感受到安全出行、安全玩耍的重要性，直观明了地感知掌握安全常识的必要性，为后面活动的进一步开展奠定了情感基础。

三、以活动为载体

品德与生活课程标准指出，“本课程超越单一的书本知识的传递和接受，以活动为教和学的基本形式”①，“通过引导儿童主动参与各类活动来进行教学，是本课程教学的一大特点”②。美国教育界中流行这样一句话：我听了，我忘了。我看了，我知道了。我做了，我懂了！这句话很明白地告诉我们，作为教师，在教学工作中应充分考虑学生，不能让学生成为听众，应组织他们多看、多做，主动参与教学活动，让学生真正成为学习的主体，使教学过程成为学生反复亲历体验的过程。

在教授人教版《品德与生活》二年级下册《我们长大了》这一课时，教师通过“现在的我，过去的我”的活动开展，让学生量一量自己的身高、自己的衣服、自己的脚印、自己的鞋子的变化，比一比自己所获得的奖状，说一说自己所学到的知识等，感悟自己的点滴成长，真切地体会到自己在不断地长大，并为自己的成长感到兴奋、感到自豪，进而萌生出对父母的感恩之心。丰富多彩的实践活动提高了学生的道德认识，促进了学生道德的内化，为学生养成良好的道德习惯打下了坚实的基础。

活动是教与学的中介，是达成品德学科教学目标的有效载体。因此，在设计教学活动时，教师要重视创设教学情境，以活动为载体，让学生在活动中去看去听，去发现去探究，充分感知、体验，从而提升感悟，形成内化的道德品质。如何设计出行之有效的教学活动呢？应该从以下几方面入手：

（一）紧扣教学目标，让活动“准”

教学中的活动首先要围绕教学目标来设定，活动实施的时候，时时刻刻都要围绕教学目标来进行。例如，有教师在教学浙教版《品德与生活》二年级上册《我爱您，祖国》这

① 中华人民共和国教育部制定：《义务教育品德与生活课程标准（2011年版）》，2页，北京，北京师范大学出版社，2012。

② 同上书，12页。

课时，把“钓鱼岛事件”作为课程资源，补充到教学中。虽然这个内容可以激发学生的爱国热情，但是对于本课的主题目标而言，这显然超出了二年级学生的认知及理解水平，冲淡了主题目标。因此，一定要紧紧围绕教学目标来精心设计活动。

（二）从学生的生活经验出发，让活动“实”

儿童品德的形成源于他们对生活的感受、认知、体验和感悟。因此，教师要从了解儿童已有的生活经验和他们对生活的感受、认识、体验和感悟开始，确定学生已有的生活经验在教学中的作用。不要简单地只从表现形式上去模仿教材中提供的参考活动，而要根据教材提供的信息，源于学生生活来设计活动。

例如，在浙教版《品德与生活》一年级上册《我们一起做》这一课的教学中，为了让学生充分体验和同伴一起玩的快乐，教师引导学生从已有的生活经验入手，收集一些平时经常玩的游戏，并让学生说明玩法。在教学开始时，教师就选择最吸引学生的“丢手绢”游戏进行活动。这样的活动既有针对性，又来源于学生生活。学生自然会“心甘情愿”“兴致勃勃”地参与活动，其情感体验得到激发，道德认识也得到提高。再如，一位教师在设计浙教版《品德与生活》三年级上册《做学习的有心人》的教学活动时，没有用教材中提供的“走迷宫”的活动，而是用学生熟悉的“小猫钓鱼”的游戏来开展活动。这样，既贴近了学生的生活，激发了学生的学习兴趣，又紧扣教学目标。

（三）预设活动的多种可能，让活动“活”

同一活动，从不同角度来理解，可能会产生许多不同的问题，教师要尽可能多地预设会产生的问题。例如，在教学浙教版《品德与生活》一年级下册《我帮你，你帮我》一课时，教师设计了一个“给小树卡找家”的活动，活动中要求学生根据后背所粘贴的小树卡的颜色找到各自的家，目的是为后面的分组活动做好铺垫，同时也调动他们学习的热情。针对这个活动，教师事先考虑到可能会出现两种情况：一是全部学生按要求找到“家”；二是有的学生忘记自己小树卡的颜色，找不到“家”或找错“家”。所以，当在教学中出现第二种情况时，教师抓住课堂上新生成的教学资源，问学生谁愿意帮助他（她）找到“家”，学生纷纷举手……因为有了教师在活动设计时对可能产生的新问题的预设，因此新问题成了新的教学资源，更好地达成相互帮助这一主题目标，可谓“一箭三雕”。

（四）利用游戏等开展活动，让活动“趣”

心理学家弗洛伊德指出：游戏是由愉快原则促动的，它是满足的源泉。用游戏活动作为新课的开头，把一系列的概念寓于游戏情境中，以游戏活动的方式呈现出来，使枯燥的知识变得生动有趣，寓教于乐，调动学生的积极性，让学生最大限度地参与到学习活动中，能为上好新课做好铺垫。如在教学人教版《品德与生活》一年级下册《我有一双明亮的眼睛》时，教师设计了“蒙眼画三毛”“蒙眼穿针”等游戏，学生跃跃欲试，积极参与。

通过参与游戏，学生真切体验到了眼睛在生活中的重要性。这样的游戏活动，激发了学生的探究欲望，使他们在轻松有趣的游戏活动中得到充分体验，在体验中加深感悟，寓教于乐，较好地达成了教学目标。

四、充分开发利用课程资源

品德与生活课程标准中指出："充分地开发并有效地利用各地区的有价值的课程资源，既是扩展和深化课程的有效途径，也是教师创造性教学的重要环节。"① 教师能否积极有效地开发利用各种课程资源，关系到本课程性质、目标的实现，制约着课程实施的质量。

知识链接　　**课程资源②**

课程资源是指形成课程的要素来源以及实施课程的必要而直接的条件。例如，知识、技能、经验、活动方式与方法、情感态度与价值观以及培养目标等方面的因素，就是课程的要素来源。它们的特点是作用于课程，并且能够成为课程的要素。又如，直接决定课程实施范围和水平的人力、物力、财力、时间、场地、媒介、设备、设施和环境，以及对课程的认识状况等因素，就是属于课程的实施条件。它们的特点是作用于课程却不是形成课程本身的直接来源，但它们在很大程度上决定着课程的实施范围和水平。现实中的许多课程资源往往既包含着课程的要素来源，也包含着课程的实施条件，如图书馆、博物馆、实验室、互联网、人力和环境等课程资源就是如此。

按照课程资源空间分布的不同，大致可以把课程资源分为校内资源和校外资源。凡是学校范围之内的课程资源，都是校内资源，超出学校范围的课程资源就是校外资源。校内外课程资源对于课程实施都非常重要，所以我们一方面要最大限度地利用学校内部的课程资源，另一方面也要加强利用校外的课程资源，帮助学生与学校外的环境打交道。

在教学设计的过程中，可以从以下几个方面开发和利用课程资源：

（一）理解教材的教育意图，用好教材

教材作为连接师生活动的媒介，在教学活动中起着重要的作用。它既是教师引导学生活动的工具，也是学生开展活动时可利用的资源。然而，正是教科书的这种工具性、资

① 中华人民共和国教育部制定：《义务教育品德与生活课程标准（2011年版）》，22页，北京，北京师范大学出版社，2012。

② 参见朱慕菊主编：《走进新课程——与课程实施者对话》，211页，北京，北京师范大学出版社，2002。

源性，要求教师应该在教学中创造性地使用教科书，而不再把它视为不能改变的“金科玉律”。

品德与生活教材图文并茂、以图为主，好看不好教。教材内容面对的是不同地域的对象，因而存在一定的局限性。这就要求教师具有课程开发意识，在“吃透教材”的基础上，根据本地区、本班级的实际情况，善于对教材进行取舍、扩展，收集与教学相关的资料、素材，在围绕教学目标的前提下，改变教材的呈现方式，改进、补充教材资源，帮助学生化难为易，变枯燥为生动，回归生活，贴近生活，努力在尊重教材的基础上重组教材，超越教材。例如，浙教版《品德与生活》二年级下册《远方的朋友，请你留下来》一课，教材中提供的图例只是作为范例，以便引出自己家乡的美景和美食。教师要深入了解当地的民俗风情，和学生一起以图片、文字、录像、实物等方式呈现，学生在自己熟悉的美食和美景中，倍感亲切和骄傲，也才能激发出对家乡的热爱。再如，浙教版《品德与生活》一年级上册《我们一起做》这一课，教材中所提供的插图是由“合作画手”导入活动，但在实际操作时，学生在“合作画手”活动中的体验并不充分。于是，教师重新更换教学内容，用“丢手绢”这一儿童喜爱、熟悉的游戏活动来替换。这样，学生在游戏中真正感受到了一起做的快乐、一起做的必要性及参与游戏的初步规则等。

可见，教师在教学中不能简单地照搬和复制教材。巧妙地运用书中的图例、灵活地选择教学内容、精心地处理教材的留白是上好品德课的关键所在。只有立足学生的实际去读懂教材，挖掘教材蕴含的资源，才能不断更新教学内容和形式，赋予教材现实的生命力，真正实现“用教材教”的目的。教材资源是丰富的，教师们既不能“照单全收”，也不能“全盘遗弃”，而要有舍有取、合理利用。

（二）利用好身边资源

品德与生活课程的资源是多样的、开放的，包括各种有形和无形资源。校园、家庭、社会及自然环境等等，都是我们挖掘课程资源的对象。①

例如，一位教师执教浙教版《品德与生活》一年级上册《美丽的校园》时，利用丰富多彩的校园活动资源，向学生展示了校园生活的真实照片，深深吸引着学生：“哇，我们的校园真漂亮!”“这么有趣的活动!”“我也要参加社团活动!”这些照片唤起了刚入校学生对小学生活的向往。由此，学生获得的感受是真实的，发自内心的。

又如，在教学浙教版《品德与生活》二年级上册《我爱秋天》时，教师让学生课前在生活的环境中找秋天，并用自己喜欢的方式把找到的秋天带到教室，有的拍照片、有的录视频、有的带果实……琳琅满目的秋果、五彩缤纷的秋景，让学生似乎置身于大自然中。然后到教室里说秋天，品尝秋天的果实，赞美秋天。在这一系列紧扣秋天的活动中，学生

① 参见中华人民共和国教育部制定：《义务教育品德与生活课程标准（2011 年版）》，22～23 页，北京，北京师范大学出版社，2012。

亲身感受到了秋天的美好，丰富了知识，陶冶了情操。

（三）开发网络资源

品德与生活课程标准指出：教师应积极开发和有效利用各种网络资源，注重信息技术与课程教学的整合。随着现代科学技术的发展，我们的教学方式在不断走向开放。

多媒体具有直观、形象的优势，便于把文字教材中一些抽象的知识以形象、具体的画面呈现出来，可以让课堂教学更生动、有趣，起到事半功倍的效果。例如，在教学浙教版《品德与生活》二年级上册《中秋节》时，教师上网搜集有关“中秋节”的传说故事及祖国各地不同的庆祝活动的文字和图片，并展示给学生。这样补充教材内容，有利于调动学生的多种感官，从而加深对节日的喜爱之情。

（四）抓住课堂生成资源

我们的课堂是动态的，是不可复制的，这给我们教师提出了更高的要求。面对动态生成的教学资源，是顺应学生的这种思维状态重新调整、组织自己的教学呢？还是按部就班完成预设的教学流程，忽略产生的新问题？不同的回答与实践，不但反映了教师的教学机智，更反映了教师的学生观和教学的基本理念。

例如，在人教版《品德与生活》一年级下册《我有一双明亮的眼睛》一课的教学中，当教师让学生说说怎样保护眼睛时，学生纷纷发言：“看书时间不能太长。”“看书时光线要敞亮。”“要多吃有营养的食物。”……这时，一名较胖的小男生说：“我不能吃多，只能吃一小点东西，特别是肉，妈妈说我太胖了。”面对小男生的回答，教师没有忽略孩子不正确的认知和内心的小自卑，而是及时应对，告诉他合理膳食及加强锻炼，既能保护眼睛，又能增强体质，并鼓励他，相信他一定会成为运动场上的一名小健将。

想一想：

品德与生活课程的资源是多样的、开放的，还有哪些资源可开发和利用？

五、以板书突出重点

一堂成功的品德与生活教学，应该让听者可以通过一条明朗的教学主线来接受教者所要达成的四维目标（情感与态度、行为与习惯、知识与技能、过程与方法）。而有效直观地抓住主题内容，突出重点，检测目标达成的行之有效的途径之一，便是符合低段学生认知特点的、图文并茂的板书设计。

板书是指教师根据教学的需要在教学过程中以书面语言或符号进行表情达意、教书育人的活动。它在整个教学过程中起着画龙点睛的作用，也是教师综合能力的体现。合理的板书有助于分清教学层次、理清教学思路、突出教学重点，能有效地激发学生的学习兴趣，促进抽象思维能力的发展。

案例 5　　**《动物、植物和我们》板书设计**

（浙教版《品德与生活》二年级下册第三单元第二课）

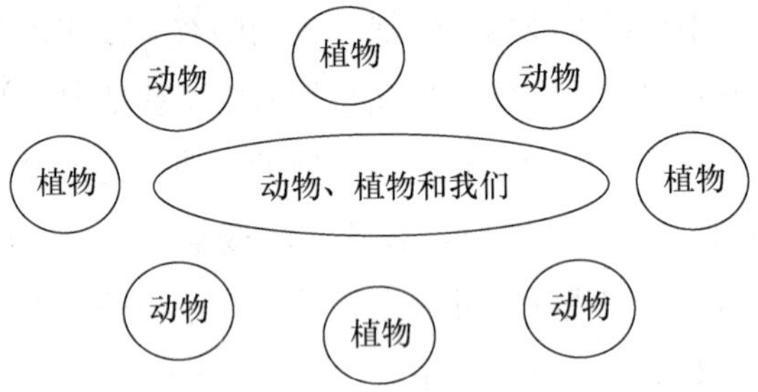

本课教师的板书是随着教学的流程，从无到有、从有到无，又再从无到有，始终伴随学生对动植物的认知一步一步丰富和加深，对动植物的喜爱一点一点激发和升华而发生变化的。当认识了更多的动植物时，学生把收集到的动植物图片随机贴在黑板上，暗示动植物是和我们在一起的；黑板上的动植物图片随着教学进程发生变化，当动植物被伤害时，教师就随机从黑板上拿走一张张图片，直至动植物图片全部被拿走，暗示动植物会从我们身边消失，而我们人类也会受到大自然的惩罚，我们的生命也会受到伤害；当我们懂得保护动植物时，教师把动植物图片重新粘贴到黑板上，说明我们又会重新和动植物一起和睦相处。教师通过变化的板书让学生直观感知动植物和我们人类是息息相关的。

案例 6　　**《我爱您，祖国》板书设计**

（浙教版《品德与生活》二年级上册第二单元第三课）

在执教《我爱您，祖国》时，教师通过欣赏歌曲《我和祖国》导入活动，激发学生的学习兴趣和激情，渲染课堂氛围，同时巧妙引出“祖国”这一概念，教师顺势板书“祖国”。接着进行“祖国的轮廓图”的“看一看”，教师板贴“祖国轮廓地图”让学生形象地感知祖国的版图形状。然后，通过“学生课前调查”的“说一说”“在同一时间不同位置气候的极大反差的景象视频”直观感受祖国幅员辽阔。教师随机板书“真大啊!”。随后，通过“祖国知识小竞赛”的“比一比”、“我眼中的祖国”的交流展示，以及“北京及祖国的风光”的欣赏等一系列活动，从抽象的文字到直观的感知，层层递进，环环相扣，让学生一步步加深印象，感知祖国，体会我们的祖国是一个气候多样、风景各异的国家。让“祖国”这个抽象的词语在学生的头脑中变得具体可感，使其进一步了解祖国并为此感到自豪！教师随机板书“真美啊!”。最后让学生在“心愿卡”的填写中把对祖国的深切感悟和爱祖国的情感融入生活中，落实在行动上。在学生朗读心愿卡时，教师小结板书“我爱您”。教师围绕“祖国”这一教学主线，从“认识—了解—热爱”层层递进的活动中顺利达成教学目标。

我爱您，祖国

真大啊！　真美啊！

案例 7　**《我爱秋天》板书设计**

（浙教版《品德与生活》二年级上册第三单元第一课）

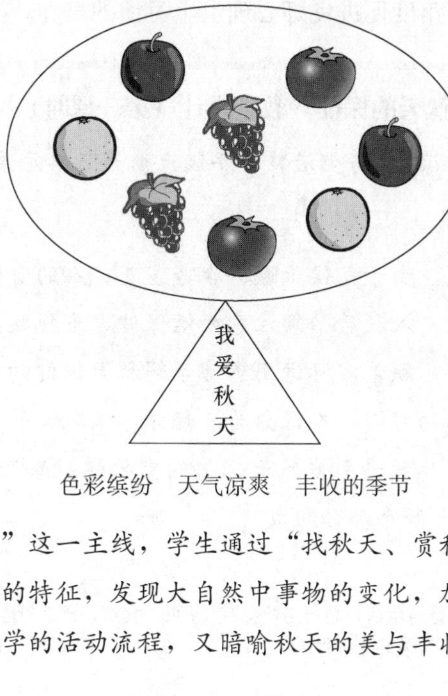

色彩缤纷　天气凉爽　丰收的季节

本课教学紧扣“秋天”这一主线，学生通过“找秋天、赏秋天、品秋天、爱秋天”环环相扣的活动，认识秋天的特征，发现大自然中事物的变化，加深对秋天的喜爱之情。板书所呈现的内容既展示教学的活动流程，又暗喻秋天的美与丰收，简洁明了、直观形象地突出了教学的主线和重点。

虽然板书能一目了然地呈现教学的中心和重点，但首先一定要在吃透教材的基础上，本着形式为内容服务的原则，有的放矢地进行板书设计。其次，设计时对板书内容出现的先后、内容间的联系、位置的安排、板书与讲述及其他教学活动的配合等，都要细心计划，做到自然、流畅。最后，要遵循低年级儿童的认知水平和思维特点，采用儿童喜爱的方式，图文并茂、简洁明了地展现。否则，会适得其反，打乱教学活动的流畅感，分散学生的注意力，失去板书的作用。

品德与生活教学设计策略多种多样，并不局限于以上内容。但以上五种策略，分别从教学目标、导入、教学过程、资源组织、板书等环节构成品德与生活教学设计的策略体系。

第二节　品德与生活分专题教学设计

一、“健康、安全地生活”专题教学设计

健康、安全地生活是学生学习生活的前提和基础。本专题主要是为了让学生初步养成良好的生活、卫生习惯，具有初步的自我保护意识和能力，能尽快适应并喜欢学校生活。健康、安全地生活有两个层面的意义，即身体的健康和心理的健康。身体健康主要是从生活饮食起居、行为习惯、自我保护、遵守规则、注意安全等角度来保证，心理健康则是从适应学校生活、快乐生活的角度促进良好心理卫生习惯的培养。①

案例8　　《秋天的保健》教学设计（第一课时）②

（浙教版《品德与生活》二年级上册第三单元第二课）

教材分析：

秋天是寒暑交替的季节，由于气候干燥、冷暖多变，人的身体一时难以适应，很容易发生疾病或旧病复发。因此，入秋后必须注意生活保健，重视疾病预防。本课通过找寻大自然中秋季天气的细微变化，联系实际运用感官了解秋天保健的常识，培养学生健康生活的意识，逐步养成健康生活的习惯。本课分为三部分，从秋天的天气入手，让学生联系实际，通过表演活动及保健医生的话引发秋天保健的重要性。《秋天的保健》由“秋天保健擂台赛”“我是小小保健员”两个部分组成。

① 参见马丁一主编：《小学品德与生活　品德与社会》，29页，北京，北京师范大学出版社，2010。

② 本案例由云南省玉溪第一小学孟婷老师提供。

教学目标：

（1）了解秋天的保健常识，培养健康生活的意识。

（2）学会按秋天保健有关要求指导自己的生活，养成健康的生活习惯。

教学重难点：

帮助儿童按秋天保健有关要求指导自己的生活，养成健康的生活习惯。

课前准备：

课外小调查：向父母和周围的成人或社区医生了解秋季容易生的各种疾病及原因，引起学生对秋季保健的关注。

教学过程：

活动一：感受秋天，揭示课题

1. 感受秋天的“美”

师：炎热的夏天过去了，美丽的秋姑娘来了！（出示秋天美景图片）你感受到了什么？

2. 感受秋天的“恼”

师：秋天景美食物多，但是秋天也是个恼人的季节。为什么呢？请看（出示秋天医院视频）。

师：你发现了什么？

师：秋天里你生过病吗？有什么感受？

师：生病真不好受，这个季节为什么会有那么多人生病呢？我们一起听听儿童医院医生的话。

3. 观看医生的提示，引出课题

师：医生提醒我们注意什么？今天，我们一起探究《秋天的保健》。（板书课题）

活动二：分享秋天保健小窍门

1. 交流我的秋天保健小常识

师：进入秋天，我们应该如何保护自己呢？把我们课前收集到的有关秋天保健的小窍门在小组内分享一下。可以从秋天的吃、穿、住、行来交流。

（生在小组内交流，汇报）

师小结：在大家小组交流时，老师发现你们了解到了许多有关秋天保健的小窍门。“民以食为天”，我们就先来聊一聊秋天的吃吧！

2. 秋天的“吃”

（1）你爱吃什么？

师：平时你们都爱吃什么呢？看看菜单，你想点些什么呢？

（2）你会吃吗？

师：小朋友们都有自己爱吃的食物，有爱吃炸鸡腿、薯条的，那这些东西适合秋天吃吗？说说你的看法。

(3) 营养师推荐秋天的食谱。

师：今天我们特地请了一位营养师来给我们讲讲秋天的“吃”。

情境表演：“我会吃”。（学生根据出示的饮食图片进行选择：油炸薯片、萝卜、青菜、可乐、苹果……）

师：秋季饮食很关键，我们一定要注意秋天的“吃”。（板书：吃）

3. 秋天的“穿”

师：在秋天的“吃”上注意了，小朋友还是生病了，这又是为什么呢？秋天里我们还应该注意哪些方面的保健呢？

师：天冷了要保暖，秋天穿衣服可有讲究了，说说你怎么穿的？你能给这几位小朋友提提建议吗？（看图给建议：短裙、毛衣、凉鞋、棉衣等）

师小结：同学们的建议，让大家知道了秋天一定要注意保暖。谢谢你们。（板书：穿）

4. 秋天的“住”

师：关于秋天的保健你还知道些什么，谁再来说一说？

（生汇报）

师：看看下面几位小朋友的做法正确吗？说说你的理由。

（出示通风、蒙着头睡觉、打扫卫生、消毒的图片）

（生回答）

师小结：在秋天的“住”上也不能大意，我们要经常通风、打扫卫生、消毒。（板书：住）

5. 秋天的“行”

师：多运动，身体健康。你能给大家推荐几个运动项目吗？

（生回答）

师：在出行的时候应该注意什么？（板书：行）

（生汇报）

活动小结：通过刚才的学习，大家知道了许多有关秋天的吃、穿、住、行等的保健知识。（教师指着板书总结）

活动三：儿歌总结，升华情感

诵读《秋天保健歌》。

师：为了帮助同学们记住这些保健小窍门，老师编了首儿歌送给大家，我们一起来读一读。

出示：秋天景色真美丽，保健知识要牢记。

汉堡薯条要远离，蔬菜瓜果天天吃。

凉水饮料闹肚子，天天喝水要坚持。

增减衣物看天气，早睡早起多锻炼。

吃穿住行要注意，做个健康好孩子。

2. 小结板书

师：秋天的保健真重要，让我们从秋天的吃、穿、住、行做起，做个健康的好孩子。（板书：健康）

活动四：我是保健小医生，远离“麻烦”

1.“秋天保健常识”擂台赛

师：辨一辨，这几个小朋友的做法对吗？为什么？（出示图片）

(1) 图一：运动后很热，把衣服脱了。（容易感冒）

(2) 图二：不认真做操。（不利于身体健康）

(3) 图三：冷水洗脸，热水洗脚。

2. 制定保健计划

今天我们一起学习了许多生活的本领，知道了许多秋季的保健知识，我们可以成为自己的保健医生，让我们为自己从衣、食、住、行等方面定一个保健计划吧。

（生分享、展示保健计划）

3. 师总结

师：良好习惯的养成要靠持之以恒，为帮助大家养成保健好习惯，老师把秋天保健知识制作成了宣传手册送给大家。健康从你、我、他做起，人人争当保健知识宣传员，希望同学们把今天学到的保健知识，把健康传递给你的家人、你的朋友，传递给你身边的每个人。让我们一起健康过秋天。

案例分析：

“课程必须植根于儿童的生活才会对儿童有意义，教学必须与儿童的生活世界相联系才能真正促进儿童的成长。”① 课堂教学源于生活，教学应从关注儿童的现实生活出发。上述案例从孩子实际生活入手，用儿童医院的视频让学生感受到这个季节生病的人多，进而引出要注重秋天的保健，再让学生学习秋天的保健知识。这种源于生活的课堂教学，能缩短学生与学习内容之间的距离，较好地激发其学习的兴趣，学会积极应对，学着从吃、穿、住、行等方面探究保健方法，用于指导生活，从生活细节入手，照顾好自己，健康生活，享受秋天乃至成长的每一天。此案例从课前调查到分享与交流，再到体悟，用“体验”的理念贯穿课堂活动，较好地实现了教学目标。

① 中华人民共和国教育部制定：《义务教育品德与生活课程标准（2011年版）》，4页，北京，北京师范大学出版社，2012。

二、“愉快、积极地生活”专题教学设计

愉快、积极地生活是对儿童个体生活态度的基本要求，也是儿童生活的主调。通过这方面内容的设计，学生能够获得对社会、对生活的积极体验，懂得和谐集体生活的重要意义，发展主体意识，形成开朗、进取的个性品质，为儿童形成乐观向上的生活态度奠定基础。

案例9　《我长大了》教学设计（第一课时）①

（浙教版《品德与生活》二年级下册第五单元第一课）

设计理念：

“我长大了”这个主题，让儿童在真实的生活世界中感受到自身的成长，收藏童年的记忆，珍视童年的价值。通过认识自己、展示生活、比本领等丰富的活动感受成长带来的变化与进步，并为此感到高兴。感受成长的快乐、生活的乐趣，从而形成积极的生活态度。

教学目标：

(1) 感受到自己的成长，了解成长是一个丰富的过程。

(2) 感受生活的多姿多彩及成长的快乐。

(3) 能掌握一定的生活自理能力，知道关爱父母的方法。

教学重点：

引导学生感受成长的快乐，掌握一定的生活自理能力。

教学难点：

领悟如何关爱父母。

课前准备：

学生：准备各个年龄阶段的衣服、照片、鞋子等物品。

教师：收集部分学生儿时的照片、出生证明及学生课外活动的照片。

教学过程：

1. 说说他是谁

师：课前，老师让大家猜猜他们是谁。（出示明星儿时图片）

师：你们为什么都没有看出来呢？

师：因为人长大了，都会有变化的。你们和刚出生时相比也有变化。

2. 寻找证据，我长大了

(1) 感受小脚丫的变化。

---

① 本案例由云南省玉溪第一小学张松婷老师提供。

师：这是我们班××的鞋子，他现在还能穿吗？我们请他来量一量，对比一下。

（生量，说答案）

师：从这个变化中，你知道了什么？

生：脚长大了。

师：随着年龄的增长，我们除了脚长大了，还有哪些变化？

（2）感受身体的变化。

师：我们来玩一个游戏——找不同。

（生拿出小时候和现在的照片，比较一下，说说自己身体的变化）

教师小结：我们的身高、体重、发型、样貌都在发生变化，因为我们长大了！（揭题）

（3）感受成长的快乐。

师：在成长的道路上，你一定有许多难忘的故事或物品，下面我们一起来分享“我的成长故事”。

（生交流）

3. 打开记忆，我成长了

（1）看视频：我会做的事。

师：我们不仅身体在长高、在变化，随着年龄增长我们也学会很多事情。让我们看看这个视频。（观看简短的成长剪接视频）

（2）秀一秀本领，我能做。

师：你们学会做什么了呢？谁能说说他的“我长大了，我能做……”？

师：我们来比一比，看看你们自己的事情自己能不能做好。

比赛项目：系红领巾。（规则：随机抽选五位小朋友上台比赛，看看谁能把红领巾系得又快又好）

教师小结：学会了生活的本领，自己的事情自己做，就是长大了的表现。

（3）深化认识，真正地长大。

师：当看到我们自己的事情自己做好时，妈妈也夸我长大了。下面我们来听一个故事：妈妈夸我长大了。

周六，毛毛的妈妈突然接到开会的通知。她顾不上和毛毛打招呼就急着出门了，但心里总挂念着毛毛，因为毛毛从来没有一个人在家过。路上，她给毛毛打了个电话，电话那头毛毛却说：“放心吧，妈妈。”中午会议一结束，毛毛的妈妈就往家里赶。一进门，毛毛便递上拖鞋说：“妈妈，快进来吧！”妈妈迫不及待地问：“你早饭呢？”“我一起床，就拿了零用钱去楼下的早餐店买了你平时给我买的早餐！”毛毛挺着小胸脯说，“你还是先看看我的作业吧。”没想到毛毛完成的作业和妈妈在家时没两样。“妈妈，我在家还练了跳绳，比平时多了20个呢！”说话间，毛毛又练开了，妈妈望着毛毛会心地笑了。妈妈夸毛毛长大了。

师：你觉得故事中的毛毛长大了吗？

师：除了做力所能及的事情、会照顾自己不让父母操心，还应当学会用感恩的心去关心体贴父母，这才是真的长大了。

4. 论一论，证明我长大了

师：遇到下面的情况，你会怎么做？（学生就以下三个事例谈做法）

（1）妈妈生病了。

（2）爸爸妈妈闹别扭了。

（3）爸爸妈妈在加班，没时间看望爷爷奶奶。

师：平时你会怎样关心、体贴你的爸爸妈妈？

教师小结：不但要学会体贴父母，还要学会用自己的本领帮助他人，关心他人。

5. 总结延伸

（1）谈话总结。

师：通过今天的活动，你有什么体会？

（2）给爸爸妈妈一个惊喜。

师：在成长的过程中，我们有过欢乐，有过烦恼，学会了本领，学会了体贴。老师祝愿你们能学会更多的本领，变得更出色。让我们自豪地说一声："我长大了！"（欣赏歌曲《哭着笑着长大了》）

板书设计：

案例分析：

儿童品德的形成源于他们对生活的体验、认识、感悟与行动。《我长大了》一课的设计，充分组织学生通过"猜一猜""量一量""找一找""比一比""说一说"感受自己身体的变化，认识到自己身体的长大；又通过"说一说""秀一秀"体验到了自己本领的增强；最后通过"听故事""看视频"学会了体贴，从而升华了"长大"的主题。

三、"负责任、有爱心地生活"专题教学设计

负责任、有爱心是一个人综合素质的反映。负责任、有爱心地生活是儿童应当遵守的基本道德要求，它旨在使儿童形成对集体和社会生活的正确态度，学会关心，学会爱，学会负责任，养成良好的品德和行为习惯，为其成为爱祖国、爱人民、爱劳动、爱科学、爱社会主义的公民打下基础。①

案例 10

《一次运动会》教学设计②

（浙教版《品德与生活》二年级下册第二单元第二课）

教材分析：

《一次运动会》由两部分内容组成，即"运动会的准备"和"运动场上显本领"。本课从运动会的准备入手，在帮助学生了解运动会和参与运动会的过程中，让学生感受到能成为运动员和运动会志愿者是非常光荣的，并引导学生学会合作，学会为班级争光。

学情分析：

二年级的学生已经参加并体验过校运会，对运动会已经有了一些直观和感性的认识。通过一年多的学习，班集体的建设日趋成熟，为班级争光的集体荣誉感也有了较大的增强，学生参加运动会并不需要老师过多地激励和鼓动。但是二年级的学生对于运动会这样的学校大型活动，在合作和方法上，还不是很成熟，需要老师的指引，需要老师通过对运动会的组织，进一步教会学生相互合作，增强学生的集体荣誉感，认识到个人的利益应服从集体利益。

教学目标：

（1）了解运动会的报名原则和运动会的前期准备。

（2）努力在运动会上为自己的班级争光，能对自己在运动会上的表现做合理的评价，感受到为班级争光给自己带来的乐趣。

（3）愿意积极参加运动会，在运动会中和同学相互合作，共同为班级争光。

教学重点：

了解运动会，引导学生以积极、认真的态度参加运动会，关心同伴，爱护班级荣誉。

课前准备：

准备运动会比赛的图片和视频。

① 参见中华人民共和国教育部制定：《义务教育品德与生活课程标准（2011 年版）》，5 页，北京，北京师范大学出版社，2012。

② 本案例由云南省玉溪第一小学陈斌老师提供。

教学过程：

1. 奥运明星大盘点

（1）说明星，树榜样。

师：说说你心中的奥运明星。你为什么喜欢他（她）？

师：我们今天一起走进奥运会看看他们的风采。（播放奥运会精彩片段）

师：说说他们为什么能取得优异成绩。

师小结：平时，有本人的刻苦训练，教练的精心指导，同伴的热忱关心（陪练），家人的时时鼓励……比赛时，有本人的努力拼搏，拉拉队员的齐心助威，后勤人员的细心服务……

（2）运动会上学榜样。

师：每一个运动明星都是我们学习的榜样。我们学校也将举办运动会了，我们在运动会上能做些什么呢？今天我们一起来畅谈运动会。（板书：一次运动会）

2. 运动会火热报名

（1）回顾运动会。

师：本学期的运动会即将到来了，在上次的校运动会上，你们都做了些什么？

（生通过讨论和交流，总结出运动会的一般过程）

师小结：开始前，了解项目、报名、训练、组建啦啦队；进行时，参赛、加油、照顾运动员；结束后，发奖、总结。

（设计说明：通过讨论和归纳，了解到参加一次校运动会需要做很多的工作）

（2）我想做，我能做。

师：假如你有运动特长，你打算报什么项目？

师：假如你参加了人人都要参加的集体项目，你会怎么做？

师：假如你没有运动特长，你可以干什么？

[引导学生从以下方面考虑：当啦啦队员、通讯员、衣物保管员、宣传员、运动员助理（递水、递毛巾、运动员跑完后去搀扶），平时可以和运动员一起锻炼、督促运动员练习等]

（设计说明：让学生明白，我们都是班级的一个成员，应该为班级的荣誉尽自己的一份力量，班级的荣誉里有每一个人的功劳）

（3）我想选他（她）。

师：集体的事情大家商量着做。现在我们要选出参赛的人员。说说你心目中的人选，并说说理由。

（同学互相推荐，教师引导学生要根据自己或别人的特长报名，同时要根据择优录取的原则，个人利益要服从集体利益）

3. “我为集体争光”——我能做

(1) 成立运动会协作小组。

师：要想在运动会上为班级争光，每个人都要努力并加强协作，运动员们要加强训练，啦啦队员也不能松懈，班委也要带头。

师：大家有什么好的建议吗?

师：为了使各项工作顺利开展，本班要成立一个运动会协作小组。

(生推举协作小组人员)

(2) 制定出运动会的约定。

师：我们在平时训练时、训练后要注意什么呢?

(同学互相交流训练计划)

师小结：运动会要靠每一位同学的努力，要发扬班集体精神，团结协作，为集体争光。

4. 运动会展望

(1) 我的约定。

“运动会上，我……”

(2) 学写赞美卡赞美别人。

师：为了在运动会上取得好成绩，我们从现在开始就要努力，请大家关注运动会。在平时训练中，只要看到关注运动会，尽心尽力为班级争光，为集体做一些力所能及的事的同学，你们就可以用自己喜欢的语言或图画进行赞美，写在爱心赞美卡上。比如：取得优异成绩的，坚持到底的，齐心助威的，细心保管的，相互鼓励的……

师：我们下一节课来点赞为运动会努力准备的同学们。

(设计说明：鼓励儿童关注运动会的场景，发现在平时训练中值得赞美的言行。明白成绩来源于我们每一个同学的努力，我们都是班集体的一员，更是班集体的小主人)

(3) 诗歌总结，深化情感。

师：孩子们，只要付出就一定会有回报，让我们共同努力，为班级争光，做好班级的主人。集体力量大，相信我们在运动会上一定会奖牌累累。让我们一起把诗歌《金牌、银牌》送给所有的运动员、啦啦队员、各个岗位上的同学们，加油!

案例分析:

品德与生活课程标准指出，“儿童的知识是通过其在生活及活动中的直接体验、思考、积累而逐步建构起来的”①。二年级的学生由于年龄、阅历有限，对于学校运动会的全程

① 中华人民共和国教育部制定：《义务教育品德与生活课程标准(2011年版)》，4页，北京，北京师范大学出版社，2012。

运作的认识是远远不够的，但是他们参加运动会的热情却是无比高涨的。《一次运动会》模拟了运动会的全程运作过程，并使全体学生参与其中，使学生不用出教室就认识、体验了比赛的过程。经过这一节课的积累与构建，相信当真正的运动会来临时，他们的表现一定会让运动会更加精彩。

四、“动手动脑、有创意地生活”专题教学设计

动手动脑、有创意地生活被视为儿童个性发展的内在需要、时代提出的要求。其宗旨在于“引导儿童学会学习，发展认识能力、动手能力和创造性，利用自己的知识和聪明才智去探究或解决问题，让生活更丰富更美好，并在此过程中充分地展现并提升自己的智慧，享受创造带来的欢乐”①。相关内容包括“有好奇心和多样的兴趣”“设计与制作”“勤于思考、学习探究”三个部分。

案例 11　《让我自己来吧——我会打扮我自己》教学设计②

（浙教版《品德与生活》一年级上册第三单元第三课）

教材分析及活动建议：

儿童是家庭的重要成员，特别是对于独生子女家庭来说，儿童的喜怒哀乐和成长情况常常会影响到家长的情绪和整个家庭的生活基调。学龄阶段的孩子有明显的向师性和向榜样性，在家庭中学不会的生活能力，在课堂、在学校往往能学会。让孩子在集体生活中培养生活自理能力，既让孩子有所成长，还可以发挥孩子在家庭生活中的特殊作用，更好地营造美好的家庭生活氛围。因此本课应最大限度地调动孩子的能动性，让孩子动脑动手，获得或巩固最基本的生活自理能力。

《镜子》一诗的学习中，孩子和镜子交朋友，学会使用镜子检查自己的形象；“我是巧手好孩子”中，孩子通过扣扣子、系鞋带等能力的训练及展示，学习获得生活自理能力。

课前教师应多方面观察和了解孩子生活自理能力的现状，选择本班大多数孩子欠缺的能力进行重点指导。为保证参与度，还要在课前通知孩子备好相关物品。例如，要进行系鞋带比赛，就要让所有学生穿有鞋带的鞋到校。

教学目标：

（1）训练必需的生活自理能力，尤其是穿衣及系鞋带等。

（2）培养“自己的事情自己做”的意识。

---

① 中华人民共和国教育部制定：《义务教育品德与生活课程标准（2011 年版）》，5 页，北京，北京师范大学出版社，2012。

② 本案例由云南省玉溪市第一小学陈斌老师提供。

教学重难点：

系鞋带训练。

教学准备：

教师：调查本班孩子生活自理能力的现状，选择本班大多数孩子欠缺的能力。准备一面大镜子。

学生：穿有鞋带的鞋；要展示的与自理能力相关的用具。

教学过程：

1. 手指操，我真巧

师：上课前，我们来做一做手指操。

师：大家的小手真灵！说说你会用小手为自己做些什么呢。

师：小朋友们真厉害，会用自己的小手做这么多事情。面对生活中简单的事情，让我自己来吧！（板书课题）

2. 我和镜子交朋友

（1）镜子出场。

师：今天这节课，我给大家带来了一个大礼物，它就是（推出穿衣镜）——穿衣镜，掌声欢迎它！

（2）学会照镜子。

师：镜子能帮助我们做什么呀？

教师读《镜子》，学生按照内容做动作。

请2～3名同学到镜子面前整理着装，整理的同学要将发现的问题告诉全班同学。（如：我发现我的红领巾戴歪了，要是不照镜子的话，我就发现不了，我要被小朋友笑话了）

（3）生活中的镜子。

师：每位小朋友都想照镜子，可是一面镜子照不了我们班的全部同学啊，我又没有那么多镜子，怎么办呢？其实啊，小伙伴也是你的“镜子”。

学生两两配对后进行。正衣冠：互相检查着装。一人做动作，一人模仿。

（4）师小结：镜子真是我们的好朋友，它可以帮助我们发现自己看不见的问题，每位小朋友也是我们的“镜子”，请去跟帮助你发现问题的“镜子”说一声“谢谢”。

3. 我的巧手真厉害

（1）明明的烦恼。

师：看，一位小朋友遇到烦恼了。（播放视频）

师：他遇到了什么烦恼？你能帮帮他吗？

（2）系鞋带，我厉害。

师：谁来做一下示范？

（师归纳系鞋带的方法并再次演示：交叉、穿过、重叠、抽紧、打结……）

师：其实，系鞋带有技巧的，请听《兔兔的歌谣》。

师：看看哪位同学记住了兔兔的提醒。

以六人小组为单位进行系鞋带比赛，老师计时。

师：谁的最漂亮？最快？

评选每组系鞋带最快和最漂亮的同学。

师：我们请“小老师”走到小组里，教一教不熟练的同学。

被表彰的同学做“小老师”，帮助系鞋带不熟练的同学练习。

4. 我是巧手好孩子

（1）我有一双巧手。

师：除了系鞋带，相信很多同学还能做许多自己该做的事情，你还能自己做什么呀？

学生表演、介绍能体现自己日常生活自理能力的事例。（刷牙、扣纽扣、洗脸、撑关雨伞等）

（2）我是小帮手。

师：说说你还用巧手帮家里人做了什么事情。

（3）编儿歌小结。

我是巧手好孩子，自己的事情自己做。

穿衣服，有进步。

系鞋带，我厉害。

刷牙洗脸，我最棒。（根据学生的展示现编）

（4）“巧手实践卡”——让我自己来吧。

	星期一	星期二	星期三	星期四	星期五	星期六	星期日
刷牙							
系鞋带							
起床							
穿鞋袜							
……							

师：自己的事情自己做，不要想做的时候做，不想做的时候不做，要养成好习惯，做个巧手好孩子！

案例分析：

品德与生活课程标准指出：“课程目标主要通过儿童在教师指导下的活动过程中的体

验、感悟和主动建构来实现。”① 它启迪我们在教学时，唯有引导学生在实实在在的生活中，在儿童喜爱的、乐于参与的活动中去体验、感受和领悟，才能自主建构新的意义世界，使其道德认知在多层面的体验活动中无痕地内化为道德行为。

心理学家认为，“智慧出在手指尖上”。动手操作能使大脑处于最兴奋状态，学习情绪高涨，并能调动各种感官参与探索学习知识的过程，从而带动大脑思维。因此，在教学中要为学生创设实践操作的情境，提供动手摆弄的实践机会，让所有学生都能通过实践操作活动发现学习的乐趣，体验学习的魅力。

本课的教学设计中，教师理性地应用活动式、体验式教学策略，创设真实的生活场景，营造美好的家庭生活氛围。教师通过“照真镜子”“照假镜子”“系鞋带”等真实生活中的活动，最大限度地去调动孩子的能动性，让孩子动脑动手，不仅获得或巩固了最基本的生活自理能力，更重要的是在集体生活中培养了孩子“自己的事情自己做”的意识。

思考与练习

选择某版本品德与生活教材中的适当内容，结合实际完成一份课题教学设计。

阅读文献

1. 肖川. 义务教育品德与生活课程标准解读（2011 年版）. 武汉：湖北教育出版社，2012.

2. 马丁一. 小学品德与生活、品德与社会. 北京：北京师范大学出版社，2010.

3. 张茂聪，史德志，张新颜. 小学品德、生活与社会教师专业能力必修. 重庆：西南师范大学出版社，2012.

4. 刘道溶. 小学品德与生活（社会）教学活动设计案例精选. 北京：北京大学出版社，2012.

5. 李吉林. 李吉林文集：卷一：情境教学实验与研究. 北京：人民教育出版社，2007.

6. 李吉林. 李吉林文集：卷三：情境教育三部曲. 北京：人民教育出版社，2006.

7. 刘芳. 有效教学. 沈阳：辽宁师范大学出版社，2006.

8. 刘芳. 新教材将会给教师带来些什么：谈新教材新功能. 北京：北京大学出版社，2002.

9. 朱慕菊. 走进新课程：与课程实施者对话. 北京：北京师范大学出版社，2002.

---

① 中华人民共和国教育部制定：《义务教育品德与生活课程标准（2011 年版）》，2 页，北京，北京师范大学出版社，2012。

第四章

小学品德与社会教学设计

本章导读

如何根据品德与社会不同的教学内容设计教学活动？品德与社会的教学活动的设计有何策略？本章根据品德与社会不同的专题内容，分别选取一个话题进行设计及评析，通过学习，你将懂得如何根据课程标准，在认真研读教材的基础上，以儿童生活为基础开发课程资源，设计品德与社会的教学活动。

第一节　品德与社会教学设计的基本策略

品德与社会教学设计策略可从多方面考量，为实现本课程目标，在设计教学时可以运用以下策略：

一、“课标主导”策略

教学设计要立足于课程标准，以课程标准为指引。品德与社会课程标准指出：“本标准是品德与社会课程设计、教材编写以及课程实施和评价的基本依据。在实施过程中，应当遵照本标准的要求，结合本地区和学生的实际情况，因地制宜地开展教学，有效促进每一个学生的发展。”① 教学设计就要吃透课程标准，按照课程标准的要求进行设计。只有

① 中华人民共和国教育部制定：《义务教育品德与社会课程标准（2011 年版）》，18 页，北京，北京师范大学出版社，2012。

吃透课程标准，把课程标准作为设计的“根”，设计的教学活动的“叶”才会“茂”，教学的实效的“果”才会“盛”。

二、“儿童为本”策略

儿童及儿童生活是设计的“本”。品德与社会课程标准指出：“学生的生活经验是良好品德形成和社会性发展的基础。教师首先应根据学生已有的经验设计教学。”“教学前，教师应对学生的生活环境、家庭背景有所了解。”本课程的基本理念之一是：“学生的生活及其社会化需求是课程的基础。”儿童的现实生活对其品德的形成和社会性发展具有特殊的价值，儿时的生活经验会给人的一生带来深远的影响，教学设计的过程要克服脱离儿童生活实际的说教的教育方式。①

在做教学设计的时候，一定要针对学生的实际进行设计，要回归到儿童生活中去，抓住他们所焦虑、所关注的问题进行设计。鲁洁教授指出：要使学生通过教材、教学所学得的一切能回到他们自己的生活中去，用以解决他们自己的生活的问题，改变他们的生活、生活方式，提升他们对生活的认识、态度、价值观，等等。② 这是一种归宿性问题。

品德与社会是一门经验性的活动型课程，在教学中要根据学生已有的经验设计教学，并且设计的时候要考虑到不同学生之间的经验的差异。脱离学生生活的品德教育必将导致品德的抽象化，脱离了生活去培养人的品德，也必将使这种培养因失去生活的依托而流于形式。③ 在教学设计的过程中，一定要从学生的生活出发，针对同一个话题，如果学生所处的环境不同，那么教学设计也应该不同。

案例 1　　《网络世界》教学设计（一）

（浙教版《品德与社会》四年级上册第四单元第四课）

学情分析：

本设计针对城市学生而言。95%以上学生家庭有上网条件，100%接触网络，学校开设信息技术课。

教学目标：

感受网络给现代生活带来的好处及危害，激发对网络世界的兴趣，初步学习在日常的生活与学习中如何合理地利用网络资源，正确应对网络的危害，学会保护自己，培养良好的网络素养。

① 参见吴慧珠：《学习和实施〈品德与社会课程标准〉》，载《中小学教材教学》，2003（31）。

② 参见鲁洁：《回归生活——“品德与生活”“品德与社会”课程与教材探寻》，载《课程·教材·教法》，2003（9）。

③ 参见陶元红：《品德与社会课教学的实施探讨》，载《课程·教材·教法》，2003（9）。

教学过程：

活动一：说一说我和家人能用网络做什么

学生结合自己的生活和学习回答：通过网络可以看新闻、购物、交友、发邮件、缴费……涉及生活的方方面面。

（这一环节让学生感受到网络的便捷，以及现代人与网络的关系）

活动二：辨一辨应该如何上网

呈现并讲述两个沉迷“网游”和交“网友”的影响学习和生活的反面案例，让学生讨论，让学生感受到网络是把“双刃剑”，必须学会科学上网，合理使用。

活动三：我们该如何利用网络

学生结合自己的生活讨论如何上网，并学习网络公约。

案例 2

《网络世界》教学设计（二）

（浙教版《品德与社会》四年级上册第四单元第四课）

学情分析：

本设计针对山区学生。大部分学生家庭没有上网条件，许多学生对网络的接触主要源于学校的信息技术课或网吧、游戏室的上网经历，部分同学手机上网，许多学生生活与网络联系不大。

教学目标：

初步感受网络的用途，正确认识网络的利弊，激发对网络世界的兴趣，初步懂得如何上网。

教学过程：

活动一：猜一猜，你知道网络能做什么

生：打游戏，看电影，查资料。（由于许多学生对网络的接触少，因此回答比较单一）

活动二：看一看，网络能做什么

教师分别进行演示和讲解，呈现和讲述网络让大山与世界直面沟通的故事，利用网络销售山货、购物、缴费等案例让学生体验到网络的神奇及便捷，让学生知道网络与现代人生活息息相关。

活动三：网络有哪些危害

讲述网络危害的故事，提前给学生“打预防针”，教学生养成良好的上网习惯。

活动四：我们如何使用网络

到哪里上网？上哪些网站？网络可以为我们做什么？

案例分析：

同一个话题，学生的生活经验不一样，教学的设计就不一样。教学设计应从学生的实际生活和经验出发，帮助学生获得更好的生活，回到学生现实的生活中去。案例 1 中城市里学生有上网的经验，已经知道网络能做什么，因此教学重点是良好的网络素养的培养，指导学生如何利用网络。案例 2 针对的是接触网络少甚至没有接触过网络的学生，因此教学重点是让学生认识网络有哪些用途，让学生学会用网络改变自己的生活，获得更好的生活。

三、强化“目标意识”策略

教学目标是教学设计的“方向标”，在解读教材、设计教学的时候，一定要在把握好整个课程目标的基础上，结合儿童的实际情况来设置教学目标。只有目标定位准确了，每个教学环节的阶段目标才会更清晰明朗，教学的时效性才会提高。[①] 如果教学目标偏离，即使教学活动开展得轰轰烈烈，也不能使德育具有实效性。

案例 3

《生活中的你我他》教学设计

（浙教版《品德与社会》三年级上册第四单元第一课）

教学目标：

1. 认知目标

（1）认识各种不同的职业，知道社会生活中有许许多多不同的职业。

（2）了解部分职业的特点，能对职业进行简单的分类。

2. 能力目标

（1）通过调查、设想等活动，团结协作，感受劳动给人们生活带来方便，并培养搜集和运用社会信息的能力。

（2）通过活动，学做劳动者。

3. 情感目标

赞美劳动者，帮助孩子树立正确的价值观，引导他们树立职业理想。

教学过程：

活动一：猜职业——走近你我他

（1）游戏一，根据老师做的动作来猜猜是什么职业。

（2）游戏二，看词语猜职业。

① 参见马丁一主编：《小学品德与生活　品德与社会》，北京，北京师范大学出版社，2010。

（3）游戏三，看图片猜职业。

活动二：知职业——了解你我他

（1）了解身边爸爸妈妈的工作。

（2）互相交流所知道的其他职业名称。

（3）揭题，板书：生活中的你我他。

活动三：分职业——分清你我他

（1）关于职业分类的知识。职业可以分为两类：一类是直接生产产品的，如农民（生产粮食、瓜果蔬菜）；另一类是为大家提供服务的，如交警（维护交通秩序）。

（2）下面哪些职业是直接生产产品的，哪些职业是为大家提供服务的？（略）

活动四：赞职业——赞赞你我他

在各种各样的职业中，你认为哪一种职业最重要呢？

（同桌交流不同职业的重要性）

活动五：学职业——小小交警培训班

（1）看图认识职业（交警）。

（2）交流交警日常工作。

（3）学做一分钟小交警。

（4）交流做一分钟小交警的感受。

（5）观看交警平时的工作图片，让情感体验得到升华。（边看边播放歌曲《为了谁》）

案例分析：

本次教学活动设置的目标过多，且情感目标有所弱化。基于“猜职业”“知职业”“分职业”“赞职业”“学职业”等活动，教学中，学生一直在教师的率领下“猜”“知”“分”“赞”“学”，活动太多，虽然课堂气氛活跃，但学生没有足够的时间和空间联系自己的实际和经验展开思考、交流讨论，难以获得“大家尊重劳动者”的深刻体验和感悟，使得教学活动的实效性不够。品德与社会课程是一种经验性和体验性的课程，在课堂教学中，要重视学生学习的亲历性、自主性。在教学的过程中，只有学生在教育情境中不断生成活的体验，随着体验的日益丰富和深刻，学生的道德精神才会得到升华。学生只有通过自己的体验和感悟，才能积极地完成道德构建，使学习过程成为有意义的生命过程。因此，课堂目标设立不宜过多、过高，目标设置贵在落实。

四、突出“德育价值”策略

提高德育教育的实效性是品德教学设计之“魂”。鲁洁教授说过：“道德教育要成为最有魅力的教育。”品德与社会课程基于“道德存在于人的整个生活中”的理念，把品德教育寓于生活教育和社会常识教育之中，或者说，让品德教育回归生活。[①] 品德与社会虽然是一门综合课程，具有多元的课程价值，但是学生获得知识或掌握间接经验并非本课程的主旨，本课程的主导价值是促进学生品德的形成和社会性发展。品德与社会课程具有非常强的德育功能，教材在内容的选择和活动的设置上，不同于法律课、地理课、历史课、社会常识课。我们在具体的课堂教学中，不能偏离品德教育这条主线。品德与社会课程并不追求思想品德教学科目或道德规范知识的严密体系，而是从原本就综合在一起的儿童生活出发，以儿童的经验为起点，在对儿童进行生活教育的同时对其自然地进行品德教育。[②] 在品德与社会教学中涉及的"常识"内容的教学一定要根据目标要求，不能教得太深、范围太大，否则会偏离本课程主旨。

五、开放式设计策略

品德与社会课程具有开放性。品德与社会课程标准在"教学建议"部分指出："本课程的教学时空不局限于课堂和学校。教师应将本课程的教学与相关学科以及班队活动、学校德育活动、社区活动、社会重大事件等紧密结合，从中捕捉、挖掘鲜活的素材，调动学生在课外学习和活动中获得的经验和知识，充实本课程的教学过程。同时将课内学习延伸至其他学科的学习或校内外其他活动中，提高教学的实效性。"[③] 社会是不断变化的，与之相应的道德标准、价值观念也在不断地发生着变化。教学设计的过程中要不断地调整教学内容，本课程的教学内容不应该是静态的、不变的，而应该具有较强的时代感，应该关注社会的发展和变化，要重视教学与本地区的实际相结合。[④] 这就要求以开放的思维与视野对品德与社会进行教学设计。

六、情境式活动策略

品德与社会教学设计中主题活动是"线"。教学设计要创设情境化的活动，让学生在活动中获得体验和感悟。品德与社会课程标准指出："学生的生活经验是良好品德形成和社会性发展的基础。教师首先应根据学生已有的经验设计教学，同时要通过多样化的教学活动丰富和提升学生的生活经验，加深他们对社会的认识。""教学前，教师应对学生的生活环境、家庭背景有所了解，并通过观察、聊天等调查学生已有的生活经验，根据学生现实生活

---

① 参见张茂聪、史德志、张新颜主编：《小学品德、生活与社会教师专业能力必修》，53页，重庆，西南师范大学出版社，2012。

② 参见上书，8页。

③ 中华人民共和国教育部制定：《义务教育品德与社会课程标准（2011年版）》，21页，北京，北京师范大学出版社，2012。

④ 参见马乃根、丛立新：《品德与社会课程的实施建议》，载《人民教育》，2002（增刊）。

中存在的问题和需要，创设真实的生活情境，提供多样化的生活体验和社会实践的机会。”①

案例 4　　**《换个角度想一想》教学实录②**

（人教版《品德与社会》三年级下册第二单元第二课）

活动一：我看到的箱子

师：老师今天给同学们带来了一个神秘的箱子，看谁最先说出箱子上面有什么图案，想到什么。

（教师出示一个正方体的纸箱，将箱子放在讲桌上，箱子的每个面画有不同的图案）

生 1：我看到箱子上画有一个笑脸“☺”，我想到了开心。

生 2：我看到箱子上画着哭脸“☹”，我想到了悲伤。

生 3：我看到“★”，想到了自己的进步。

生 4：我看见了红花，想到了春天。

……

师：看同样的一个箱子，为什么同学们的回答会不一样？

（教师边说边转动纸箱）

生：因为我们坐在不同的方向，箱子上不同的面上的画面不一样。

师（边转动纸箱边说）：同一种东西，不同的面有不同的样子，我们换个角度，可以看到它不一样的地方。

（教师边说边板书：换个角度看一看，结果不一样）

活动二：假如我是他（她）

师（出示两幅图画）：我们身边经常会遇见这样的事情，有的同学忘记带笔，需要向同学借，可是同学并不愿意借给他，于是，同学间就出现了别扭，他们谁错了？

师：请同学们选一个角色，把你的想法说出来：“我是这样想的……”

① 中华人民共和国教育部制定：《义务教育品德与社会课程标准（2011 年版）》，19 页，北京，北京师范大学出版社，2012。

② 参见杨翠英：《换个角度想一想》，载《试教通讯·品德与社会专辑（六）》，2007（1）。

生 1：假如现在我是小刚，我的笔突然坏了，我要写作业，我向小红借笔，她不借给我，我会很难过，我还会想，这个人怎么这样“小气”，以后我再也不和她玩了。

生 2：如果我是小刚，我会这样想，以后你的东西坏了我也不借给你。

生 3：……

师：刚才同学们是站在小刚的角度上想，现在有谁站在小红的角度上想，小红为什么不借笔给小刚？

生 1：我只有一支笔，我的作业没有做完，我要赶作业，我怎么能把笔借给你呢？

生 2：小刚每逢写作业就要向同学借笔，我就是不借给他，让他尝尝没有笔的滋味，记住以后一定要自己带笔。

生 3：……

师：在我们的生活中经常会遇到这样的事情，我们会互相不理解，这究竟是谁错了？

生：大家都没有错，只是大家都站在自己的角度上想问题，都只认为自己是对的。

师：现在我们换位置，站在小刚立场上的同学现在全部变为小红，站在小红立场上的全部变为小刚，现在你又怎样想？

生 1：我希望小红借笔给我。

生 2：……

师：许多事情我们原来想不通，但只要换个位置想，站在别人的角度上，就能理解别人的想法和做法了。

师：在生活中我们还遇到过这样的互相不能原谅或理解的事情吗？

生 1：有。那天马跃冰同学打球，球飞过来，把我打出眼泪来，我好好地走路，没惹他，他却打我，好疼，我很生气。

生 2（马跃冰）：我给你道歉了，我是无意的，你却一点机会都不给我，不理我。

师：我们反过来想一想，会怎样？假如你被无辜地砸了头，心里会怎样想？

生：……

师：你无意间做错了事情，最希望怎样？

（学生进行讨论）

师：在生活中我们会遇到许多这样的事情，我们要学会换个角度看问题、想问题，才能相互理解。

活动三：不一样的你我她

游戏：每个同学发一张长方形的纸，上面画有一个空心的圆。

师：大家拿到纸，看到“◯”，你想到什么？

生 1：太阳。

生 2：脸。

生 3：向日葵。

生 4：地球。

生 5：……

师：现在把你想到的画出来。

（学生用彩笔画，时间 5 分钟）

师：愿意让大家看你的画的同学，请把你的画贴到黑板上。

（学生纷纷把自己的作品贴到黑板上）

（同学们自己介绍自己的作品，师生一起欣赏同学们的作品）

师：同学们，面对相同的一张纸，每个人的想法都是不一样的，但正因为我们每个人的想法都不一样，所以世界才丰富多彩，生活才多姿多彩。

生 1：张平没有把他的画贴上去。

师：我们试着想一想，张平为什么不愿意贴他的画呢？

生 2：他还没有画好。

生 3：他觉得自己画得不好。

生 4：他不好意思。

生 5：他画的是个秘密的东西。

生 6：……

师：张平没有把他的画贴上去有他的理由，我们要学会理解他人，包容他人和自己不一样的做法。

师：老师给同学们的是一张相同的纸张，一个相同的圆，多么美丽呀，但是不同的同学把它变成了不同的作品，各有千秋。如果所有的同学都画成相同的画，你们觉得美吗？你愿意你的作品和别人一模一样吗？你懂得了一个什么道理？

生 1：不愿意，全部相同太单调了。每个人的不一样，可以看的东西才多。

生 2：不单是自己的画美丽，别人的也很美丽。

生 3：许多同学想到的我都没有想到，要多向同学学习。

生 4：……

师：是的，多一个人，多一种想法，世界就多一分美丽和精彩。有了不一样的你我，有了你我不一样的看法，我们在不同的侧面看世界，才会发现世界如此美丽。同样，在生活和学习中，我们要学会站在不同的角度上看事物，从不同的角度看待问题，欣赏同学、欣赏世界，学会相互理解、学会包容。换个角度想一想，看法会不一样，就会有新发现，希望老师以后能和你一起分享你的发现和快乐。

案例分析：

本教学设计创设了一个接一个的生活化的情境活动，让学生在活动中去观察、体验和思考，通过不同的活动让学生学会“换位思考”，通过活动提升学生的生活经验，促进学生的发展。

第二节　品德与社会分专题教学设计

一、“我的健康成长”专题教学设计

“我的健康成长”这一主题的内容主要是围绕学生自我发展设计的，根据小学中高年级学生的认识和发展的特点，提出了认识自我与他人的优缺点，自信、自尊、自爱，勇于克服困难，正确对待冲突、压力和挫折，为人诚实守信等要求，包含情感、态度、价值观和能力、认识方面的基本要素。这一专题的内容在中高年级均有分布，在教学设计中要根据学生的自我成长的一些需求和问题来进行设计。

案例 5　　《天生我材必有用》教学设计①

（浙教版《品德与社会》三年级上册第一单元第一课）

设计理念：

这个世界上我们每个人都是独一无二的，每个人都有自己的优势，我们要善于发挥这种优势，并把自己的优势和理想结合起来。但是很多孩子不能正确认识自己的优点，有的性格内向、有的自卑，所以只有让孩子们正确认识自己的价值，对自己充满自信，不断发挥自身的潜力，才能将生存的意义充分体现出来。本课旨在通过一系列的活动，让学生了解自己的特点和优势，建立自信心，学会充满自信地生活，学会欣赏自己，并敢于表现自己，形成开朗、进取的个性品质。同时，能够用自己的特长和优势为大家做些力所能及的事。

教学目标：

学生知道自己的特点及优势，增强自信心。学生能逐渐认识自己，充满自信地生活，敢于在生活中表现自己。发挥自己的优势，初步培养服务人的思想意识。

① 本案例由云南省玉溪市第一小学孟婷老师提供。

课前准备：

教师准备课件、岗位竞选申请书，课前调查学生优点。

学生准备一面小镜子，请同学、家长或老师写一写对他们的评价。

教学过程：

一、独特的个体，美丽的世界

（1）我们一起走进大自然，看一看大自然里面的动植物各自有何特点，是如何展现自己的美的。（课件展示：猪笼草、孔雀开屏、羚羊奔跑等）

（2）思考：看了这些图片，请说一说每种动物的独特之处及你的感受。

师：因为大自然里面的动植物各有特点，世界才如此丰富多彩，生动有趣。

二、发现自我，欣赏自我

（1）照镜子，欣赏自己，找一找你最满意的地方，并画下来。

（2）把最满意的地方向小伙伴说一说，让小伙伴看一看。

教师小结：认真看一看，我们虽然长得不一样，但各有各的特点，我们也像大自然中的动植物一样，我们每个人都长得不一样，都是这个世界上独一无二的。

三、挖掘自我，展示自我

（1）写出同桌至少5个以上的优点，并把优点告诉同桌，记下同桌写的自己的优点。

（2）结合课前家长给自己写的优点，自己找出尽可能多的优点，并写下来。

1）“我眼中的自己”。学生说一说自己的特长或优势，并向大家展示。

2）“别人眼中的我”。其他同学补充“我”的优点。

我们发现，我们身上有许多优点，有的自己知道，有的自己都没有发现。原来我是这么优秀和独特，看来别人眼中的我们都是非常了不起的，都是有用之才，要做最好的自己。

（3）召开“人才招聘会”。

1）根据自身的优势与才能，竞选岗位，发表简短的竞选演讲。

教师小结：你们看，原来我们每个人身上都有那么多才能，如果我们能把这些才能发挥出来，那一定能为大家做很多事情！

2）填写岗位竞选申请书：根据自己的优势，写下你想竞选的岗位以及想为班级或他人做的事。

教师小结：虽然不是每个人都能顺利竞选到自己的岗位，但是你们自信地看到了自己的长处，并勇敢地填写了这份竞选申请书，无论当选与否，只要你努力，你的才能一定会造就你的成功。

四、故事升华，点睛主题

（1）听指挥家小泽征尔的故事。

小泽征尔是世界著名的音乐指挥家，一次他去欧洲参加指挥大赛，决赛时，他被安排在最后。评委交给他一张乐谱，小泽征尔稍做准备便全神贯注地指挥起来。突然，他发现乐曲中出现了一点不和谐，开始他以为是演奏错了，就让乐队停下来重新演奏，但仍觉得不自然，他感到乐谱确实有问题。可是，在场的作曲家和评委会权威人士都声明乐谱不会有问题，是他的错觉。面对几百名国际音乐界权威，他不免对自己的判断产生了动摇。但是，他考虑再三，坚信自己的判断是正确的。于是，他大声说："不！一定是乐谱错了！"他的声音刚落，评委们立即站起来，向他报以热烈的掌声，祝贺他大赛夺魁。原来，这是评委们精心设计的一个圈套，以试探指挥家们在发现错误而权威人士不承认的情况下，是否能够坚持自己的判断。因为，只有具备这种素质的人，才真正称得上世界一流音乐指挥家。在三名选手中，只有小泽征尔相信自己而不附和权威们的意见，才获得了这次世界音乐指挥家大赛的桂冠。

交流：听完这个故事，你想说什么？

（2）教师小结：勤奋努力、相信自己，那么一定能有所收获。

（3）教师总结：我们要相信"天生我材必有用"，肯定自己的优势，不断努力，勇敢大胆地发挥自己的优势，为自己、为集体做更多有用的事。同时要包容和欣赏别人，自己有自己的独特之处，别人也有别人的独特之处，要学会欣赏自己的同学，在努力中奋进。

板书设计：

天生我材必有用

寻找优势——自信

展示优势——勇敢

发挥优势——努力

案例分析：

本课程强调必须从学生发展的现实和可能性出发，提高德育的实效性。学会正确地认识自己、悦纳自己，知道人各有所长是本次活动的目的。德育课程应向学生展现他们的生活，而不是向他们灌输那些抽象、空洞的说教和理论。面向生活就是要使学生感受到生活中有血有肉的鲜活的事。① 本设计从动植物的独特性引入，让学生认识到个体的独特性带来世界的丰富性。进而让学生看到自己的优点，看到自己的优势，学会欣赏和接纳自我。接着"招聘会"让学生学会展示自己的优点，用一个个的活动让学生学会认识自己；在补充其他同学优点的过程中，让学生学会欣赏他人。本教学设计从学生出发，又回到学生的生活中，使学生能正确地看待自己、欣赏别人、取长补短。

① 参见张茂聪、史德志、张新颜主编：《小学品德、生活与社会教师专业能力必修》，5页，重庆，西南师范大学出版社，2012。

二、“我的家庭生活”专题教学设计

“我的家庭生活”围绕学生的家庭生活设计。家庭是一个社会，特别是对于小学阶段的学生来说，家庭与他们的生活态度、生活能力的形成有着最直接、最密切的联系。本主题教育的着眼点在于，通过学习让学生进一步体会家庭亲情，感受父母的关爱、抚育的辛劳，积累初步的阅历，具有初步的家庭责任感；关心家庭的经济状况，树立合理消费、朴素节俭的意识，增加对父母劳动的尊重；学习平等与父母沟通，学习处理与父母关系的具体方法；学会与邻里和睦相处等。“我的家庭生活”内容是围绕着学生的家庭生活来设计的，在设计的过程中要紧密结合学生成长的家庭环境来进行。

案例 6　《家庭收支知多少》教学设计①

（浙教版《品德与社会》四年级上册第二单元第三课）

设计理念：

《家庭收支知多少》一课是继《孝心献老人》和《谢谢你们，我的父母》之后的内容。家庭经济是家庭生活的保障，学生在家庭生活中属于消费者。四年级的孩子，以自我为中心的意识较强，消费多从自我的需要和感觉出发。本课旨在让学生通过了解自家的经济收入状况了解父母的辛劳；参与家庭经济预算，培养孩子养成良好的消费习惯和合理的消费意识，做到量入为出、量力而行。教学一定要结合孩子的家庭实际情况开展，教师要对学生的家庭情况有一定的了解，同时教学活动有必要延展到家庭，得到家长的支持和帮助。

教学目标：

（1）树立合理的消费观念，初步形成一定的经济意识。

（2）初步学习合理地安排家庭的收支。

（3）了解家庭经济来源。

课前活动：

（1）调查上一个月的家庭开销有哪些。

（2）与父母交流家庭的收入有哪些。

教学过程：

一、时尚名词，引入课题

（1）师：现在社会上流行着许多新词汇，看，“啃老族”“月光族”“负婆”“负翁”……这几个词语都跟什么有关系？

（2）讨论：随着社会的发展，人们的收入越来越多，有的是相同的工作和待遇，可是为什

① 本案例由云南省玉溪市第一小学孟婷老师提供。

么有的人获得如此“美名”？下面，让我们一起来学习家庭收入和支出中的学问。（板书课题）

（设计思路：利用时尚名词，形象又逼真地直接导入话题，让学生明白因不会理财等原因而导致的“啃老族”“月光族”“负婆”“负翁”越来越多）

二、寻根问底，钱从何来

师：同学们的衣食住行、教育、娱乐都要开销，家里的钱是从哪里来的？

师：父母在获取劳动报酬过程中付出哪些艰辛劳动？他们在工作中有什么烦恼？

师：请同学们在小组内交流一般家庭的收入情况。

师：通过课前调查，你觉得一般家庭的经济收入如何？你有什么想表达的吗？选取特殊案例进行讨论。

算一算：家庭收入的不容易：妈妈（爸爸）一天工作多少小时？每个小时做多少个（次、趟）？一天做多少个（次、趟）？每天收入多少元？

在调查的过程中，你的感受是什么？（学生交流，教师相机小结。板书：来之不易）

三、精打细算，钱到哪儿去了

（1）我们家一个月的家庭开销有哪些？从衣食住行逐一列举。

开销项目	具体项目	开销金额
吃	米、油等	
行	车费、油	
住	房租（房贷）、物管费、电费、水费	
日用品		
电话		
医疗		
访友、社交		

不算不知道，一算吓一跳。有哪一项开销是你想不到的？

（1）小小理财家：为什么说“不会计算就变穷”？游戏小测试，你会成为“富翁”还是“负翁”？

1）手里有钱（　　）。

A. 就想花掉　　B. 存起来　　C. 投资

2）看见喜欢的东西（　　）。

A. 立刻买　　B. 需要就买　　C. 实在需要，价格合适才买

3）新产品、新流行的东西出来（　　）。

A. 想办法买到　　B. 有能力就买　　C. 实在需要才买

4）钱不多了（　　）。

A. 花完再说　　B. 节省花　　C. 留着备用

师小结：如果选 A 多可能会成为“负翁”，选 C 多成为“富翁”的可能性大。

四、家庭理财从我做起

（1）成为“富翁”，开始分享家庭理财、投资的小窍门。

集体讨论：家庭生活中的必要开支有哪些？交流后独立填写“我家的必要开支”。

（2）如何为家庭“增收节支出妙招”？

（3）我的零用钱我做主。“养”一只会生金蛋的“鹅”——我个人的理财计划。

案例分析：

本教学设计立足课程标准，倡导课堂与现实生活紧密接轨，紧紧扣住学生已有的经验开展活动。“只有联系学生现实生活的德育才会有针对性，才是有效的，必须克服脱离生活实际、说教的教育方式。”① “教师在教学过程中应尽量立足于让学生用自己的感官去做最真切的尝试，从中获得对生活的真实体验。要让学生在生活中体验，在体验中探究；在鲜活的社会情景中、丰富而有意义的社会实践中培养学生对生活的关心。”② 教学前教师对学生的生活环境、家庭背景有所了解，并让学生对一般家庭的收入和支出进行调查、访问，完成调查表；教学通过“算”体验到钱的来去，设计活动让学生参与，在活动的过程中，学生能很好地结合自身的问题和经验去解决问题，帮助学生建立一个理财的概念，从而学习勤俭持家。

三、“我们的学校生活”专题教学设计

这部分的内容主要围绕学生在学校的生活进行设计，旨在帮助学生学会学习、学会参与集体生活，初步形成规则意识，学会遵守规则，培养生生之间、师生之间的情感。“我们的学校生活”专题的内容主要安排在小学中年级，教学设计要结合学生生活的实际来开展，把学校里发生的一些事情、开展的一些活动作为教学的话题来开展教学，帮助学生获得更好的学校生活。

案例 7　《寸金难买寸光阴》教学设计③

（浙教版《品德与社会》三年级上册第三单元第三课）

设计理念：

本课由“珍惜时间”和“合理安排时间”两部分组成。两部分内容环环相扣、层层递

① 吴慧珠：《〈品德与社会〉课程设计背景、课程性质、课程理念和设计思路》，载《人民教育》，2002（增刊）。

② 张茂聪、史德志、张新颜主编：《小学品德、生活与社会教师专业能力必修》，51 页，重庆，西南师范大学出版社，2012。

③ 本案例由云南省玉溪市第一小学孟婷老师提供。

进。从感性到理性，从知识的掌握到行动的落实，都旨在让学生明白“一寸光阴一寸金，寸金难买寸光阴”的道理，树立珍惜时间、合理安排时间的意识，在学习、生活中做时间的小主人。许多孩子还没有时间的意识和合理安排时间的习惯和能力。只有让学生体验到时间对每个人都是公平的，都是重要的，都是一去不复返的，孩子才能从心底真正地去珍惜时间，合理地安排、利用时间，才能养成珍惜时间的习惯，并把珍惜时间真正落实到学生的生活和学习中。

教学目标：

(1) 树立珍惜时间的意识，努力培养珍惜时间的良好习惯。

(2) 知道“寸金难买寸光阴”的含义，知道一些惜时格言和谚语。

(3) 理解一分钟的珍贵，在学习和生活中做时间的主人，学会科学合理地利用时间。

课前准备：

教师：跳绳、口算题、字典、纸等以及制定课余时间安排表。

学生：调查一分钟时间的价值，收集惜时格言。

教学过程：

一、各类计时工具，引出课题

猜一猜，它们是用来做什么的。

出示：介绍古代计时的一些工具。(漏刻，通过水流来计时，是古代的一种计时工具)

古代像这样的计时工具还挺多，有利用沙的流动来计时的沙漏，有利用香的燃烧来计时的香漏，还有计时越来越精确的工具日晷。当太阳照射晷针时，就会在晷面上留下一条光影，光影在哪儿，就表示几时。你看，随着太阳转动，光影在一寸寸移动，时间也就一点点溜走。古人觉得时间就像金子一样宝贵，所以有一句话就说“一寸光阴一寸金，寸金难买寸光阴”。

二、我的一分钟，感受时间的有效

过渡：时间过得飞快，在我们说话间，不知多少个一分钟过去了。大家不要小看一分钟的力量，它可以用来做很多事情。老师想知道你们能够用一分钟来做什么呢。(生：跳绳、写字、打排球、算数、朗读等)

1. 玩耍中的一分钟

(请两位同学来拍球，请两位同学跳绳。自己帮助自己计数。学生汇报)

师：你真厉害，一分钟内跳了这么多个！看来以后要好好利用一分钟的时间来锻炼身体了。

2. 学习中的一分钟

师：除了跳绳、拍球外，我们学习上也可以利用这一分钟哦。不信，我们也来试一试。拿出你手上的体验卡进行体验吧。

(有写字卡、算数卡、单词卡、朗读卡。一分钟活动结束，学生统计自己的成绩，教

师随机采访学生）

师：原来大家可以用一分钟做这么多事情啊！在生活中，一分钟将发挥它更大的作用。

3. 生活中的一分钟

师：我们确实不能小看了这了不起的一分钟，各行各业的人可以在这一分钟里创造很多价值。说说你课前收集的一分钟能干什么。

（1）利用统计数据，深化明理。

老师也带来一组数据：

一台先进的采摘机一分钟可采摘西红柿 69 千克；

中央电视台播音员一分钟能播 180 个字；

银行职员一分钟可以点钞 180 张；

一分钟能炼钢 200 公斤；

一分钟能印报 100 张；

一分钟能织布 10 米；

一分钟能生产铅笔 1 600 支。

师：了解了以后，有没有什么想说的？

小结：一分钟能收获这么多，更别说一日、一月、一年了，日积月累，收获也就更多了。

（2）利用录像画面，升华情感。

（刘翔跑步比赛的录像，感悟时间就是胜利、荣誉。急救车抢到一分钟就能救活一个病人，感悟时间就是生命）

师：时间对不同职业的人来说，有着不同寻常的意义。对于我们学生来说，时间又是什么？

（3）小结：由此可见，时间是多么（宝贵、珍贵……），它的价值无法计算。正如古人所说：一寸光阴一寸金，寸金难买寸光阴。

三、我的一天，感受时间的宝贵

师：时间是宝贵的，那我们又是怎么来对待我们一天的时间的呢？请看大屏幕上的时钟。（大屏幕展示）

1. 减一减，减时间

我们每个人的一天有 24 个小时，你的 24 个小时是怎样利用安排的呢？请把你们课前做的调查表拿出来，在小组内交流一下。

你一天还剩几小时呢？把老师发给你的时间条拿出来，把你用去的时间撕去，看看还剩多少时间。

我们一天睡觉的时间用得最多，大概 9 个小时。早上起床、刷牙洗脸和一日三餐又得花掉 3 个小时左右吧？我们再减去。用在上学、放学路上，参加课余学习等又得花掉大约

2个小时，又得减去。参加运动、游戏、看电视等还会再用去4个小时，减去这4个小时。你看看，一天当中用在学习上的时间最多就剩6个小时了。

2. 算一算，剩多少

现在老师把这6个小时交给你，好好想想，这仅剩的6个小时，你又浪费了多少呢。请把你浪费的时间一点一点减去。（教师在学生减的过程中随机采访学生）

（学生自我反思后，教师问）一天中可以利用在学习上的6个小时，减到现在，就剩这么点了，你想说什么？（板贴：珍惜时间）

师小结：时间这么宝贵，我们应该珍惜时间，真是“一寸光阴一寸金，寸金难买寸光阴”。

3. 读一读，记心间

让我们一起来读一读这些勉励人珍惜时间的谚语吧，牢记时间的宝贵。

四、情境展现，合理用时

时间这么宝贵，小明也知道，起床上学从不敢拖拉，可老是赶不上公交车，这是什么原因呢？大家愿意帮他找一找吗？

1.“对症下药”

小明早上6点30分起床，穿衣服要3分钟，烧水要6分钟，刷牙洗脸要3分钟，热牛奶要2分钟，吃早餐要10分钟，到楼下公交车站要5分钟，请问他怎样合理安排时间，能让他以最快的速度赶上7点的公交车呢？

你打算怎样帮他？说说你的想法。

2. 制定惜时表

同学们已经知道了合理安排时间的好处，下面我们就来安排一下自己的休息时间吧！

老师选了几位同学的课余时间安排表给大家看，想请大家评一评。看了这两张表，你们有什么想法？只有合理安排时间的人才有更大的收获。

同学们，有计划是成功的第一步。只有将计划好好落实到自己的行动上，才能实现自己的理想目标。为了实施这个计划，你可以用哪些办法来督促自己呢？

小结：你们真有办法！老师相信大家都能行动起来，一个星期后我们来评出时间小主人，好吗？

五、《明日歌》，总结本课

时间对每个人都是公平的，珍惜时间的人才能驾驭它，从此刻起真正成为时间的主人，更好地利用它。

案例分析：

儿童及其生活经验是设计此次教学的“本”。第一，根据儿童在学习、生活中存在的问题定位教学目标。第二，依据目标创设贯穿儿童自主体验的活动，形成多样化、有梯度的体验。开始前引入计时的工具，感受从古至今人们对时间的重视；然后在玩耍、学习、生活三个方面用数据感受一分钟的短暂及有效，并用减法的形式直观地将“我的一天”呈现给儿童，让其体会到珍惜时间的宝贵；最后创设“对症下药”和制作惜时表，加强儿童要合理安排时间的意识。整个设计以儿童为本，从生活经验中提取体验性活动，又在活动中感悟，总结经验，指导儿童更好地生活。

四、“我们的社区生活”专题教学设计

“我们的社区生活”专题是以学生的家乡（社区）为背景，通过对家乡、社区的自然资源、社会资源、地域（民间）文化的认识，对本地区的交通、产业、公共事业的认识，激发学生对家乡（社区）的热爱之情和归属感。学习内容与学生的生活实际离得很近，教学中就可以多利用学生身边的实例，重视生活中的教育元素，通过调查、访问、对比资料，使学生在亲身体验中更认识和了解自己的家乡。

案例 8　《家乡特产知多少》教学设计及分析[①]

（浙教版《品德与社会》三年级下册第二单元第三课）

教材分析：

本课是第二单元“生我养我的地方”中的第三课。为了使学生了解、认识、热爱自己的家乡，应从多方面着手设计教学。学生不仅要知道各地特产，知道特产与当地自然环境、经济发展有着密切的联系，还要能向别人介绍家乡的特产，把爱家乡落实到行动上。全文分为三个部分：各地特产，特产相关因素，介绍特产。

教学目标：

了解家乡有哪些特产，了解家乡的自然环境、经济特点及其与人们生活的关系，感受家乡的发展，激起爱家乡的情感。

课前准备：

多渠道了解家乡的特产，有条件的可以收集特产。

教学过程：

活动一：我是家乡特产小侦探

1. 谈家乡特产

师：我们要到省外拜访亲朋好友，想给他们带点云南的特产，你们会准备点什么？

生：（介绍家乡特产，在介绍的过程中让学生感受家乡特产的丰富）

① 杨翠英，玉溪品德名师工作室研讨活动，2015 年。

2. 选家乡特产

师：你为什么会这样选择呢？

（设计理念：通过此活动，让学生明白什么是特产，并思考自己的家乡有哪些特产、哪些东西最具代表性。学生通过送特产的情境去调查家乡著名的、特有的“物”）

活动二：我是家乡特产的小导购

1. 买特产，去哪里

师：外地朋友随你到家乡，他想买些特产，你会带他（她）到哪里？

2. 探究特产与地区差异的关系

师：同是一个省，各地特产怎么会相差这么大呢？这是什么原因？

（设计理念：让学生知道家乡的特产店在哪里，这些特产的产地在哪里。初步了解家乡的自然环境和经济特点，感受云南气候的立体性、物产的丰富性，激发学生爱家乡的情感）

活动三：我是家乡特产的宣传员

1. 宣传特产，我能行

师：亲朋好友收到我们家乡的特产，请你逐一地为他们介绍（包括产地、特性、风味等等）。

2. 设计广告，美名扬

师：请同学们根据自己最喜欢的特产的特点设计一条宣传广告。

评选最佳广告设计。

（设计理念：学生以主人的身份去介绍，深入地了解家乡的特产后，在情景中能有条理地介绍，并根据特产的特点设计广告，从中将获得更加深层的体验）

活动四：我是中国特产信息员

1. 全国特产共交流

师（出示全国各地的特产）：你们知道它们是哪里的特产吗？

（出示新疆吐鲁番的葡萄、浙江金华的火腿、广西的沙田柚、河南的唐三彩、吉林长白山的人参、内蒙古鄂尔多斯山上的羊绒……）

2. 中国特产真丰富

师：看了这些琳琅满目的特产，你想说什么？

（设计理念：学生感受到中国地大物博，各地都有自己的特产，更加明白每一种特产都有自己的特点和优势，激发学生热爱祖国的情感）

案例分析：

本教学设计使用了情景式活动的策略。皮亚杰说过，“学生的认识全部来源于活动”，“教师要根据学生已有的经验设计教学”，“创设多样的情景有利于学生更好地体验”。教师在课前对学生收集特产资料的情况进行调查，有利于更好地达成教学目标，创设有效的生活情境，同时提供多样化的生活、社会实践的机会，加深儿童对特产的认识。本教学设计紧紧扣住“了解特产、爱家乡”的目标，创设以送特产、买特产、介绍特产等一系列情景活动，把整个教学活动串起来，让学生在有梯度的情景中体验，在层层深入的活动中一步一步地获得情感升华，感受到家乡特产的丰富，激发学生对家乡、对祖国的热爱。

五、“我们的国家”专题教学设计

这部分内容把学生的视野扩大到对祖国和社会的认识，通过对我国国土地理、历史文化、民族文化、国情的学习，让学生多维度地初步认识和了解祖国，增强作为中国人的自豪感和对祖国的亲近感。同时，根据当今社会高速发展与转型的现实，针对多种社会问题，引发学生思考。教学设计一改传统的“秧田式”教学，而在学生课前查阅收集资料的基础上，倡导自主、合作、探究的学习方式。

案例 9

《交通连四方》教学设计①

（浙教版《品德与社会》四年级下册第二单元第三课）

教材分析：

根据四年级学生的年龄和认知规律，体会家乡改革开放所带来的变化，可以以社会热点话题来感受，或组织学生从调查家乡入手，鼓励学生走出课堂收集资料，听长辈们讲述家乡过去的交通故事，通过新旧对比等方法体验交通事业的发展给人们的生产生活带来的影响，提高认识社会的能力。

教学目标：

（1）了解各种交通方式及在此基础上形成的交通网络。

（2）知道家乡的交通方式与交通网络的发展和变迁。

（3）懂得交通与人们生活之间的联系。

教学重点：

了解家乡的各种交通方式，以及通过交通网络所产生的联系。

教学难点：

体验交通条件的改善对人们生活所产生的影响。

① 本案例由云南省玉溪市第一小学孟婷老师提供。

课前准备：

学生：分组完成四张课前调查卡。

教学过程：

一、了解茶马古道，远古的交通

1. 茶马古道上的马帮

（播放茶马古道运输视频）

师：说说你对它的了解。

介绍“茶马古道·瑞贡京城”。

云南马帮于2005年5月1日从云南省普洱市普洱县出发，途经云南、四川、北京等五省一市，行程近万里，在全国造成比较大的影响。历史上的茶马古道并不止一条，而是一个庞大的交通网络。（板书：交通）

从久远的唐代开始，直到20世纪五六十年代滇藏、川藏公路的修通，历经岁月沧桑一千余年，茶马古道就像一条大走廊，连接着沿途各个民族，发展了当地经济，搞活了商品市场，促进了边贸地区农业、畜牧业的发展。与此同时，沿途地区的艺术、宗教、风俗文化、意识形态也得到空前的繁荣和发展。可见，交通在历史上就有着非常重要的作用。（板书：重要）

2. 古道上运输工具的变迁

（播放崎岖的山路视频）

师：当时的茶马古道非常繁盛。你知道那时人们的运输工具吗？（出示马行走的速度数据）看了这组数据你想说什么？

师：如果他们生活在现在，他们可以用什么交通方式到京城呢？

师：如今的交通是多么发达，交通已经连向四面八方。（板书：交通连四方）

二、走进上海，交通网连四方

1. 交通网的形成

师（播放上海交通状况视频）：让我们把目光聚焦到上海这座大都市里。你获得什么信息？你从中感受到什么？

学生谈感受。（板书：方便、快捷）

2. 了解各交通工具的便利

师：是什么形成了这张大网？说说你课前了解的交通工具。

学生汇报交通工具（飞机、地铁、火车、自行车、摩托车、轮船……）的特点。

三、走进家乡，看交通发展

1. 走进时空隧道，云南玉溪的变化

师：其实不仅仅是上海有着巨大的交通网，我们的家乡也一天天在变化着。请看（出示玉溪交通线路图）。

出示图片，学生拿出课前调查卡1交流。

课前调查卡1

人物（小时候）	目的地	道路情况	交通方式	需要时间
爷爷	昆明			
爸爸				
我				

师：看了三代人的交通方式，你想说什么？

过渡：这么发达的交通能给我们带来什么方便呢？

2. 云南交通大变化检索

师：家乡的交通工具也在不断发展着。（利用课前调查卡2进行交流）

(1) 昆明长水国际机场每天起降飞机____次，每天到达云南的客人约有____人。

(2) 从家到昆明的交通方式有________种，分别用________时间。

如果从家到北京，可采用交通方式：________

其他：村村通公路，乡乡通公交。

四、交通改变家乡

过渡：这些改变带来了什么好处？

1. 家乡特产的足迹

师：云南的鲜花和蔬菜向全国乃至部分国家销售，让人民富起来。

师：鲜花和蔬菜等是我们云南的特产。在以往，人们种了吃不了，剩下的只能喂猪；但在北方、香港等地新鲜的蔬菜又很缺少。云南人守着"金饭碗"受穷，其他地方的人拿着钱难买到东西吃。现在交通改变了这一切。请看老师调查的云南蔬菜和鲜花销售分布图。

师：你们从表中发现了什么，感受到什么？

名称	生产地	交通方式	感受
餐桌上的（　　）			
身上穿的（　　）			
家里用的（　　）			
（　　）的（　　）			
其他			

师小结：随着交通方式的发展，销售的方式多了，销售的范围广了，销售的价格高了，给当地人民带来了富裕。（板书：富裕）

2. 交通带来生活的便利

全班交流。(板书：丰富生活)

3. 小结：交通的用处真大

案例分析：

本教学设计主要使用了开放式设计策略。品德与社会课程标准指出："本课程的教学时空不局限于课堂和学校。"① 应整合国家、社会、社区的资源，用"开放式"的眼光把学生迁出课堂，让学习资源和视野扩大，并从中挖掘鲜活的素材进行知识建构，充实到教学过程中，从而提高教学的实效性。首先，本教学设计以社会重大事件"云南马帮进京"引入活动，学生知道交通从古至今都有着重要的作用；其次，由学生利用课外调查渠道收集整理现代交通工具的特点，了解现代交通工具的便利；再次，利用家庭资源，请爷爷和爸爸讲述家乡过去的交通故事，并完成自己家乡的调查表以及云南交通事业的发展的数据调查，通过直观形象的对比，学生知道了家乡的交通发展和变迁；最后，对实际生活中的物品来源进行调查，体会交通便利带来丰富多彩的生活用品，学生从中体验到交通条件的改善对人们生活所产生的影响。

六、"我们共同的世界"专题教学设计

本专题通过不同的话题，把世界的地理环境、科学技术、文化遗产、节日风俗、战争与和平、国际交流等点状地呈现出来，为孩子走向世界打开一扇扇窗户。通过教学，让学生了解自己的同时走向世界，将自己、国家命运和世界紧紧地联系在一起，增加对世界的亲近感，愿意成为一个自立于世界的中国人。教学中进一步拓宽学生的视野，培养其作为公民所应具备的基本素质，同时为中学的学习奠定基础。教学设计的时候一定要突出课程的价值，设计中不能只重视知识，避免上成地理课、历史课或常识课。

案例 10

《世界之窗》教学设计②

(浙教版《品德与社会》四年级下册第四单元第一课)

教材分析：

《世界之窗》是浙教版《品德与社会》四年级下册"共同生活的世界"这一单元中的一课，属人文地理类题材的课文。《世界之窗》这一课是希望通过教学，为学生打开一扇

① 中华人民共和国教育部制定：《义务教育品德与社会课程标准（2011 年版）》，21 页，北京，北京师范大学出版社，2012。

② 本案例由云南省玉溪市第一小学孟婷老师提供。

了解世界、认识世界的窗户，让学生了解全球的三大主要人种和丰富多彩的人类文化。世界文化多姿多彩，四年级的学生对此有一定的了解，但并不全面，更何况人类文化是一个宽泛的话题。课堂上不可能面面俱到地进行了解和交流，所以选择了学生最熟悉、最感兴趣的话题，选择从不同的切入点来拓宽学生的视角。此外，了解不同种族产生的文字艺术、辉煌的建筑等方面的差异性与丰富性，并培养尊重、欣赏不同人种的不同文化的意识。

教学目标：

（1）尊重、欣赏不同人种的不同文化。

（2）知道地球上黄、白、黑三大人种的特点和大致分布区域。

（3）了解不同人种中的杰出人物。初步了解不同种族产生的建筑工艺、语言文字、饮食文化等方面的差异性与丰富性。

课前准备：

教师：三大人种分布图，杰出人物的图片、资料。

学生：世界上杰出人物的图片，完成有关表格。

教学过程：

一、《我和你》，鸟巢相聚

播放《我和你》，奥运之窗看世界。

师：伴随音乐，地球村的我和你相会在北京。

师：说说你心中奥运赛场上的运动英雄。他们来自五湖四海，今天我们就通过奥运会这扇窗来看看这多姿多彩的世界，共同来学习《世界之窗》。（板书课题）

二、赛场之窗，辨特点

1. 赛场辨外形

（1）分别出示亚洲、非洲、欧洲等各洲奥运明星头像。

师：他们来自不同的国家和地区，从外形上有什么不同呢？

师：除了肤色不同之外，你发现在长相上他们还有什么不同？

同桌交流，指名回答。（随机完成以下板书）

皮肤	头发	嘴唇	眼睛
黄	黑直	中等	黑
黑	黑卷	厚	黑
白	黄棕	薄	蓝

（2）小结：黄皮肤、黑头发、黑眼睛的人，我们称他们为黄种人（板书）；白皮肤、黄头发、蓝眼睛的人，我们称他们为白种人（板书）；而有着黑皮肤、黑头发、黑眼睛的人就是黑种人（板书）。

(3) 过渡：美丽的地球是我们人类共同生活的家园，除了黄种人、白种人、黑种人之外，其实还有一些人种，如棕色人种、红色人种等。但由于这些人种的人口少，分布的地域小，属于小人种，所以我们平时说的三大人种就不包含这些小人种。

2. 地图辨分布

师：在认识了三大人种在外貌上的区别后，有谁知道这些人种分布在世界的哪些地方？

(1) 教师出示三大人种分布挂图。

(2) 师生共同认图、读图。请学生同桌之间互相读图。抽生读图。寻找三大人种的主要分布区域。教师板书。

3. 探究外形的差异

师：生活在同一个地球上，为什么会长得这么不相同呢？你能在小组内交流你课前准备的资料吗？

人种	外形特征	分布地	差异原因	饮食文化
黄种人				
白种人				
黑种人				

(1) 小组讨论。

(2) 指名小组交流（环境、气候、遗传……）。

(3) 教师资料补充：

在人类发展早期，人们长期生活在一个地方，受到环境的影响，世代相传，身体逐渐形成了适应环境的特征。黑色人种是由于受太阳的直射时间长，气温高，紫外线强，所以他们的皮肤为黑色，这样可以吸收太阳光中的紫外线来保护皮肤；鼻子低而宽，便于散热；头发卷曲，头发的空隙中充满空气，形成一个隔热层，起着保护头部的作用。白种人大多分布在较为寒冷的地方，那里太阳斜射，光线较弱，紫外线也弱，所以，皮肤颜色就较浅，鼻子高而窄使冷空气缓慢地进入肺部，不至于受冷。黄种人大多分布在温带，所以肤色和身体特征具有白种人和黑种人的过渡性。

(4) 那么，这些人种大多分布在世界的哪些地方呢？

师：看分布图，从图中你观察到了什么？

4. 小结过渡

三大人种生活在地球的不同地区，黑种人生活在炎热的热带赤道附近，白种人大多生活在冰冷的寒带附近，黄种人则大多生活在亚热带及温带地区。不同肤色、不同种族的人类就这样生存发展着。

5. 练一练

从人种分布图（点击出示）中，我知道分布最广的人种和分布最少的人种。连一连：

白种人　　　亚洲东部和东南部、南北美洲

黄种人　　　非洲、大洋洲和美洲大陆

黑种人　　　欧洲、南北美洲、大洋洲

三、辉煌灿烂的地球村

1. 聆听杰出人物

观看黄种人刘翔、黑种人约翰逊、白种人菲尔普斯在体坛上的骄人成绩短片。

师：虽然三位运动员是不同人种，但不论是黄种人刘翔、黑种人约翰逊还是白种人菲尔普斯，他们都在运动场上创下了辉煌的成绩，谱写了辉煌的篇章，都是了不起的人物！其实，每个人种里都有着优秀杰出的人物。你知道的有哪些？

2. 灿烂的艺术文化

师：虽然生活的地方不同，但我们都用智慧、勤劳的双手创造着美丽的世界，打造了灿烂的地球村。让我们打开世界之窗，去看看不同人种创造的灿烂文化吧。

(1) 文字艺术。

(2) 辉煌的建筑。

四、相会北京，介绍自己

1.《北京欢迎你》，相聚北京

师：中国北京获得2022年第24届冬季奥林匹克运动会主办权！来自各个国家的小朋友都欢聚在一起。

2. 介绍自己

师：代表你的人种给大家介绍一下自己。

各组在充分准备的情况下，各推选一个同学代表某一个人种进行自我介绍。（课件出示：小组合作：每小组选择一个人种，做好充分准备后，在组内推荐一个代表对自己组选择的人种进行自我介绍。例：我代表黄色人种，我们的皮肤是黄色的……）

3. 小结

我们的世界丰富多彩，今天我们通过《世界之窗》一课看到了每个人种中的杰出人物和灿烂的文化，每个人种的人们都在为人类世界创造财富和文明，我们的世界真美丽！

案例分析：

本教学设计主要采用了强化目标意识策略进行设计。教学目标是教学设计的“方向标”，设计教学时，在把握整个课程目标的基础上，根据儿童的实际情况来设置教学目标。在知识、能力方面，学生要知道地球上黄、白、黑三大人种的特点和大致分布区域，了解不同人种中的杰出人物。在情感、态度、价值观方面，在初步了解不同种族产生的建筑工艺、语言文字、饮食文化等方面的差异性与丰富性的基础上，产生对人类智慧的赞叹之情，培养学生学会尊重、欣赏不同人种不同文化以及敬佩各人种创造了灿烂文化的良好品质。教学活动紧紧扣住目标开展，以“奥运之窗”活动直接引出三大人种并在赛场上辨认其特点，根据自己动手查阅的资料探究三大人种的分布和原因。本教学设计紧扣目标，让教学活动有序展开。

思考与练习

1. 你是如何理解教学设计中的“强化‘目标意识’策略”的？

2. 请选择品德与社会的某个教学内容，用“情境式活动策略”撰写一份教学设计方案。

阅读文献

1. 中华人民共和国教育部．义务教育品德与社会课程标准（2011 版）．北京：北京师范大学出版社，2012.

2. 马丁一．小学品德与生活　品德与社会．北京：北京师范大学出版社，2010.

3. 肖川．品德与生活（社会）课程标准（2011 年版）解读．武汉：湖北教育出版社，2012.

4. 朱慕菊．走进新课程：与课程实施者对话．北京：北京师范大学出版社，2002.

5. 杨翠英．谈品德与生活（社会）课教学目标的确立．云南教育·小学教师，2008（Z2）.

第五章

小学品德与生活（社会）情境创设环节教学设计

本章导读

如今，情境教学的理念已经被广泛运用于各科教学。在情境教学中，情境的创设起着至关重要的作用。我们既要充分利用这一教学方式，同时又要赋予其学科特点，实现高效的课堂教学。那么，如何正确地认识情境在本学科中的价值？如何在操作层面合理地创设情境？如何通过情境创设提升课堂效能？学习本章将有助于你解决以上问题。

第一节　情境创设的基本理论

一、情境创设的内涵

在中国，“情境”并不是一个新词，明朝沈德符在《万历野获编·礼部一·辛丑二宗伯》中说：“是年董之子给事道醇殁于家，而陆之子彦章，适登第，拜行人使归，则情境大不侔矣。”到了清朝，刘鹗在《〈老残游记续集遗稿〉自序》中也提及“情境”：“若百年后之我，且不知其归于何所，虽有此如梦之百年之情境，更无叙述此情境之我而叙述之矣。”时至近代，李大钊在《工人国际运动略史》中写道：“所以工人的国际运动只能出现于现代资本主义者情境之下。”这其中的“情境”并不难理解，即情景、境地。所以，品德学科教学中的情境创设，就是为学生创设一个特定的情景，将学生置于其间，使之在当下的境地中实现智能、情感、意志及个性品质的多维度发展。

品德学科的重要特点之一即生活性。生活本身就是个大情境，它时时有情，处处有境。例如，一个学生今天考得不错，被老师大力表扬。学生心中立生喜悦之情，顿觉所处之境令人泰然。隔天，该生生病卧床，只得在家休养，虽然清静，但想到落下的课程又心生担忧，原本闲适的卧室，立刻显得孤冷了。所以说，生活就是个永恒存在的大情境。既然如此，品德教学中的情境为什么不能在生活中信手拈来，而要特别创设呢？

品德教学中的情境，必须是紧扣教材，根据学生特点、教学目标设计出来的，它用情和趣编织出师生、生生互动的广阔空间。在这个空间中，师生、文本、生活没有主客体之分，没有施众和受众之分，所有的要素都被有机地、无缝地糅合到一起，充分对话，充分体验，充分互动。

因此，课堂上所呈现的情境是经过提炼后的生活情境。它能凸显生活中的主要矛盾，能解决生活中的主要问题，学生走进课堂，即走进生活；学生走出课堂，又能以更好的道德审美视角看待生活，以更强的道德判断力解读生活，以更规范的道德行为重塑生活，以更美的道德情操享受生活。要达到这样的目标，我们必须精心创设情境。

想一想：

教学情境与生活情境有什么异同？

二、情境创设的价值

儿童青少年品德形成发展有两个基本程式，一是“外塑—内化—内生—外化”的品德形成程式，二是“他律—自律—自觉—自为”的品德发展程式，这也是我们在进行品德教学中必须遵循的儿童青少年品德形成与发展的两大基本规律。而恰到好处的情境创设，恰恰能够充分尊重儿童的道德成长需求，最大限度地激发儿童道德自省、道德内生，从而使我们的品德教学归属儿童。

（一）强化儿童的道德思维

在品德教学中，学生的各项活动无一不与思维紧密相关，道德认知、道德情感体验等等所有的活动都受思维活动的支配和调控。可见，提高儿童的道德思维能力是多么重要。其实说白了，就是要把我们的孩子在道德问题、难题面前教得更加聪明。我们要帮助孩子找到解决问题的方法，就要把问题在课堂上呈现出来。怎样让这些问题看似自然地生成，让学生把“要我解决的问题”内化成“我要解决的问题”，并随着教学的推进体验探究的过程，探寻到最终的结果，自我达成一段完整的思维过程，提升思维的能力呢？这就必须通过情境创设来实现。

案例1 《家里来了客》情境创设环节教学实录（片段）①

（苏教版《品德与生活》二年级下册第一单元第一课）

教学目标：

学会独立招待客人的基本礼仪，解决招待客人时的各种实际问题，在解决问题的过程中做更好的自己。

情境创设环节实录：

师：今天是星期二，日子一天天过去，时间过得真快，一转眼就到周末了。一大早，爸爸妈妈突然接到通知，都去加班了，小朋友们在家看看书，做做作业，时间一分一秒地过去了。这时，门铃响了，怎么做？

生：看猫眼。

师：如果门上没有猫眼，怎么办？

生1：问问是谁，然后听声音。

生2：听出是认识的人才能开门。

…………

师：谁上来挑一挑适合外婆的、外婆喜欢吃的食物？说说你为什么这样挑选。

生：蛋糕松软，香蕉、橘子都适合给老人吃。如果外婆牙齿好的话就能吃蚕豆了。

师：我们每个人的外婆喜欢吃的东西不一样，身体情况也不一样，挑选食物的时候一定要多想一想。

案例分析：

从以上教学片段我们不难看出，学生在特定的情境中，直面“我要解决的问题”，内生出解决问题的方法，在极短的时间内进行了高效的思维活动，找出了解决问题的方法，不但明白了该如何做，还知道了为什么要这样做。学生通过自发的思维活动，从根本上解决了本课蕴含的道德问题。

情境推进了教学环节，也将学生思维向更深、更远、更高处延伸。

（二）激发儿童的道德情感

“百度词条”这样定义“道德情感”：道德情感是个人道德意识的构成因素。指人们依据一定的道德标准，对现实的道德关系和自己或他人的道德行为等所产生的爱憎好恶等心理体验。由此可见，道德情感的体验过程要经历两个阶段，首先要求主体通过各种学习途径形成正确的道德评判体系，这是一个理性的内化过程。接着，主体以此为凭借对自身或

① 李铭萱，江苏省小学品德与生活优质课评比研讨活动，2013年。

客观世界做出各种评判，继而产生不同的体验，这是一个感性的外投过程。在短暂的课堂教学中要想取得如此高效的教学效果，很大程度上要依赖情境的创设。

案例 2　**《让校园更美好》情境创设环节教学设计（片段）**①

（苏教版《品德与生活》二年级上册第四单元第十六课）

教学目标：

体验花草受伤的痛苦，激发对花草的关爱之情，寻找保护花草的方法，并在实践中体会保护花草树木的快乐。

情境创设环节实录：

走着走着，我们就来到了花圃边。咦，你们听，这是哪儿来的声音啊？（出示小花的哭诉：我是校园里的一朵小花，和小草、小树快乐地生活在一起，我和伙伴们给校园带来了清新的空气，带来了缤纷的色彩，校园有了我们是多么美好呀，小朋友们可喜欢我们了。可是有一天，一个小男孩到花圃里捡沙包的时候，一脚就踩在我和小伙伴的身上，我们的脸上全是黑乎乎的泥巴，我们的腰也被踩弯了，哎呀，疼死我了，疼死我了，快来帮帮我们呀！）

是谁在哭呀？原来是这朵小花在哭泣呢！听到小花的哭声，你心里有什么感受？

你打算怎么做呢？（学生回答、操作）

…………

看，小花得到了我们的帮助，变样了！（出示小花挺直腰杆、绽开笑脸的图片）现在，你想说什么？

案例分析：

情境创设中的“境”即有“情”之“境”，投射到品德教学中，就是为学生创造能够进行道德情感体验的“境”。教师根据教学目标、学生的道德成长需求，将优化的生活情境“搬到”课堂上，利用移情作用，让学生产生身临其境的感受，在这个阶段，学生受到周围特定环境的触发，道德情感世界的大门被打开。情境不断推进，学生不断接受着环境给予的心理暗示。在这个过程中，学习主体与客观环境之间无意识地发生关联，形成无意识的心理倾向，并在有序的、持续推进的情境中不断走向自身道德情感世界的纵深。

面对各不相同的、具体的生活情境，学生一边凭借道德评判标准实现对客观世界的主观体验，同时又对主体原有的道德评价体系进行反思，对新的评判标准进行批判性吸纳。由此可见，创设情境后，之前所提到的学生道德情感体验的两个阶段不再有明确的界限划

① 孙小苗，南通市品德学科现场赛课，2014 年。

分，它们相互融合、相互作用、相互促动，使学生的道德情感世界更加向善、向美。

（三）提升儿童的道德审美

品德学科本身渗透着道德之美，蕴含着人性之美。这种美往往有多种呈现形式，且不易被学生察觉。例如，《我从哪里来》（苏教版《品德与生活》一年级上册）中蕴含的生命之美；《过新年》（苏教版《品德与生活》一年级上册）中体现的民俗之美；《家庭树》（苏教版《品德与社会》三年级上册）中彰显的亲情之美；《我们的民风民俗》（苏教版《品德与社会》四年级下册）中饱含的民族文化之美……这样的例子在品德教材中不胜枚举。情境的创设，能够在无痕的教育设计中将学生纳入一个无形的“场”内，通过直观的体验，品悟教材之美，从而提升自身的道德审美。

案例3 **《媒体连着我和你》情境创设环节教学实录（片段）**①

（苏教版《品德与社会》四年级下册第三单元第九课）

教学目标：

学生学会欣赏广告，懂得捕捉广告中智慧的闪光点、情感的激发点，体验此条广告的深刻内涵，同时提升学生在日常生活中对广告的审美情趣。

情境创设环节实录：

师：今天，我们来开一个小小广告发布会，教室就是发布会现场了。我先来发布我带来的一则广告，在座的各位同学就是各大媒体的CEO了。大家看看，你们愿意不愿意在大家的媒体平台上播放我的这则广告。（播放视频《爱的表达》，学生认真观看）

师：你们觉得怎么样？为什么？

生1：我觉得这则广告非常有创意，它把“family”这个英文单词解释为“father and mother I love you”，一下子就表达了“爱”这个主题，我们电视台一定会播放的。

生2：广告很形象，让那些字母变成大树、拐杖、雨伞等形象，让我们感受到父母对孩子的关爱。我们也接受这样的广告。

生3：我们很满意，因为里面的色彩和音乐也很温馨，特别是开始婴儿的声音，一下子就有了“家”的感觉。

生4：广告虽然简短，却让我们看到了成长的过程，很真实。

案例分析：

在这个案例中，教师创设了一个广告发布会的情境，现场播放了一则令人为之动容的广告，给学生以美的感受。在情境中，书本上的平面教材一下子变得立体生动了，其中蕴

① 章小英，南通市品德学科现场教学展示活动，2012年3月。

含的美感能够清楚地看见、听见，甚至触摸到，而“美感总是通过人的视觉、听觉、触觉具体感受的”①。如果我们每一堂品德课都能通过情境创设为学生挖掘感受道德之美的通道，让学生浸润在教材背后的美感世界里，那么经过长期的熏陶，学生在欣赏美的同时，就能逐渐建构自身道德审美的评价体系，道德审美能力将不断提升。当他们带着道德审美的眼光回到生活、看待生活时，必将有更新的发现、更高的追求、更好的改变。

（四）重塑儿童的道德行为

我们必须考虑一个问题：通过什么来评判品德教学是否有效，甚至高效呢？最显性的应该就是道德行为了。简而化之，就是品德教学成功了，学生的道德行为就得到了进一步提升或者巩固；品德教学失败了，学生的道德行为就处于原有水平，甚至退步了。教师可以遵循教材体系，通过活动情境的创设，将道德行为的培养转化成课堂活动，因为只有让活动融入品德教学，才能充分激发学生的主观能动性，才能让学生在实践中检验品德学习的成效。

案例 4　　**《我会打电话　看电视》情境创设环节教学实录（片段）**②

（苏教版《品德与生活》二年级下册第一单元第四课）

教学目标：

通过模拟打电话及生生互评，懂得打电话的基本技巧，掌握电话沟通的表达要素，学会打电话时的基本礼仪。

情境创设环节实录：

师：大家都说会打电话，那谁来试试？（指明一名学生）

师：你想打电话给谁？

生：打给我的哥哥。

师：好，那我就来做你的哥哥吧！

（师生模拟打电话）

师：谁来说说，你觉得她刚才做得怎么样？

生 1：电话接通以后她先和哥哥打招呼，这样很有礼貌。

生 2：她主动邀请哥哥来玩儿，很热情。

生 2：她邀请哥哥来玩儿，但是还没有说具体时间呢。

生 3：她听说哥哥考得没她好，最好就别问哥哥考了多少分，这样会让哥哥不高兴的。

师：大家说得真有道理！你愿意再来试一试吗？

---

① 李吉林：《美的彼岸——诠释：情境课程的建构》，339 页，北京，教育科学出版社，2013。

② 南通市五山小学教师，“濠滨之秋”现场教学活动，2013 年。

（师生再次模拟打电话）

案例分析：

在活动情境中，学生参与实践的情绪被激发，主动地参与到课堂活动中。情境，使儿童“产生动机，充分感受，主动探究……模拟操作”①。就本教学环节而言，学生通过两次操作，不但学会了打电话的方法，还掌握了日常与人沟通的技巧。对于操作的学生而言，她通过两次实践活动，在这个环节学有所得；对于其他学生而言，他们通过中间的评价活动，完善了他人和自身的日常行为。

知识链接　　夸美纽斯的“金科玉律”②

教育家夸美纽斯认为，在教学中有这样一条“金科玉律”：“在可能的范围内，一切事物应尽量地放在感官的跟前，一切看得见的东西应尽量地放在视官的跟前，一切听得见的东西应尽量地放在听官的跟前……假如有一个东西能够同时在几个感官上面留下印象，它便应当用几个感官去接触。”其实，“教学情境就是以直观方式再现书本知识所表征的实际事物或者实际事物的相关背景，显然，教学情境解决的是学生认识过程中的形象与抽象、实际与理论、感性与理性以及旧知与新知的关系和矛盾”。

第二节　情境创设环节教学设计策略

丰富、恰当的情境创设能够通过诸多途径把儿童带入各项学习活动中，让学生和教材在情境的统领下互相“走近”对方，继而“走进”对方。那么，在实践教学中，我们有哪些情境创设的策略呢？

一、动静结合，用画面创设情境

直观形象，是情境教学的突出特点。在创设情境的途径中，有一种方法集中体现了这一特点，那就是画面展示。在品德教学中，用画面再现课文内容，或用画面诠释深刻的道理，把教学内容形象化，大大增强了品德教学的可感性。

（一）静态画面

情境创设中，静态画面的呈现有两个途径，分别是教材插图、简笔画。以下用两个案

① 李吉林：《为了儿童的学习——情境课程的实验与建构》，447页，北京，外语教学与研究出版社，2008。

② 参见余文森：《情境教学的知识论基础和教学论意义》，见《李吉林和情境教育学派研究》，北京，教育科学出版社，2011。

例分别展示这两种静态画面是如何在情境创设中起到助推作用的：

案例 5　　**《在餐桌上》情境创设环节教学实录（片段）**[①]

（苏教版《品德与生活》一年级下册第二单元第八课）

教学目标：

通过评价、矫正同伴的餐桌行为，学会基本的餐桌文明，知晓文明就餐的好处。

情境创设环节实录：

师：这家餐厅名字叫“happy 儿童餐厅”，它只向小朋友开放。今天，就让你们自己走进餐厅，尝个鲜儿，怎么样？

生：好！

师：大家可真高兴啊！大家坐好，饭菜上桌咯！大家吃着吃着，旁边一桌的小朋友越来越热闹了，你们瞧！（出示苏教版《品德与生活》一年级下册《在餐桌上》一课最后一页，孩子不守纪律围桌吃饭的一张图）

师：小朋友们，你们看了有什么感受？

生 1：我觉得他们不守纪律。

生 2：吃饭的时候不应该打闹。

生 3：大家也不应该说话。

生 4：或者可以轻轻地说。

师：大家想得好，说得也好！那么你们打算怎么帮助他们呢？

生 1：我帮他们向服务员阿姨要个碟子，把掉在桌上的饭菜装到碟子里去。

生 2：我走过去，对那个说话的孩子说：“你好！我要和你说个悄悄话。”然后告诉他吃饭的时候不应该搞笑，或者大声说话。

案例分析：

在这个教学片段中，教师充分利用了教材上的插图，将其从平面图画转化成立体情境。在情境中，教材里的人物成了学生身边的人物，教材里的环境成了学生所处的境地，教材要发起的道德判断成了学生自主生成的道德评判，教材要触发的道德情感成了学生心中油然而生的情感体验，教材要引导的道德行为成了学生无意识的自觉行为。利用教材中的插图创设情境，不仅使教材本身得到了高效利用，同时也提高了学生道德内生的驱动力。

① 李铭萱，南通师范附二小研究课，2013 年。

案例 6　　《家里来了客》情境创设环节教学实录（片段）[1]

（苏教版《品德与生活》二年级下册第一单元第一课）

教学目标：

总结“待客”教学环节，懂得无论招待什么客人，都要做到“礼貌热情，乐于分享”，从中体验属于自己的温馨和快乐。

情境创设环节实录：

师：今天，我们热情地招待了外婆，还和小伙伴分享了快乐，收获可真大呀！其实，平时无论是谁来做客，我们都要做到——

生（齐）：礼貌热情，乐于分享。

师：这样，我们和客人之间的感情就会越来越深厚，大家的心也会越走越近的。（在原有板书“礼貌热情　乐于分享”的外面用红粉笔画上心形简笔画，如图）

案例分析：

当“礼貌热情　乐于分享”这几个字出现在黑板上的时候，并没能引起学生足够的重视，在他们看来，这只是普通的教学环节总结。但是，当这颗爱心随着教师的画笔跃然于黑板上时，不少孩子发出了赞叹声。从这赞叹声里我们可以一窥这个简单的心形至少起到了两个层面的作用：第一，和单纯的文字相比，活泼的图形在瞬间将学生的思维、情感聚焦到了黑板上。第二，图形的出现，给孩子们带来了美感体验，他们乐于接受这颗“心”。在这里，教师画出的不仅仅是一个图形。它是一颗有“情”的心，那是招待客人时的亲情、友情，对别人的关爱之情、宽容之情，等等。它是一颗有“境”的心，那是热情待客之境，是文明谦让之境，是乐于分享之境。随着这颗心的出现，整个教学情境的创设达到了一个高潮。所以，我们必须看到，简笔画在情境递进的过程中、在情境逐步呈现的过程中起着极其重要的作用。

① 李铭萱，江苏省小学《品德与生活》优质课评比研讨活动，2013 年。

（二）动态画面

这里所说的动态画面一般指电教画面，如影像资料、电脑动画等等。

案例 7　**《天有不测风云》情境创设环节教学实录（片段）**①

（苏教版《品德与社会》六年级下册第二单元第六课）

教学目标：

通过观看有关地震灾害的现场报道，感受地震的巨大危害，体验大自然的巨大能量，引发如何与自然和平相处、如何面对人类未来发展的深层思考。

情境创设环节实录：

师：天灾，从不和人类商量，从不和人类打招呼。它说来就来，在那一瞬间，它俨然成了这个世界的霸主。

（播放 2010 年玉树地震后的现场报道）

生 1：我觉得在大自然面前，人类的力量是多么渺小啊！

生 2：据我所知，现在还没有能够准确无误预报地震的系统。

生 3：地震过程中，我们该怎样保护自己？这是个大问题。

生 4：地震无法预报，地震之后也有很多工作要做。

案例分析：

对于是否要通过这样直接的手段创设情境一直存在争议。赞同的人认为，这样的动态影像能够给学生的感官世界带来冲击，从而激发其理性的思维、丰富的情感；反对的人认为通过教师语言描述等间接手段创设情境，能够在情境创设的过程中让儿童同步、逐步体验情境中的情与境。其实，无论是直接呈现，还是间接呈现，画面在儿童的眼前或脑海中都是呈一个动态形式体现出来的，其生动性是激发儿童道德思维及情感活动的重要触发点。

二、角色扮演，用活动体验情境

根据教学目标创设特定的体验情境，让学生在情境中扮演相应的角色，实现“自我”与“他我”的充分融合，在实践活动中实现师生、生生之间的人际互动。

（一）角色扮演中的“自我”体验

教师在教学中创设情境后，将学生带入特定情境，在教师的引领下，让学生成为特定

① 孙小苗，南通师范附二小研究课，2013 年。

情境中的“我”。

案例8　《在公共汽车上》情境创设环节教学实录（片段）①

（苏教版《品德与社会》四年级下册第一单元第一课）

教学目标：

在情境中学会让座，在让座的过程中，体验体贴老人、为他人着想的快乐。

情境创设环节实录：

师：一路上汽车停了好几站，车上的乘客越来越多了，位置全都坐满了。这时，上来了一位老奶奶。老奶奶上了年纪，走几步就要喘口气，她一边上车，一边自言自语道：“唉，上了年纪行动就是不方便。要是能有个空座让我坐着歇一会儿就好了。”（课件演示）看到这样一位老奶奶，孩子们，你们打算怎么办？

生1：我要让老奶奶坐下。

生2：我要让座给老奶奶。

师：那么怎么和老奶奶说呢？请同座的两个小朋友一起，一个扮演老爷爷或者老奶奶，一个扮演小乘客，试着在位置上练练看。

（学生分组练习）

师：知道该怎么做吗？那谁来扮演这位热情文明的小乘客？

（一学生上讲台，师生同体会）

师：现在，我来扮演老奶奶，你正坐在车上呢。唉，瞧我这老胳膊老腿儿的，坐趟公交车可不容易啊！

生：（走上前）奶奶，您好！快到我这儿来坐吧！

师：这孩子，多懂事儿啊！

生：奶奶，慢点儿我来扶您！

师：哎呀，真是个贴心的好孩子啊！

生：奶奶，我的位置就在这儿，您快坐吧！

师：谁来说说，她刚才做得怎么样？哪些地方特别好？

生1：她首先和老奶奶打招呼，显得很有礼貌。

生2：她很细心，想到扶着老奶奶走。

生3：我也想表扬她有礼貌，因为她一直用“您”来称呼老奶奶。

师：孩子们，把位置让给别人，你们自己就没位置坐了，离目的地还挺远的呢，你们心里是怎么想的？

---

① 李铭萱，南通市“濠滨之秋”现场教学活动，2013年。

生 1：我能够帮助别人，说明我很能干。所以，我觉得自己挺棒的！

生 2：看到别人方便了，我自己心里就舒服了。

生 3：有一句话说得好——赠人玫瑰，手有余香。

生 4：帮助别人让我感到很快乐。

师：是啊，帮助别人是件多么快乐的事情啊！在公共场合，我们遇到需要帮助的人，要主动地伸出援助之手，助人为乐是我们中华民族的传统美德。（出示：助人为乐）

案例分析：

在这个活动体验情境中，学生将自己幻化成情境中特定的“我”，在所创设的特定的人际互动和社会生活情境中完成了自我道德体验，内生出自我道德认知。不难看出，这样的角色扮演让学生在身临“其境”的同时，内生“其德”。

（一）角色扮演中的“他我”体验

角色扮演中的“他我”体验，是指创设特定情境后，让学生转换角色，将外界客体转变成内在主体。简而言之，就是让“我”扮演“他”，从而达成高效的道德情感体验。

案例 9　　《想想他们的难处》情境创设环节教学实录（片段）[①]

（苏教版《品德与社会》四年级下册第一单元第二课）

教学目标：

知道残疾人在生活上、工作中会遇到很多困难，感受他们身残志坚的可贵品质，能尊重残疾人，设身处地地为他们着想，并积极主动帮助他们。

情境创设环节实录：

（出示视频）爸爸把电瓶车停在路边盲道上。儿子说：“爸爸，这是盲道，不能停在这里。”爸爸问：“为什么？我只停一会儿。”

师：假如你就是儿子，你怎么办呢？

（小组讨论，合作表演，全班展示）

儿子：爸爸，这里不能停车。

爸爸：为什么？

儿子：因为这里是盲道，不能停的。

爸爸：我只停一会儿。

儿子：不行，你想，盲人平时生活那么困难，你停在这里，万一盲人走过会不小心撞上去，多疼啊！

① 宋月红，南通市品德学科现场赛课，2015 年。

爸爸：哦，原来是这样，我现在就把车子挪开。

师：他们表现得怎么样？

生：很好，他们能尊重盲人，设身处地为对方着想。

师：我们在生活中要设身处地为他人着想，要保护残疾人的有关设施，减少他们的麻烦，这也是一种尊重。

案例分析：

苏霍姆林斯基曾说过："把教育的意图隐藏起来，是教育艺术十分重要的因素之一。"在上述教学环节中，教者创设的这个情境，将尊重残疾人、注意保护相关的设施、设身处地为对方着想的道德教育隐藏于角色扮演的过程中，让学生在无意识的状态下直面问题、解决问题，积累道德智慧，升华道德情操。

三、虚实结合，用生活优化情境

在创设情境时，要做到贴近儿童、贴近生活。但是，很多时候我们不可能把生活搬到课堂上来。课堂上的情境创设，应当是源于生活同时又高于生活的。因此，我们可以根据自己的教学目标，从生活中采撷有效元素，重新整合成优化的情境，力求实现课堂教学和日常生活的无缝对接。只有在这种高度模拟化的情境中训练出来的行为、培养出来的习惯，才能让儿童在走出课堂、回归生活时达成道德行为的重塑、道德品质的提升。

案例 10　　《我和春天一起玩》情境创设环节教学实录（片段）①

（苏教版《品德与生活》二年级下册第二单元第七课）

教学目标：

在春游的情境中，回顾日常乘车的基本要领，纠正不恰当的行为，学会集体活动时该如何乘车，进而懂得参加集体活动要守秩序的道理。

情境创设环节实录：

师：小朋友们，春天到了，天气暖暖的，花儿香香的，草儿绿绿的，小鸟"叽叽喳喳"呼唤着我们。在这温暖又美丽的假日里，大家想不想出去走走，来一次春游？

生：想！

师：你最希望去哪儿？

生 1：人民公园。

---

① 李铭萱，崇川区德育基地现场展示课，2012 年。

生 2：狼山。

…………

师：好，那我们一起出发吧！瞧，公交车来了！（出示公交车图片）

生：孩子们，你们会坐车吗？现在，这里就是汽车门，讲台就是明亮的车厢。（车厢场景）我们该怎样上车呢？哪几个小朋友愿意先来上车试一试？

（几个学生上去，在老师的暗示下，自觉地排成一队上车）

师：呀，这个小朋友为什么站着呢？

生：因为座位不够了。

师：是啊，座位不够，就扶好扶手站在旁边。

（播放提示音：车辆启动，请扶好扶手）

师：汽车要开动了。听了刚才的提示，大家知道该怎么做了吗？做做看！

案例分析：

教学伊始，老师就在导入部分用几句简单的话，通过语言描述创设了一个亲切可感的春游情境。春游是孩子们最喜欢的集体活动之一，将此刻的教学置于春游这个大情境中，充分激发了孩子学习本课的兴趣和需要。教师充分利用生活元素来完善课堂情境。首先，教师出示了公交车图片，让情境真实可感，随后设计的上车活动，使儿童在课堂中走向生活，迅速融入情境。他们强烈的情绪被激发，形成无意识的心理倾向，不由自主地投入和教材或者说文本的对话中，全情投入教学活动中，教学活动被迅速、高效地推进。

第三节　情境创设环节教学设计案例分析

在实践中，我们发现，儿童在创设的特定情境中获得形象的感知时，就会从一个被动角色转换成学习活动中的主动角色。在品德教学中，客观情境和学生主观世界的对接点有很多，但两者的共鸣主要产生于情感的体验。在情境中，学生相应的道德情感被激发，形成情感活动。当这种道德情感活动和道德认知活动相结合后，儿童内心的道德体系就能够受到整体熏染和陶冶。

一、角色体验情境

苏霍姆林斯基说："道德只有它被学生自己去追求，获得亲自体验的时候，才能真正成为学生的精神财富。"怎样才能让学生实现这种发自主体需求的追求，实现亲身体验呢？角色体验情境是实现这一目标的有效途径。

案例 11 《我们的生活需要谁》情境创设环节教学实录（片段）①

（人教版《品德与社会》三年级下册第三单元第一课）

教学目标：

通过角色扮演，体验送奶工高强度的工作，体会送奶工工作的不易，明白自己幸福的生活离不开许多普通人的辛勤付出，从而学会尊重他人的工作，尊重他人的劳动，珍惜幸福的生活。

情境创设环节实录：

师：你家住几楼？

生 1：2 楼。

生 2：我家住 6 楼。

生 3：我家住 5 楼。

师：根据客户的需要，很多公司都规定要将牛奶送到家门口。像吴老师家住 6 楼，没有电梯，送奶工每天都要把牛奶准时送到 6 楼门口。咱们现在当一回送奶工，亲自送几家的牛奶，看看有什么感受。

来，送奶工师傅们，拿起你们的“牛奶”。现在是凌晨 4 点，人们还在熟睡中，我们送奶的时候脚步要轻，千万不要打扰到别人。出发前，别忘了你的客户地址，拿好牛奶瓶呀！

（学生拿着“牛奶”，从学校 1 楼送到 4 楼，爬一次算到一家）

师：我们的体验就到这，请汇报你送了几家？有什么感受呀？

生：我才送了三家就好累呀，爬那么多楼梯，腿都酸死了。

生（气喘吁吁）：我才送了四家，就大汗淋漓，口渴得不得了。

生：我现在真想坐下来休息休息，真的好累呀！

…………

师：看看大家，都气喘吁吁的。我们才送了三四家，还有几十家正等着我们送呢。老师采访了一个送奶工，他告诉我送一瓶牛奶赚 2 毛钱，一天送 100 瓶牛奶的话，一个月下来是 600 多元，这 600 多元就是他一家的生活收入……

案例分析：

在这一教学环节中，儿童在教师的引领下扮演角色，进而进入角色，产生出一种如临其境的感觉。儿童以新的身份进入生活情境后，能设身处地地体验角色的所知所感，本课的教学内容在学生的自主感知中变得可知、可感了。

① 本案例由江苏省如皋市张伟伟老师提供。

案例 12　《在公共汽车上》情境创设环节教学实录（片段）①

（苏教版《品德与社会》四年级下册第一单元第一课）

教学目标：

扮演小游客的角色，在动物园的情境中解决问题——为什么不能私自喂食动物。积累科学知识，并通过“做宣传员”的环节，巩固知识，强化道德认知。

情境创设环节实录：

师：你们瞧（出示游人私自喂食的照片），这些游客在干什么呢？你觉得他们喜欢这些动物吗？你们想不想喂好吃的给动物们吃？咦，动物园的护栏上有一块牌子，上面有红红的字，写的是什么？（禁止喂食动物）

小朋友们，你们有什么问题？

生：这是为什么呢？

师：这些问题我可解决不了，我们一起去请教饲养员叔叔吧。（出现饲养员：小朋友们，你们好！欢迎你们来动物园参观）

（饲养员向学生介绍为什么不能私自喂食动物）

师：哦，原来是这样！孩子们，从饲养员叔叔的话里，你明白了什么？

…………

师：现在，回到了动物园，看到还有许多游客要喂食动物、引逗动物，孩子们，你们该做些什么呢？

生 1：我要去把那些知识告诉他们。

生 2：我要去阻止他们。

生 3：我们可以去和他们讲道理。

师：那我们就来做一回小小宣传员，把饲养员叔叔教给我们的知识向其他游客做宣传，好吗？在宣传保护动物的知识之前，我们先要向游客们做什么？怎么和这么多游客打招呼呢？请前后四个小朋友一组，每人做一回小宣传员，其他同学做游客。

现在谁愿意来做这个小小宣传员？（小组汇报）

案例分析：

不难看出，该案例中最后小小宣传员的角色扮演将全体儿童纳入了一个整体的对话情境中。在这种整体的学习情境中，所有人都在无意识作用下进入了角色，在最深切、真实地经历了所扮演角色的心理活动的同时，还将道德认知的强化、道德情感的体验、道德行

① 李铭萱，南通市“濠滨之秋”现场教学活动，2013 年。

为的判断等糅成一个有机的整体，实现了同步提升。

总体来说，品德教学中的学生角色扮演一般可以分为以下几个阶段：“进入角色—担当角色—理解角色—体验角色—表现角色—自己与角色同一，产生顿悟。”① 在实践教学中，我们可以遵循这样的心理规律，合理运用角色体验这一教学手段。

二、道德两难情境

和一般的情境创设比起来，道德两难情境在创设、运用上要更加复杂。创设道德两难情境要基本符合以下两个标准：第一，它牵涉到两条或两条以上的多条道德规范。第二，多条道德规范在情境中要发生激烈的冲突。

案例 13　《同学之间》情境创设环节教学实录（片段）②

（苏教版《品德与社会》三年级上册第一单元第二课）

教学目标：

在特殊的两难情境中，凭借自身的道德认知积累，试着对情与理做出权衡与选择，在这样的过程中，体悟什么是同学之间的真情、什么是人与人之间相处的基本道理。

情境创设环节实录：

师：同学之间融洽相处，互帮互助，就能感受到深厚的同窗情。但是，在这样的深情面前，有些问题却让我们十分为难。

（课件播放：王成、小林和丁丁是好朋友，平时形影不离，友情深厚。一天考试，一道题难住了王成，他忍不住把手伸向了抽屉里的语文书。这一幕恰巧被坐在后面的好朋友小林看见了。考试结束后，小林把这件事悄悄告诉了好朋友丁丁，丁丁知道后觉得王成这样做是不对的，但作为好朋友，他们俩究竟该不该告诉老师呢？两个人开始犯难了）

师：他们究竟该怎样做呢？请大家说说自己的真实想法，并说出自己的理由。

生 1：我觉得不应该告诉老师，朋友之间应该保守秘密。

生 2：我也觉得不应该告诉老师，但是可以单独提醒一下王成。这样做，既保护了友情，又帮助他改正了错误。

生 3：我觉得应该告诉老师，他这样考试对其他同学是不公平的。

生 4：可是，你（生 3）别忘了，他们可是好朋友，你这样做会伤害王成，同时破坏大家的友情。

---

① 李吉林：《美的彼岸——诠释：情景课程的建构》，225 页，北京，教育科学出版社，2012。

② 李铭萱，南通师范附二小研究课，2013 年。

生 5：是朋友就一定要包庇吗？这是真正的友情吗？

生 6：老师和同学们也有知道真相的权利。

生 7：但是这样做会伤害友情，大家可能以后都做不成朋友了。

案例分析：

学生对于这个两难问题的反馈基本可以分成两个阵营，双方的答案互不相容、互相对立。正是这种对立、排斥使两难问题对学生的道德思维、道德判断形成了极大的挑战性，刺激儿童高效投入对问题的思考中。

案例 14 《我做志愿者》情境创设环节教学实录（片段）①

（苏教版《品德与社会》六年级上册第三单元第十课）

教学目标：

在真实的生活情境中，对社会上存在的现实两难问题做出思考、判断、选择，触发生活智慧，引发理性思考。

情境创设环节实录：

师：通过刚才的学习，我们都体会到了服务他人的快乐、帮助别人的幸福。可是，在前不久，我们这个城市里发生了这样一个故事，请看新闻报道。

（课件播放新闻片段：一位老太太因身体不适在路边晕倒了，一个青年路过时，见状热心地将老人扶起，并用自己的汽车将其送至医院。结果，老太太苏醒后，和后来到场的家属一致认定是年轻人将其撞倒的，让其支付医药费和后续治疗费用。此后，在社会上还发生了一些类似的事情，使得“晕倒、摔倒老人要不要扶”成了一个社会热议的话题）

师：同学们，听了这则报道，下次再遇到这样的情况，你还会不会去搀扶跌倒在地上的老人呢？

生 1：我想，还是救命重要。如果我不去扶老人，他可能会死亡的。所以，我还是会去扶的。

生 2：我心里有些害怕，我不会去扶。万一我也和那个年轻人一样倒霉，遇上不讲理的一家人，那可怎么办？

生 3：我不会去扶的。我爸爸妈妈告诉我，不能多管闲事。

生 4：其实还有个办法，我不扶，但是我替她拨打 120 急救电话。

① 朱帅，南通市崇川区虹桥二小研究课，2012 年。

案例分析：

这个道德两难情境的创设，挖掘出了隐藏在教材中的深层问题，联系生活，引发学生就道德冲突展开充分的讨论，使学生在讨论的过程中发现比自己更高明的处理方式，接纳更合理的道德推理方式。可以说，道德两难情境的创设对学生道德判断力的发展具有巨大的推动作用。

在这里要特别说明的是，在道德两难情境创设时一定要注意：（1）坚持学生本位。在道德两难情境中，教师不可在学生就两难问题进行讨论时发表任何具有导向性的道德评价之词。可以说，道德两难情境为学生的道德内生、德行内省提供了条件，因此，对两难问题进行讨论时，教师要尽量退居幕后，让学生大胆说出自己的真实观点，在辩论中提升道德判断力，这样的习得才是去形式化的内在习得。（2）尊重问题开放性。道德两难问题是开放性问题，每一个问题都没有唯一答案，可以任由多种选择可能性的存在。同时，在思维方式上也不存在独一性。我们可以为不同年龄阶段的儿童创设道德两难情境。儿童置身其间，即使就同一个问题持有同样的观点，也不意味着观点形成的原因、理由是完全一样的，因为儿童具有不同的道德思维方式。儿童在各种异同的融合交叠中不断完善自身的道德评价体系，所以说，在运用道德两难情境时，我们要充分尊重甚至珍惜这一开放性。

“道德两难情境是一种颇具教育效果的道德教材，不仅可用于促进学生道德判断力发展，也可用于提高学生的道德敏感性，使他们更加自觉地意识到各种不同的道德规范在现实生活中可能存在的矛盾和冲突，意识到自己同别人在道德价值取向上可能存在的矛盾和冲突。”①

三、活动体验情境

如果你问孩子，学校生活中最喜欢的是什么，绝大部分孩子会回答你，是活动。因为孩子对活动有天生的、发自内心的喜爱，所以活动最能激发孩子的情绪，最能调动他们的主体性，它是一种极具综合性的教育形式。因此，在品德教学中，我们可以尝试多多创设活动情境。儿童在活动中产生的道德体验、道德情感更加真实、深刻。

案例 15　　《现在的我能做什么》情境创设环节教学实录（片段）②

（苏教版《品德与社会》三年级上册第三单元第十一课）

教学目标：

通过课堂家务实践，体验家务劳动不易。充分交流后，感受家人对自己的关爱，以此激发自己的责任感，主动承担家务，分担家人的负担。

① 黄向阳：《德育原理》，136 页，上海，华东师范大学出版社，2000。

② 本案例由江苏省如皋师范附属小学章小英老师提供。

情境创设环节实录：

师：现在的我们能为家里做些什么？组长记录下同学们的主要观点。

生1：我们组的同学在家里能扫地、拖地、洗碗。

生2：我们组的同学在家里也能扫地、拖地，还能修简单的家电呢！

生3：我们组的同学会利用家里的废旧物品给妈妈做储物箱，还能主动擦洗家里的电瓶车。

生4：我们组的王义绒会择菜，还会烧几样简单的菜呢！好比说番茄炒蛋、煎鸡蛋、蘑菇炒蛋。

生5：我们组的邱月能在爸爸妈妈闹矛盾时做小小调解员。

师：看来，我们的同学从细小的事入手，能做的事情多着呢。接下来，我们分成八个小组，请各小组从这些活动中选择其中一项进行活动体验。

（课件出示：择菜、擦课桌椅、陪伴老人、剥毛豆、洗袜子、削梨、剥栗子、擦皮鞋）

师：（端起剥毛豆小组装毛豆的盘子）你们瞧，好几个人合作，花了好几分钟的时间，也就剥了这么一点毛豆。你们平时生活中吃的各种豆子都是谁剥的？

生1：奶奶。

生2：妈妈。

师：是啊，他们一个人要剥全家人吃的一大碗豆子呢！那得花多长时间啊！说到这儿，你有没有什么想法？

生1：他们真辛苦啊！

生2：我不能浪费粮食。

生3：我要帮他们一起剥，这点小事我能做！

案例分析：

在这一教学环节中，教师把课堂教学与学生的实际生活紧密结合，创设了一个亲切可感的活动体验情境，在活动中引导学生做生活的有心人，从生活细节里体验家人付出的关爱。在这里，教师通过开展分组活动，让学生在课堂上实现了角色转换，体验不同家庭角色的担当，从而感受家庭的温暖，明确自身的担当。这样的教学环节推进是在活动体验情境中不知不觉完成的，是一种无痕的教育技巧。

案例16　《父母的疼爱》情境创设环节教学实录（片段）①

（苏教版《品德与社会》三年级上册第三单元第十课）

教学目标：

通过问答活动环节，充分体验家长对自己无微不至的关怀，同时发现自己对父母各方

① 本案例由江苏省如东县马塘小学袁维和老师提供。

面的疏忽，在这样的对比中，学会珍惜父母的疼爱，也懂得回报父母的疼爱。

情境创设环节实录：

师：小朋友，爸爸妈妈为了你们的健康成长，可以说是操碎了心。你们爱自己的爸爸妈妈吗？

生：爱！

师：那么，你有多爱自己的爸爸妈妈呢？你们互相之间又了解多少呢？下面我们来进行一个小小的问答游戏，好吗？

（投影出示游戏题）

（1）请父母与孩子分别写出对方的生日。孩子有没有主动提出为父母庆贺生日？

（2）请父母与孩子分别写出自己和对方最喜欢吃的食物。

（3）请父母与孩子分别写出自己和对方最大的爱好。

（4）请孩子写出父母的工作单位和做什么工作。

（5）请父母和孩子分别写出孩子平时在家中做了哪些力所能及的家务事。

（交流结果）

师：看到这样的结果，你发现了什么？

生1：我不记得爸爸妈妈的生日，可是爸爸妈妈却记得我的。

生2：我不太清楚爸爸妈妈喜欢吃什么，但他们记得我喜欢吃红烧肉、排骨、鸡腿。

生3：我记得爸爸妈妈的工作单位，但不知道他们在单位里干什么。

生4：好像爸爸妈妈在家里做的事情要比我多多了。

师：同学们都有一双善于发现的眼睛。那么谁来说说，你现在心里的感受？

生1：我有点不好意思。

生2：我觉得自己爱爸爸妈妈太少了。

生3：（红着眼睛）我很惭愧，很难过。爸爸妈妈，对不起！

案例分析：

教师从学生的实际生活出发，设计了这样一个亲子问答活动情境。我们可以设身处地地想一下，孩子在这样一个问答活动中，接受的不仅仅是生活认知的问答，还是一次心灵的拷问、内心的独白。通过活动，孩子们体会到了父母对自己无微不至的爱，也发现了自己对父母的忽视，双方“爱”的不等式激发了儿童内心的道德冲突，进而对自己的日常行为进行反思，为日常行为的矫正做好了思想层面的准备，也是最根本、最重要的准备。

四、实践操作情境

实践操作情境是深受儿童喜爱、充分满足儿童身心需要的情境。和之前的活动情境有所不同的是，它要求儿童在教师创设的情境中，体验某种特定技能，或者习得某种技能，进而形成更加完善的日常行为习惯。需要说明的是，实践操作情境的创设一定程度上受到教材的限制。因此，虽然实践操作情境的创设可以让品德课堂教学事半功倍，但不可强求创设，要根据教材的目标、内容等来确定。

案例 17　　《我们为祖先而骄傲（上）》情境创设环节教学实录（片段）①

（苏教版《品德与社会》五年级上册第四单元第十二课）

教学目标：

现场实践活字印刷，体验该印刷术的便捷、高效、节能，从而发现祖先的无穷智慧，充分激发自身的自豪感、光荣感。

情境创设环节实录：

师：这是我们生活中常见的肥皂（请学生摸一下肥皂）。今天老师学着古人，在肥皂上刻了几个字，谁愿意来和我合作一下？

（把肥皂涂上颜料，在白纸上印上“北坎小学”四个字）

其实，这就是古人所使用的雕版印刷。

师：在你们的桌上，也有一些工具（数字 0～9、印油），大家也来试着用它们在白纸上印上一些对自己有意义的数字，或是特殊的纪念数字。（老师巡视过程中发现孩子们印的数字各不相同）

师：现在请同学们来说一说你印了哪些数字，都有什么含义。

生：我印的是“1711”，表示“一心一意”。

师：很有创意，我们干什么事都要“1711”，不能“3721”。（孩子们笑了起来）

生：我印的是“70345”表示“请你相信我”，希望同学们能相信我，这一次代表班级参加独唱比赛，我一定会取得好成绩的。

师：你是一个很有集体荣誉感，也很自信的孩子，老师也相信你一定会取得优异的成绩的。

生：我印的是“19990815”，这是我的生日。

师：同学们，我们的生日其实就是母亲的受难日，所以我们要怀着一颗感恩的心，感谢母亲的养育之恩、培育之德。

…………

师：同学们，你们刚才印了很多不同的数字，所使用的就是一种“活字印刷术”，前面老师印的“北坎小学”四个字用的就是雕版印刷，同学们想一想活字印刷比雕版印刷有什么优点。

---

① 南通市教科研中心资料，2012—2014 年。

生：活字印刷可以反复使用。

生：可以节约材料。

生：提高了效率。

案例分析：

在这个教学片段中，学生在教师的引领下走进了一个特定的实践操作情境，在这个情境中，学生通过实践操作，初步学会了刻字技巧。那么我们要问，在品德课上，掌握这样一门技巧有什么学科意义呢？对于中国印刷术的发展过程，学生并不陌生，但是“不陌生”就等于“很了解”吗？显然两者的意义不能画等号。通过实践操作，学生不但“走近”了印刷术，而且“走进”了印刷术。培养学生对中国传统文化的热爱，激发起民族自豪感，进而担当民族复兴的重担，是本课的重要教学目标，而这些道德情感的体验必须建立在一个基础上——充分了解。实践操作刻字印刷，能够让学生作为主体，在过程中了解传统文化，为之后的情感升华做好准备。

案例 18　《我掉了一颗牙》情境创设环节教学实录（片段）①

（苏教版《品德与生活》一年级下册第二单元第五课）

教学目标：

在刷牙的实践操作中发现问题，解决问题，掌握正确的刷牙方法，并且懂得为什么要这样刷牙。既明理，又掌握正确的生活技能，同时懂得爱护自己的身体，维护自己的健康。

情境创设环节实录：

师：大家刚才都说，坚持每天刷牙非常重要，这样才能保护好我们的牙齿。那么，小朋友们会刷牙吗？

生：会！

师：那么，接下来，我请小朋友们各自拿出自己带来的牙刷，在四人小组里展示一下，你是怎样刷牙的。

（小组实践操作）

师：谁来说说，你发现小朋友们有哪些刷牙的方法。

生 1：有的小朋友横着刷，有的小朋友竖着刷。

生 2：我妈妈说横着刷好使劲儿。

生 3：不，我们应该竖着刷。

师：你能告诉我为什么要竖着刷吗？

① 本案例由江苏省如东县袁庄镇先民小学喻梅老师提供。

生：我们的牙缝是一条条竖线，顺着它的方向，能把牙缝里的细菌消灭掉。

师：大家觉得他说得有道理吗？谁愿意上来做给大家看？

（生示范）

师：大家学会了吗？请小朋友们在四人小组里再学着做一做。

案例分析：

在品德课教学中，大多数执教者都能认识到“导行”的重要性，那么怎样才能让“导行”落到实处呢？我们常用口头传授的方式告诉孩子们该怎样做、为什么这样做，却不在课堂教学中直接指导孩子做的方法，感受做的意义，这使得导行目标只能停留于纸上。这个问题必须通过实践操作情境的创设来解决。意大利教育家蒙台梭利说过：“一件事，我听到了，随后就忘了；看到了，也就记住了；做了，很自然就理解了。”可见，在日常教学中，学生的主观感受是绝不可由教师的讲解来代替的。

情境创设环节的设置能大大提升品德教学的实效，它“凭借实体性现场操作、模拟性相似操作、符号性趣味操作等多种操作情境，让儿童在其中动脑、动手、动口，忘我地进行各种知识的应用。这就寻找到了一个巧妙的、富有吸引力的中介，使符号认知与生活连接起来，让知识有根，有联系，有背景，吸引着学者通过与情境的互动去建构知识”①。正是有了情境的创设，才能使学生、教师、教材有机地融为一体，实现三者的平等对话、平等互动，达成高效的品德教学。

思考与练习

1. 你认为，情境创设对于品德学科的课堂教学有什么意义？

2. 选择小学品德与生活或品德与社会教材的某一课，根据教学目标，创设合理情境，完成一份教学设计。

阅读文献

1. 李吉林．为了儿童的学习：情境课程的实验与建构．北京：外语教学与研究出版社，2008.

2. 李吉林．田野上的花朵：情境教学的萌发．北京：教育科学出版社，2012.

3. 李吉林．云雀之歌：情境教育的拓展．北京：教育科学出版社，2012.

4. 顾明远．李吉林和情境教育学派研究．北京：教育科学出版社，2011.

① 李吉林：《美的彼岸——诠释：情境课程的建构》，208页，北京，教育科学出版社，2012。

第六章

小学品德与生活（社会）体验环节教学设计

本章导读

什么是体验教学？在品德与生活（社会）课程中，实施体验教学有什么意义？在教学实践中，又该如何设计体验教学环节？本章将通过生动翔实的案例、具体深入的剖析、通俗易懂的语言，阐述体验教学的内涵，探寻相关价值，揭示相关策略，从而让你感受体验教学的独特魅力，助你在教学中艺术智慧地践行体验教学。

第一节　体验教学的基本理论

一、体验的内涵

《现代汉语词典（第 6 版）》对“体验”的解释是：“通过实践来认识周围的事物；亲身经历。”[①] 心理学认为：“体验是人在实践中亲身经历的一种心理活动，并在亲身经历中体会知识、感受情感。”朱小蔓教授认为：“体验作为情感教育理论中的一个重要范畴，既有认识论的意义，即通过体验的方式达到认知理解，又有本体论和价值论的意义，即体验是人的生存方式，也是人追求生命意义的方式。”[②] 刘惊铎把体验定义为：体验是一种图

① 中国社会科学院语言研究所词典编辑室编：《现代汉语词典（第 6 版）》，1281 页，北京，商务印书馆，2012。

② 朱小蔓主编：《情感教育论纲》，150 页，南京，南京出版社，1993。

景思维活动。[1] 其中，“图景”是一种跨越时空的有机的整体性存在，它同时包含着个体人过去的生活阅历、当下生活场景的生命感动和未来人生希冀的蓝图，其显著特征是整体性、现场性和超越性。感受、感悟和领悟等，是体验的重要的发生方式。体验不同于经历、经验、感受等，相比之下：经历是随机的、遭遇性的，而体验具有选择性；经验是连续性、累积性的，而体验是非连续性、爆发性的；感受是感官的、短暂的，而体验不仅有感官的参与，还有心灵的介入，具有长久性。对体验来说，情绪、情感和认知都是重要的内在的基础性因素。体验是情感和理性交融的结晶性产物。体验注重与感性个体生命、个体人的生存实践的内在联系，在体验中，体验者可以对当下具体的生存环境有所超越，而生成一定的人生意义。

综上所述，我们认为，在品德与生活（社会）教学中，体验即以身“体”之，以心“验”之，是指教师以学生已有的生活经验为内容和资源，创设各种真实或模拟情境，提供实践机会，努力增强教学的感染力，使学生“身临其境”“心临其境”，凭借自身已有的认知、情感结构，对置身其中的相关事物或情境获得真实的感受和积极的情感体验，充分地学习和交流有关的感悟，从而促进道德认知的深化、道德情感的健康发展，实现内心反省、自我教育。可以说，体验是人的独特的心理功能，也是人获取经验、品味人生、形成观念、走向成熟的重要途径。

二、体验教学的价值探寻

品德与生活（社会）是一种经验性课程和体验性课程。在品德与生活（社会）课程标准中，“体验”一词出现多次。“课程目标主要通过儿童在教师指导下的活动过程中的体验、感悟和主动建构来实现。”[2]“教学活动体现儿童的生活体验与道德体验，知识学习与社会参与、问题探究等彼此渗透、相互促进，实现生活、教学、发展的三位一体。”[3]“课程评价走向开放、多元，全面关注儿童丰富多彩的体验和个性化的创意与表现。”[4]“品德与生活教育应当引导儿童在体验自身生活和参与社会生活的过程中，学会热爱生活、创造生活；在服务自我、他人和集体的行动中，学会关心、学习做人；在与自然以及周围环境的互动中，主动探究，发展创新意识和实践能力。”[5]“道德寓于儿童生活的方方面面。儿童品德的形成源于他们对生活的体验、认识、感悟与行动。”[6]“儿童的知识是通过其在生活及活动中的直接体验、思考、积累而逐步建构起来的”[7]。“改变偏重道德说教、偏重形

---

① 参见刘惊铎：《道德体验论》，60页，北京，人民教育出版社，2003。

②③ 中华人民共和国教育部制定：《义务教育品德与生活课程标准（2011年版）》，2页，北京，北京师范大学出版社，2012。

④⑤ 同上书，3页。

⑥⑦ 同上书，4页。

式，忽视儿童的真实体验与良好行为习惯形成的倾向”①。“在本课程中，儿童获取知识的主要途径是通过活动主动地进行建构，而不是依赖教师的直接传授。教学应引导儿童通过观察、调查、讨论、参观、访问、制作、种植、饲养、交流等多种方式进行学习，与环境互动、与同伴合作，来获得对自然与社会的亲身体验和感受，获得丰富的知识或经验，获得创造性和实践能力的发展。”② 的确，体验教学，是达成课程教学目标的基本方式，其教育价值是多方面的，归结起来，主要表现在以下六个方面：

（一）师生关系的润滑剂

品德与生活（社会）课程目标的达成，对师生关系的依赖性很强，可以说，良好的师生关系奠定了教学活动顺利实施的心理环境和情感基础，具有“以情育德”的功效，正如古语所云，“亲其师，信其道”。

回顾传统的品德教学，我们不难发现，教师往往处于支配、控制和管理者的角色地位，有一种高高在上的权威地位，学生会觉得有一种压迫感、疏离感，从而在不知不觉中产生敬而远之的心理，甚至使得教室里“坐着的躯体中却有着一个战战兢兢跪着的灵魂”。在这样的课堂氛围中，学生怎么可能亲近教育内容呢？又怎么可能敞开心扉说真话、吐真情，与教师进行心灵的对话呢？即使教师再怎样“苦口婆心”“呕心沥血”，学生回应的大多是敛声屏气，是当面一套背后一套的“双重人格”，这都偏离了课堂教学所期望的目标。

而体验恰恰能够拉近师生间的情感距离，是师生关系的润滑剂。因为在体验中，教师和学生面对的是同一个被体验事物，处于同一体验情境中，双方是共同去体验、共同去体会的关系，都有言说权。这样能让学生产生平等、自由、民主、尊重、友善等积极的心理体验，从而调动主体性，唤醒自我意识，促进师生关系走向和谐。与此同时，教师适当的引导、点拨、提升，又会让学生在轻松和谐的氛围中豁然开朗，享受“拨开云雾见青天”的喜悦。只有这样，教师才是“努力为儿童创设适宜的活动环境与条件的支持者；与儿童共同进行活动的合作者；在参与儿童活动的过程中，引导活动向正确方向发展，带领儿童向着课程目标前进的指导者”③。

（二）道德理解的活化剂

品德与生活（社会）课程标准指出：“品德与生活课程旨在培养具有良好品德和行为习惯、乐于探究、热爱生活的儿童。”“品德与社会课程旨在培养学生的良好品德，促进学生的社会性发展，为学生认识社会、参与社会、适应社会，成为具有爱心、责任心、良好行为习惯和个性品质的公民奠定基础。”由此可看出，品德与生活（社会）教学过程，是

① 中华人民共和国教育部制定：《义务教育品德与生活课程标准（2011 年版）》，11 页，北京，北京师范大学出版社，2012。

②③ 同上书，12 页。

一种价值阐释、意义激发、行为指引的过程。在此过程中，教师可以讲解道德知识、提出道德规范、明确道德行为，但如果这些内容仅仅依靠传统的授受方式，那么学生只能“记熟”“背过”“懂得”，而不可能产生切己的理解和领悟，更不可能转化为自觉追求并付诸行动。肖川认为：“拥有知识并不一定就拥有教养。只有当知识能够渗入性格结构之中，体现于日常的、细微的、不经意的行为之中时，知识才能转化为教养。而这一转化的必要中介就是丰富而且深刻的体验。”① 的确，教师在做好课堂说理疏导的同时，积极创造条件，通过各种途径，有效诱发和唤醒学生的体验，让他们感受健康的关系、高尚的情怀、科学的方法、美好的德行，将有力地激发他们学习、理解道德思想和价值观念的兴趣，使学习的过程成为学生自我求解的自觉需要，成为发自内心的自我追求。在这样的过程中，学生体验着被理解、被欣赏的满足感、崇高感，体验着从困惑到柳暗花明的成长感、自豪感，从而缩短了教育信息在“传者”与“收者”之间的“滞留”时间，减少了教育信息的流失量，有效地强化和加深了对道德信息的理解，提升了个体的道德境界。此外，学生真正获得的切身体验的东西，才容易入脑入心，珍藏久远，成为其德行中的有机组成部分。这正如瓦西留克所言：“人，永远是自己也只能是自己才能体验所发生的事情以及产生危机的那些生活环境和变化。谁也不可能代替他这样做，就像最有经验的教师也不可能代替自己的学生去理解所讲的内容一样。”

（三）道德情感的助燃剂

道德情感，“是基于一定的道德认识，对现实道德关系和道德行为的一种爱憎或好恶的情绪态度体验，它是一个人根据一定的道德标准，在处理相互道德关系和评价自己或他人的行为时所体验到的心理活动”②。它既是人类品德结构形成的条件，又是品德结构中的重要因素，是道德认知深化为信念、转化为行为的中介。可以说，没有学生积极的道德情感的体验，道德知识的理解就会停留在简单化、程式化的层面；没有学生真实的道德情感的投入，道德行为的落实就会蜕变成外在的装饰，甚至可能走向“虚伪”；没有学生深刻的道德情感的参与，道德意志的培养就是空中楼阁，道德习惯的养成就是昙花一现。

案例 1　　**《我不要赖皮》教学片段③**

（苏教版《品德与社会》三年级上册第一单元第五课）

师：（捧着一个纸盒，笑眯眯地）同学们，我家的兔子生了一窝小兔，想看吗？

（学生兴奋地高喊“想”，有几个同学迫不及待地站起来伸长了脖子，随后，大家纷纷

① 肖川：《体验：从知识到教养的中介》，载《北京教育》，2003 (4)。

② 曾钊新、李建华等：《道德心理学》，135 页，长沙，中南大学出版社，2002。

③ 章小英，如皋市品德与生活（社会）教学研讨活动，2012 年 10 月。

往讲台前拥，挤成一团。前面的同学被挤得直叫唤，后面看不见的则想尽各种办法，有的扯别人衣服，有的趴别人身上，有的索性站到了桌子上……教室里乱成一锅粥）

师：（组织学生回到座位）同学们，看到小兔了吗？心情如何？

生：（生气地）我根本没看到，前面的同学挡得严严实实的。

生：我被后面的同学压得抬不起头，脚还被狠狠地踩了几下。

生：大家挤来挤去的，我什么也看不清。

…………

师：是啊，刚才乱糟糟的场面，把小白兔都吓得缩成了一团（举起纸盒，幽默地说。学生不禁笑了）。那么，怎样才能让每个人都清楚地看到小白兔呢？

生：排着队轮流看。

生：一组一组地看。

…………

师：其实，刚才你们所想的这些方法，就是给“看小白兔”这项活动制定了一些规则，以便活动有序开展。现在，我们就按组轮流看。

（学生有序观看后再说说感受）

案例分析：

在上述案例中，通过前后的体验形成强烈对比，同学就会对“规则”产生亲近感、敬畏感，并从内心升腾起遵守规则光荣、违反规则可耻的道德情感，从而增强对美好的道德生活的追求和渴望，最终起到固化道德言行的作用。试想，如果不让学生经历这样的体验，而是一本正经地讲“规则是什么”“为什么要遵守规则”“校园生活中必须遵守哪些规则”，相信很多学生都会觉得老师在念“紧箍咒”，会对传递的道德信息产生一种排斥、厌烦的消极情绪。可见，在品德与生活（社会）教学中有了学生的体验，就犹如注入了助燃剂，能激起学生情感的火花，促进情感的升华，取得“不言而化成”“自生其心”的效果。因为，在有效的体验中，学生的思绪和情感会不自觉地融入相应情境中，产生既耳闻又间或有目睹的效果，形成感同身受的震撼，进而牵发出内心的美好情感。难怪朱小蔓教授强调：“只有当人从内心体验某种价值，或产生认同、敬畏、信任的情感或产生拒绝、厌恶、羞愧的情感时，才谈得上道德学习和道德教育的实存性。”

（四）道德信念的稳定剂

道德信念就是人们通过对社会道德规范的认识和了解，在自身强烈的道德情感驱动下，对履行某种社会道德义务产生的强烈的责任感。它是“情”和“理”的合金，是正确的道德认识、强烈的道德情感、坚定的道德意志的结晶。

一个人具有道德信念，不仅能在日常生活中迅速定向，毫不犹豫地按道德常规行事，而且能在复杂变化的、道德冲突的情境中运用它去辨明是非、善恶，克服内心矛盾，做出合理的行为抉择并加以执行。这样做就会感到心安理得或满足，否则就会感到不安或内疚。事实上，许多学生在遇到道德困惑和道德问题时，难以做出正确的选择，或者不会自主选择，这正是我国当前的学校道德教育忽视学生道德信念的培养的表现。道德信念是道德行为的内部强大动力，也是人们自我监督、自我反省和自我强化的重要因素。

苏霍姆林斯基说过："道德准则，只有当它们被学生自己追求、获得和亲身体验过的时候，只有当它们变成学生独立的个人信念的时候，才能真正成为学生的精神财富。"① 体验是道德信念的稳定剂，只有亲身体验到的东西，才是真正意义上的获得。生活体验越深刻，业已形成的信念就越坚定。要纠正道德认知主义的片面性，就必须发挥道德情感的动力作用，引导人们进行积极的道德体验。因此，体验依靠多次、长期的反复，不仅要动思维、动情感，有时还伴有行动，经过了"动心"或"身受"的过程，所以印象必然深刻。

（五）道德践履的推进剂

我们知道，学生通过道德学习，道德认知水平获得提高，理解和掌握了一定的道德准则、道德规范，但可能还缺乏道德践履的主动性、自觉性，甚至是"口头上的君子，行动上的小人"。比如，学生都知道不能随便丢垃圾，要保护环境，但在景区游玩、路上行走时，还是有很多人为图自己方便而随手丢弃垃圾；学生都知道自己是家中的小主人，要做力所能及的家务活，但生活中又有多少人能主动承担呢？

道德是人们自主、自愿、自觉地选择并践履的东西，它不为外物所支配，不为外力所强迫。而一次强烈的体验，会坚定人的道德意志，并促使其在道德践履中体现出来，进而形成道德行为习惯，影响人的一生。

（六）道德品质的生长剂

之所以说体验是道德品质的生长剂，原因有三：（1）体验是一种倡导回归生活世界、回归自然之境和体验者内心世界的样式，它使得教学过程向教师和学生双方开放，使双方内心敞亮、自主选择、真诚碰撞，是师生间的"灵魂深处的直接相见"，这就在极大程度上保证了品德教学过程的人文性、真实性。可以说，体验的过程，就是一个道德的德行生长过程。（2）在体验活动中，人不再单纯局限于静态道德规范的学习，而是要成为知、情、信、意、行协调发展的人。于是，道德认识是前提，道德情感和道德意志是内在动力，道德信念是核心和主导，它们在道德实践活动中联系和统一起来，学生在反复的实践行动中加深认识，增强情感和信念，从而养成更高一级的道德行为。（3）现如今，社会生

① ［苏］苏霍姆林斯基：《给教师的建议》，348页，北京，教育科学出版社，1988。

活方式和文化价值多元化，青少年儿童的反思批判性、自主选择性明显增强，在体验式教学中，学生和教师都有极大的诉说和自主选择的机会，双方可以互相倾听、平等对话，因而会对一些观念予以批判和摒弃，也会促发创造性思维，不断生成新的道德境界，使人类的道德思想体系更加完善。

知识链接　　品德形成发展的内在矛盾运动

品德形成发展的内在矛盾运动是在一定外界环境影响条件下内在的知、情、信、意、行诸心理要素辩证运动、均衡发展的过程。在品德形成发展的过程中，知、情、信、意、行五要素是相互联系、相互影响、相互渗透、相互制约、相辅相成的。知是情、信、意的基础，是行的先导；情是知、信、意的催化剂，是行的推动剂；信是知、情、意的“合金”，是行的强大动力和精神支柱；意是知、情、信的必然体现，是行的杠杆；行则是知、情、信、意辩证运动的外在表现和一般结果，是进一步强化、巩固知、情、信、意的基础。任何人的品德形成发展过程都是这五要素不断地均衡发展和相互适应以及知行转化循环往复、螺旋上升的内在矛盾运动过程。① 道德教育的效果取决于上述要素水平及其辩证运动情况。以下条件是取得良好道德教育效果的关键：各要素均具有较高的水平，发展均衡，相互之间循环速度快。缺乏上述任一条件都难以奏效。比如，各要素水平不高，即道德认识不深刻，道德情感不真挚，道德信念不坚定，道德意志不顽强，道德行为不高尚；或者各要素水平参差不齐，常常道德认识清楚，而情、信、意、行缺乏；或者从道德认识到情、信、意、行的转化、循环太慢，甚至中断。有了这些情形，道德教育均不可能达到预期效果。②

总之，体验是一个完整的品德与生活（社会）教学过程的有机组成部分，它使教学回归生活世界，实现了从文本走向人本、从独白走向对话、从知性走向德行、从灌输走向涵养的转变，让课堂充满生机与活力，使教学效果扎实而弥久。

第二节　体验环节教学设计策略

在课程标准的引领下，品德与生活（社会）课堂已由接受性学习向体验性学习转变，“体验”成为学生学习的重要方式。在设计体验活动教学过程中，教师如何创设有意义的体验情境，并不断引领、促进学生用心进行观察、体验、反思，从而生成意义、获得发展呢？下面结合相关实例谈谈体验教学设计的策略。

---

① 参见邱伟光、张耀灿主编：《思想政治教育学原理》，94～96页，北京，高等教育出版社，2006。
② 参见丁晓东：《马克思交往实践观在道德教育中的意义解读》，载《教育评论》，2005（5）。

知识链接　　**接受性学习与体验性学习**①

接受性学习

接受性学习，是指“学生通过教师呈现的教材来获得现成知识的一种学习方式。接受性学习的对象不是自然与社会本身，而是前人或他人对二者的描述解释与经验，学习者通过阅读、倾听与研究获得知识技能与态度的方法”。其基本特点是：(1) 以老师讲授为主要方式。(2) 以掌握系统知识为基本任务。(3) 信息传输呈线性。(4) 学生认知活动具有可指导性、可控性。“接受性学习的最大价值在于学习者不必从零开始学习活动，可以通过继承接受前人或他人的认识成果而加速个体的认识发展过程，从而使有限的生命个体能够从容地面对无限的知识海洋”。

传统的接受性学习以听讲、记忆、模仿、练习等为特征，往往重结论、轻过程，重理论、轻实践，从而使教育丧失了关怀学生、注重学生思维成长的功能，而封闭的书本教学使课堂变得沉闷机械和程序化，使课堂没有了生气，降低了学生的自主学习能力，使学生独立性、创造性得不到发展。

体验性学习

体验学习是指“人在实践活动过程中，通过反复观察、实践、练习，对情感、行为、事物的内省体察，最终认识到某些可以言说或未必能够言说的知识，掌握某些技能，养成某些行为习惯，乃至形成某些情感、态度、观念的过程”。

体验学习并不一定要借助语言工具来实现，所以它是一切较高等动物共有的学习行为。人类既可以通过语言工具又可以不通过语言工具来进行体验学习，所以人的体验学习的效率更高，质量也更高。体验学习的基础是在反复实践过程中的内省体察，是通过学习者不自觉或自觉的内省积累而把握自己的行为情感，认识外在世界，所以它必然是一种个别化的学习行为。外在世界（包括学校和教师）可以为学习者设置种种有利于实践与体验学习的环境，可以促成或阻滞学习者的学习活动，但是却无法取代学习者的主动行为。

一、儿童的视角——体验教学设计的前提

我们要深刻认识到：品德与生活（社会）是儿童的课程，并非成人的课程；儿童有其特有的生活经验、思维视角、内心需求，是独立于世的，而不是成人的附庸、任人打造的产品。

① 参见文喆：《学习方式、传播方式与课堂教学改革》，载《人民教育》，2000 (12)。

案例2 《家乡的变化》体验环节教学设计①

（苏教版《品德与社会》四年级下册第二单元第七课）

教学目标：

通过调查、访问和参观，了解和感受家乡的变化和发展，萌发对家乡的热爱之情。

课前准备：

要求学生通过搜集资料、实地考察等方式了解家乡的变化，并用文字或照片记载下来。

体验教学环节的设计：

1. 说一说

课前，同学们通过各种方式了解了家乡的变化，现在把你的发现说出来，与大家共同分享，好吗？（引导学生从住房、交通、风景等方面讲述家乡日新月异的变化）

2. 看一看

是啊，我们的家乡走在了迅猛发展的高速公路上！请欣赏前不久电视台拍摄的一段家乡风光短片。（多媒体播放，让同学徜徉在家乡变化大、发展快的自豪情感之中）

3. 比一比

现在的家乡已基本实现现代化。那么，以前，我们家乡又是什么样的呢？让我们跟随一些老照片去探寻。（教师展示家乡的一些老照片：低矮的青砖瓦房、幽深的小巷、老式的自行车、田间的独轮手推车、老牛耕地、人们挤在村头看露天电影……）同学们，看着这一张张照片，你有什么感受？

案例分析：

在上述教学设计案例中，教师的预设是引领学生在对比中感受家乡发展变化之大，从而激起热爱家乡的情感、建设家乡的壮志。但是，在实际教学时，同学们却不约而同地表达着对过去生活的好奇。有的说："虽然以前住的房子没有现在的高大宽敞，巷子没有现在的水泥路平坦宽阔，但我觉得很幽静，很有诗意。"有的说："在露天看电影，空气新鲜，肯定不会觉得闷。"还有的说："我真想试着推推那独轮推车，试着指挥老牛耕地。"出现这种情况的原因在于教师没有真切地了解儿童。现如今，对十多岁的孩子来说，住楼房、坐汽车、吹空调这些现代生活，他们是习以为常，已经不再感受到新鲜、幸福；而牛耕地、露天电影等事物，他们从未体验过，因而产生强烈的好奇心，萌发真切的向往之情，这是他们的天性，也是真实的心境。如果教学时教师还是以一个"过来人"的身份，陈述过去生活的"艰辛"，便会扼杀学生的"真性情"。因此，在体验教学的设计

① 如皋市品德与生活（社会）教学研讨活动，2012年10月。

过程中，一切活动都应以儿童为基点和起点，从儿童的视角出发，做出契合儿童实际的安排，摸准儿童真正感兴趣的内容，了解儿童内心的困惑、认识的难点，明确儿童当前所能达到的认识程度。只有这样，才能使体验活动的难易度适切，使活动成为学生真正的“内需”。只有一切从儿童的维度出发，让他们“用自己的眼睛观察社会，用自己的心灵感受社会，用自己的方式探究社会”，才能让体验活动贴近儿童心灵，真正变成他们的“精神食粮”，达到唤醒生命、激扬生命、展示生命、提升生活的目的。如果没有“儿童的视角”，就不可能让儿童在体验活动中入脑入心。请牢记卢梭的话：“大自然希望儿童在成人之前就要像儿童的样子。如果我们打乱了这个次序，就会造成一些早熟的果实。它们既不丰满也不甜美，而且很快就会腐烂。儿童是有他们特有的看法、想法和感情的，如果想用我们的看法、想法和感悟代替他们的看法、想法和感悟，那简直是最愚蠢的事情。”①

二、真实的生活——体验教学的源头

“问渠那得清如许？为有源头活水来。”学生真实的生活是最好的课程资源，因为学生只有在自己的真实生活中才能进行有意义的学习，就像品德与生活课程标准所指出的：“道德寓于儿童生活的方方面面。儿童品德的形成源于他们对生活的体验、认识、感悟与行动。只有源于儿童实际生活和真实道德冲突的教育活动才能引发他们内心的而非表面的道德情感、真实的而非虚假的道德认知和道德行为。良好品德的培养必须在儿童的生活中进行。”品德与生活（社会）教师应是“派往儿童世界的大使”，要从了解儿童已有的生活经验和他们对生活的感受、认识、体验和感悟开始，寻求已有生活经验与教学内容的最佳结合点，捕捉、提取和开发有教育意义的内容，不断丰富和推进体验活动的进程，使课堂生活成为一种快乐、积极、有意义的生活，促进学生在这种生活中体验、感悟。请看一个同课异构的课例。

案例3　**《平安回家》体验环节教学设计（片段）②**

（苏教版《品德与社会》三年级上册第二单元第六课）

教学目标：

懂得不遵守交通法规会给自己、家人、他人和公众带来伤害，知道常见的交通信号、标志和标线的意义，树立自觉遵守交通法规的意识，注意安全，平安回家。

① ［法］卢梭：《爱弥尔》，88页，北京，人民教育出版社，2001。

② 2012年11月，南通市举办品德与社会课程“观念内化，行为外铸，提高实效”优课展示活动，本教学设计为本次活动的内容之一。

教师 A 体验教学环节的设计：

1. 看图片说原因

同学们，请看这几张照片（闯红灯的镜头）。

这样的情景，我们并不陌生，想一想，生活中，这些人为什么要闯红灯呢？

2. 看视频谈感受

（1）不经意的违章行为，有时会带来永久的伤痛。请看一段真实的车祸视频。

（2）每年有多少人因交通事故而伤亡呢？请看这组准确的数据。

（3）看着这血淋淋的画面、触目惊心的数字，你想说什么？

3. 看标志学规则

（1）现在我们把教室当作十字路口，请你们根据老师手中出示的标志牌，模拟过马路的情形。

（2）诵读交通小儿歌。

教师 B 体验教学环节的设计：

1. 交规在我心

（1）同学们，你们会独自过马路吗？看，如果你处在这个十字路口（屏幕出示图片），要安全回到马路对面的家，该注意些什么？

（2）诵读交通小儿歌。

2. 模拟小行动

（1）现在，我们请一组同学模拟过马路，看看他们的行动是否守规则。

（2）第一次模拟：安全有序地过了马路，为他们鼓掌！现在请各小组在组长的带领下像刚才这样模拟过马路。（教师认真巡视，相机细心指导）

（3）第二次模拟："红灯停，绿灯行"，"一站二看三通过"，同学们都很清楚。但是，如果黄灯亮了（师手举标志卡片），我们该怎么做？（让学生明白：黄灯亮时，如果已经在人行横道线上就快速通过，如果还没有踩在人行横道线上就要等一等）分组模拟演练黄灯情境下过马路。

（4）第三次模拟：如果人站在十字路口的东南角，家在十字路口的西北角，该如何通过？（让学生在讨论中明白，得过两次马路，先过南北向，再过东西向，走"L"形，不可逆向）小组模拟演练。

案例分析：

比较这两个教学片段，我们可以发现，虽然两位老师都注意模拟生活情境，让学生在活动中体验，掌握相关交通规则，但教学效果却截然不同。教学片段中老师 A 选择的图片、视频、数据，创设的十字路口情境，都是从生活中来的，很真实，能激起学生的道德情感，提高道德认知，但是仅仅停留在学生原有的认知起点上，因为三年级的孩子虽然没有经过本环节的教学，但他们也肯定都知道要遵守交通规则，否则有可能酿成惨祸，知道过马路时要“红灯停，绿灯行”。而教学片段中老师B却设计了四个由易到难的富有层次的体验活动，让学生在说说、演演、评评中不断提高认识，尤其是“黄灯亮时”“到马路斜对面”这两种情境，正是学生在生活中会遇到的相对复杂、隐患更多的境况，学生在这样的交流体验中会得到更实际的、能指导今后生活的经验，这样的体验才是有效而深刻的。

透过上述案例，我们可以深刻地体会到：课程“并不是儿童生活的简单翻版，课程的教育意义在于对儿童生活的引导，用经过生活锤炼的有意义的教育内容教育儿童”。也就是说，在课堂教学中，教师呈现生活经历、聚焦现实生活不是目的，目的在于引起学生对已有的生活进行道德反思，丰富学生的体验、感悟，由感知生活经历上升到形成生活经验、生成生活智慧，从而进行有效的学习，实现个人的发展。因此，教师应该围绕发展性目标设计教学体验活动，更多地选择一些“源于生活而又高于生活”的教育内容，提炼出一些与时俱进的教育元素，展开一些有期待效应的活动，来帮助学生获得积极的体验，也就是“让儿童现在生活的河流里，引入一股他们未来生活的水流，要把我们藏匿在遥远地方的教育目的的种子种植到生机勃勃的儿童生活的心田”①。

想一想：

教师如何成为“派往儿童世界的大使”？

三、明确的主旨——体验教学的方向

布鲁姆说：“有效的教学始于知道希望达到的目标是什么。”是的，没有目标的体验活动是盲目的，偏离目标的体验活动是低效的。在设计和实施体验教学时，教者心中一定要有非常明确的主旨——此体验活动是为了什么。这是活动的出发点和归宿，是判断教学是否有效的直接依据，无论是内容还是形式，都应指向这一主旨。

案例4　　**《想想他们的难处》体验环节教学实录（片段）②**

（苏教版《品德与社会》四年级下册第一单元第二课）

教学目标：

知道残疾人在生活上、工作中会遇到很多困难，感受他们身残志坚的可贵品质，能尊重残疾人，设身处地地为他们着想，并积极主动帮助他们。

① ［苏］阿莫纳什维利：《孩子们，你们好！》，340页，北京，教育科学出版社，2002。

② 如皋市品德与生活（社会）青年教师课堂教学研讨活动，2012年3月。

体验教学环节实录：

师：同学们，我们先来玩个游戏，好不好？

生：（兴奋地）好！

师：这儿有四张脸谱（图片），他们都很可爱，但仔细看，却少了什么。

生：（异口同声）嘴巴！

师：现在，老师想请每组派一位代表到前面来，蒙上眼睛，用红色水彩笔添上嘴巴，看谁画得又快又准！

（教室里顿时沸腾起来，一只只小手争先恐后地举起，嘴里急切地喊着“我我我”。老师微笑着选了两男两女，未被选到的同学叹着气放下了手）

（各组代表拿到了水彩笔，被蒙上眼睛站到了离黑板三米远处，正对脸谱）

师：接下来，他们画，你们仔细看，不要提醒哟！

（随着一声“开始”，四位选手摸索着走向黑板，水彩笔迟疑着不知落在何处，下面的同学有的窃笑，有的小声提醒，有的干着急。待四人添加完毕，而嘴巴都不知歪到了何处时，全班哄堂大笑）

师：我来采访一下四位选手，请他们说说添嘴巴的感受。

生1：眼睛一蒙上，我就分不清东西南北了。

生2：我知道脸谱在我的正前方，于是就笔直地往前走，然后摸到纸，用手量了量，觉得差不多的距离，就胸有成竹地添上去，没想到竟跑到了鼻子上。

生3：听到下面同学的笑声，我心里有些慌，最后随便画了上去。

师：刚才有些同学因为没能到黑板上添嘴巴有些失望，这样吧，请每人拿出一张纸，先画上一个没嘴巴的脸谱，再把眼睛闭上，自己添加嘴巴，体验一下这个游戏的乐趣吧。

（话音刚落，同学们全都迫不及待地行动起来，不一会儿便热闹起来，有遗憾的叫声，有成功的欢呼声，还有的拿着自己的作品给前后左右的同伴看）

案例分析：

在上述案例中，我们可以看出，教者设计这一体验活动，旨在让学生通过角色体验，感受到蒙眼添嘴巴的困难，进而明白残疾人生活的艰难，通过移情作用，产生同情心。但从现场情景看，学生的注意力完全被游戏本身吸引住了，只是为游戏而游戏，并没有沉下心来，设身处地地体验活动时的难处，自然也就达不到体验的目的了。因此，在实施体验教学时，教者不但要自己清醒地把握体验目的，还要采取一些必要手段，引导学生将关注点放到相应的话题上，使体验的主旨悄然转化为内需，进而在活动中入情入境地思考和感受、体认和印证。只有这样，体验教学才不仅仅是一个热闹的场面、热烈的课堂气氛，而是借助于学生喜闻乐见、乐于接受的形式，引发学生去习得知识、获得体验与积极思考。

四、恰当的形式——体验教学的桥梁

有效的体验活动形式能最大限度地激发学生的兴趣，调动他们的参与热情，强化其活动体验。正如苏霍姆林斯基所说：“如果教师不想方设法使学生进入情绪高昂和智力振奋的内心状态，就急于传授知识，那么，这种知识只能使人产生冷漠的态度，而不动感情的脑力劳动就会带来疲倦。”

小学生尤其是低年级儿童，形象思维占优势，这就要求教师在设计体验活动时能重视学生自身的兴趣、经验、生活习惯和道德水平，确保活动能从学生的兴趣、爱好、经验、关注点而非教师的主观愿望出发，多采用游戏、制作、实验、故事、表演等等儿童喜闻乐见的活动形式，引导学生用多种感官去观察、体验、感悟，使他们在主动积极的参与中，生活得到充实，情感得到熏陶，品德得到发展，为儿童形成积极的生活态度和实际的生存能力打下良好的基础。当然，形式要为内容服务，只有形神兼备、完美结合，活动体验才能发挥最佳作用，否则只会流于形式，流于表面，流于肤浅，成为一种外在的摆设或热闹的点缀，无法给学生带来内在的心动、情动、灵动。

在下一节，我们将通过具体实例，着重谈体验教学不同的形式。

五、科学的引领——体验教学的支柱

成尚荣先生指出：“体验必须‘度过一段时间’，这是一个过程。倘若匆匆而过，过程被减缩，就不会有真正的体验，甚或谈不上体验。”① 这句话告诉我们，体验活动必须给足时间和空间，得到充分展开，让学生真正浸润其中，有所感悟和启迪。如果活动如浮沫一样飘然而过，学生就不会有深度参与，也就不可能有深度体验。当然，这一过程必须是在交往和互动中进行、在对话和讨论中展开，“通过对话引导学生在具体的生活情景中自主选择和自主判断，促使学生实现从理解规范到践履规范的转变，最终帮助学生达到对自己合理的内在控制”。

案例 5　　**《想想他们的难处》体验环节教学实录（片段）②**

（苏教版《品德与社会》四年级下册第一单元第二课）

教学目标：

知道残疾人在生活上、工作中会遇到很多困难，感受他们身残志坚的可贵品质，能尊

① 成尚荣：《体验：学生新的学习方式》，载《人民教育》，2005（18）。

② 章小英，如皋市“活动单导学模式”分片展示活动，2013 年 3 月。

重残疾人，设身处地地为他们着想，并积极主动帮助他们。

体验教学环节实录：

师：在我们家乡，有这样一个人（出示家乡无臂残疾人石晓华的生活照），6 岁那年，他被高压电击中，失去了双臂。这样的他，还能完成穿衣、刷牙、炒菜、写字等日常自理吗？让我们带着这份同情与担忧来一次小小的体验吧。请大家把左手背在后面，用右手把校服拉链解开再拉上。

（全班同学带着一份好奇，开始认真地体验，没有谁觉得好玩、好笑。单手拉下拉链，大多数同学都很顺利，接着重新将拉链拉上时，就窘态百出了：有的将拉链抵在大腿上，但固定不了；有的用右手夹住一侧，再用拇指和食指捏着另一侧小心翼翼地往一块儿凑，但力量不足，根本套不上；有的干脆用牙齿咬着往上套，无奈总也瞄不准。几分钟下来，没有一人成功拉上）

师：同学们，用一只手拉拉链是什么感受？

生：特别难拉，没有另一只手的帮助，根本就完成不了。

生：我真的很想用另一只手。

生：我感觉太痛苦、太无助了。

师：一只手，我们都觉得如此艰难，石晓华失去的可是双手！看看他的一系列生活镜头吧！（伴着轻音乐展示他用脚穿衣、刷牙、炒菜、读书、写字的画面特写）

师：没有了双臂，他用双脚来代替！但是，你们能想象他付出的努力吗？

生：肯定不会轻易就学会，一定得经过长年累月的练习才行。

生：一开始会非常痛苦，但他没有灰心，心中有着坚定的信念，就是一定要学会自己照顾自己。

生：他一定流了很多汗，吃了很多苦，也流过很多泪，但他不屈服，而是不断总结，不断提高自己的自理能力。

师：是啊，石晓华抱着“绝不能成为废人”的坚定信念，克服了一个个障碍！刚才我们在体验单手拉拉链的时候，我看到很多同学表现得很急躁，现在，我要请大家重新进行这项练习，像石晓华一样不屈不挠！

（这次，同学们的神态特别坦然，一个个都低着头，反反复复地试着。老师不时地语言提示：“慢慢来，不要急。”“为什么拉不上呢？想想解决办法。”但几分钟后，依然无人成功）

师：在这几分钟内，你有怎样的感受？

生：我不再像第一次那样急切，心里很冷静。

生：我也是，而且还暗暗地对自己说，坚持练习，总会成功的！

生：老师，听到您说的话，我就觉得充满了力量！

师：（欣慰地）是啊，鼓励、安慰能给予他人克服困难的动力。现在，我来给你们表演独臂拉拉链！

（在同学们疑惑的目光中，老师喊来一位额头上渗满汗的男生，附在他耳边轻声说了几句话，然后开始演示。只见男生右手捏住老师衣服上的拉链头，老师右手捏住另一侧轻轻插进去，很快便顺利拉上了，然后，再用相同的方法拉上了男孩的拉链。同学们看了茅塞顿开，情不自禁地与周围同学合作尝试起来，不一会儿，都纷纷露出成功的笑容）

师：这次，你们是不是又悟到了什么？

生：遇到困难时，要开动脑筋，不能蛮干。

生：一个人干不了时，可以与他人合作，互相帮助。

师：是啊，汗水加智慧，再加上他人的帮助，残疾人便会迎来自己的春天！（播放视频：石晓华在残联的扶持下，成立了“星光残疾人艺术团”，他口含毛笔挥毫泼墨的表演受到了中外来宾的一致好评，表演的小品《地铁里的太阳》获得江苏省残疾人文艺汇演一等奖……）

案例分析：

范梅南说：“生活体验，‘它只存在思想中才变得客观具体’，生活体验离不开思维，离不开思想。”在上述体验教学的案例中，教者就充分发挥了主导作用，通过三次“单手拉拉链”的体验，引领学生在体验中思考，在思考中提升：第一次是原生态的体验，是真心情的流露，初知残疾人的行动之难；第二次是走进人物心境的体验，是思想内核的感悟，明白残疾人的意志之坚；第三次是教师亲身示范，让学生在行动中领悟用智慧克服困难、真情相助的美好。整个过程中，老师自始至终围绕目标进行引导，重视学生的体验、感悟，抓住契机进行点拨提升，让学生的道德认知得以丰富，道德情感得以充盈。

可见，在体验教学中，教师作为这一过程的组织者、引导者，要更加注重设计、组织、导引的适切性、合理性、精致性和艺术性。一方面要尽可能顾及每一个孩子，帮助每一个孩子成为体验活动的参与者，并且都能“全程参与”，能“全身心”投入“多感官”的活动；另一方面要始终把握住体验活动的过程，把握活动话题的范围及向度，把握学生总体的思维动向，及时处理“卡壳”事件，整合利用动态生成的教学新资源，在充分尊重学生的基础上，做出科学的包容和启发，引领学生互相倾听、彼此吸纳，对各种信息进行重组和提升，让思维走向纵深，观念在碰撞中澄清，行为在体验中坚定。

六、开放的时空——体验教学的翅膀

从学生品德发展的规律来看，小学生的道德发展过程实际上是由他律走向自律的过程，他们的道德认知、道德情感、道德动机和道德行为都开始由外在规范走向自我觉醒。这种自我觉醒的过程需要课堂上教师的价值引领以及集体生活的规约，但更需要在自主的生活和社会实践中体验和生成。因此，品德与生活（社会）课中体验教学的时空应该是开放的，应该打破学校教室的束缚，扩展到儿童的一切社会生活空间，指向和弥散于家庭、学校、社区、工厂等儿童生活的所有领域，以帮助儿童获得彼此联系的、不断深化的经验和体验。

案例6　　《我的课余生活》体验环节教学设计（片段）①

（苏教版《品德与社会》六年级上册第一单元第一课）

教学目标：

学习合理地安排自己的课余时间，培养积极健康的兴趣爱好，使自己的课余生活丰富多彩，个性得到充分发展。

课前准备：

请家长回忆自己的童年生活，选择印象最深、最有趣的一项活动，写一篇短文。

体验教学环节的流程：

1. 快乐回放

教者从收到的一篇篇情趣盎然的童年生活回忆录中摘录有代表性的镜头描写，印发给孩子们阅读。读着那些描写看露天电影、跳格子、抽陀螺等活动的纯朴文字，孩子们仿佛触摸到了爸爸妈妈们五彩斑斓的童年。

2. 各抒己见

教师问学生："和爸爸妈妈的童年生活相比，是你们快乐，还是他们快乐？"全班异口同声："他们快乐！"瞧瞧，一张张小脸蛋上都写着向往、羡慕。教师追问："为什么？"大家便畅所欲言，从而在比较中明白：尽管现在玩的是高档玩具，是高科技产品，但是在较重的课业负担下，在众星捧月般的关爱里，在家人过高的期望中，他们的童年生活已渐渐失去了情趣，失去了鲜活，失去了野性；他们的童心已有些呆板，有些拘谨，有些脆弱。

3. 亲子游戏

教师布置了一项亲子作业：利用双休日时间，家长选择一项传统游戏，与孩子重温童年的快乐。这项活动，旨在让学生和家长都能深切体验到：不要因为学习的压力、虚拟世界的诱惑，而远离大自然、手脚被束缚，要自我寻找、自我创造，过有创意的童年！

案例分析：

在这一体验教学案例中，教师将教学时空拓展到家庭，挖掘家长们鲜活的童年感受，让学生在阅读中比较，在比较中反省，在反省中清晰；引导亲子活动，让他们在活动中领

① 章小英，如皋师范附小"泮水新韵"课堂教学展示活动，2011年9月。

悟童年的真谛，修正自身的行为，指引未来的生活。可以说，有了开放的时空，让学生体验的触角从课堂延伸到整个自然界和社会这部“活”的无字书中，延伸到课前的调查、参观、访问中，延伸到课后实践、评价、完善中，才能使道德认知与学生的生活和谐统一，让体验的效果深刻而持久。

第三节　体验环节教学设计案例分析

在上一节，我们已经谈到：形式，是体验教学的桥梁。形式恰当，就能让学生的心灵、思维积极主动地走向细腻、纵深。因此，从品德与生活（社会）教材的特点和小学生的年龄特征出发，教学中常用的形式主要有以下几种：

一、情境模拟，在“悟”中产生共鸣

教学情境是课堂教学的基本要素，创设有价值的教学情境应该是在品德课程中实施体验教学的重要追求。

案例 7　《衣食的来源》体验环节教学设计（片段）①

（苏教版《品德与社会》四年级上册第三单元第十课）

教学目标：

学生增加生活体验和生活感悟，认识到衣服和食品与农产品的关联，初步养成勤俭节约的好习惯，能自觉珍惜劳动成果。

课前准备：

通过实地观察、人物访谈等方法，了解庄稼种植过程，明白农民生产劳动的情景和感受。

体验教学环节的流程：

1. 情景再现

交流课前自己实地观察、人物访谈等活动中的见闻感受。

2. 模拟体验

教者通过语言描述种植水稻的情境：“烈日当头照，为了让一棵棵秧苗早日扎根，农民们头戴草帽，赤着双脚下田了，他们弯着腰，左手抓，右手插，这样的动作一直持续到天黑。秧苗渐渐长高。不好，杂草来抢营养了！农民天刚亮就走进田里，小心地拨开秧

① 章小英，如皋师范附小“师徒结队”研讨活动，2013 年 11 月。

苗，眼睛雷达般搜寻，大手用力拔出杂草，从这头走到那头，一干就是一整天。不好，害虫来了！他们将几十斤重的喷雾器背在肩头，喷洒农药，一桶又一桶。在精心培植下，终于迎来了收获的季节，农民们弯下腰，挥舞着镰刀，一下又一下……”学生则在这样的描述中相机做弯腰插秧、拔除杂草、负重前行、挥臂收割等动作。尽管只是五六分钟的模拟体验，但他们也能对腰酸背痛、日复一日的艰辛劳作等有真切的感受。

3. 歌曲延情

吟唱歌曲《锄禾》。在悠扬的旋律中，孩子们会情不自禁地吟唱起来，但他们绝不仅仅是唱着词，更是心灵的倾诉、情感的流淌。

4. 实地践行

布置学生利用节假日，走进农村，了解庄稼种植的过程，拍摄劳动的典型镜头，采访辛苦经历，亲身体验简单农事。

案例分析：

在新的品德与生活（社会）教材中，有许多贴近学生现实生活的案例、富于启发的话题，但其呈现方式是静态的，教者如能根据主题教育将之转换为相应情境，“激活”静态的教材内容，便能调动学生的主观能动性和积极性，使之仿佛置身于真实的社会场景中，从而体验心理的细微变化，勇于表达内心感受，领悟其中道理，实现自我完善，形成健康的道德品质。运用“情境模拟”这一形式，一定要注意情境创设的自然、适切，要能让学生身心融入其中，自觉主动地调动所有器官，专注地体验道德内涵，而不是被形式吸引，导致体验的浮泛或畸变。

二、游戏体验，在“玩”中提升认知

英国教育家洛克曾说：“教导儿童的主要技巧是把儿童应做的事也都变成一种游戏似的。”“把身体与精神的训练相互变成一种娱乐，说不定就是教育上最大的秘诀之一。”①

案例 8 《我心中的那颗“星”》体验环节教学实录②

（苏教版《品德与社会》五年级上册第一单元第三课）

教学目标：

了解“明星”们成长的艰辛历程，体会他们的人格魅力、精神力量，自觉以他们为榜

① ［英］洛克：《教育漫话》，59 页，北京，人民教育出版社，1985。

② 章小英，南通市小学青年教师《品德与生活（社会）》课堂教学比赛，2010 年 10 月。

样，树立健康高尚的远大理想，并能锲而不舍地追求。

课前准备：

收集了解自己喜欢的“明星”背后的故事。

体验教学环节实录：

1. 故事中知晓艰辛

讲述课前所收集的“明星”背后的故事，与同伴分享。

2. 游戏中体验艰辛

生：我最佩服杨利伟，他为了实现中国人的“飞天梦”，经受了艰苦的训练。在超重和失重训练中，加速度过载会使人面部肌肉变形，呼吸困难。训练时，航天员每人手边都放置着一个报警器，如果身体吃不消，只要一按报警器，离心机就会停止运转。但是在五年多的训练中，杨利伟手中的报警器一次都没有响过。他真了不起！

师：是啊，不仅仅是杨利伟，随后的聂海胜、景海鹏、刘洋、王亚平……哪一位不是长年累月地经受着艰苦的训练，才能挑起飞天这一光荣且艰巨的任务！我从网上下载了一段他们进行失重训练的视频，大家来看看。

（师点击课件，同学们好奇地观看）

师：从视频中看，旋转时，他们神态自若，轻轻松松，是不是？现在，我们不妨也来做一个小小模拟游戏。要求是这样的（师一边讲一边示范）：“左手摸鼻子，右手捏住左耳朵，上身前倾成90度，原地不停地转圈。注意，如果感觉自己吃不消了，就自动停止旋转。”

（待同学们在教室内找好相应场地，做好预备姿势，老师宣布游戏开始。起先，同学们还胸有成竹，可不一会儿，动作便开始变形，速度变得缓慢，身子显得不稳，在坚持转了十来圈后，便接二连三地叹息着，如醉汉似的停止了游戏）

师：刚刚跃跃欲试甚至觉得小菜一碟的你们，在游戏中有什么感受？

生：我只转了五六圈，便感觉地面变得凹凸不平了，人也开始头重脚轻，随时都会跌倒。

生：难受，天旋地转，我勉强转了12圈就再也不能坚持了。

生：到最后，我觉得再转似乎就要吐了！

师：其实，我们刚才体验的只是航天员训练中难度最小的一个项目。他们的训练有58个专业项目，每一项都是对生命极限的挑战！此时此刻，你们想说什么？

生：每个人要想实现自己的梦想，就得付出努力，就像俗话说的“一分耕耘，一分收获”一样。

生：成功不是唾手可得的，每一个“明星”成功的道路都是汗水和智慧铺成的。

案例分析：

在这则案例中，没有直白的告诉、强硬的灌输，只是一个小小的体验游戏，便让学生真切体验到航天员训练的艰辛，水到渠成地感受到追梦需要努力，需要坚持不懈。这就是游戏的魅力！

新课程标准实施以来，越来越多的教育工作者清醒地认识到：游戏是儿童文化生活的重要形式，是小学生喜闻乐见的最有效的学习方式之一，它带有“玩”的色彩，符合儿童爱玩的天性，能实现活动的全员参与，又能与学习内容相配合，充分调动学生的热情，让他们在生动活泼的课堂氛围中，在自由选择状态下进行价值建构。因此，在日常教学中，我们要留心搜集、用心创设，让品德与生活（社会）课堂充满童趣，充满张力。

三、角色扮演，在“比”中反省明晰

所谓“角色扮演”，就是通过创设与现实生活相类似的情境，让学生在现实和想象中把自己置身于他人的角色位置，并从这一角色的角度去体验周围的关系、应有的道德义务，理解他人的处境，体验他人在各种不同情境下的内心情感，进而对照、反思自己以往的态度和言行，获得新的道德体验，达到新的道德境界。

案例9　　**《不说话的“朋友”》体验环节教学实录（片段）**

（苏教版《品德与社会》三年级下册第三单元第9课）

教学目标：

观察生活中常见的公用设施及使用、维护情况，体验它们给人们生活带来的方便，知道爱护公用设施人人有责。

体验教学环节实录：

师：听语文老师张老师说，咱们班的小朋友写的字特别漂亮，是不是？

生：（自豪地、大声地）是！

师：那接下来，就请你们写几个字让我欣赏一下吧！请拿起老师课前发给你的一张纸和一支铅笔。全体起立，把纸托在手上，写一写“我的班级我的家”这七个字。

（好多同学不由自主地发出了“啊”的惊呼声，但很快兴趣盎然地写起来）

师：小朋友们都写完了。谁愿意把写的字给大家欣赏一下？（好多学生都一边笑一边用手遮住自己写的字）咦，怎么没自信了？

生：你让我们站着写，根本不好写。（一个男生脱口而出，其他同学便七嘴八舌地说

开了）

生：手托着纸，笔一用力，纸就破。

生：是的，横写不平，竖写不直，字也大大小小的不整齐。

生：写的时候，手没有桌子支撑，就要晃动，字也就站不稳了。

师：（微笑着）看来，你们的字写得漂亮，也离不开桌子椅子的帮忙，是吗？（学生肯定地点头）好，现在，请你端正地坐在椅子上，把纸放在桌子上，把刚才写的几个字在下面再写一遍。

（学生很快写完，师随手拿起几张纸放到实物投影仪上）

师：看，这会儿写的字，真是又快又好！现在，你想对课桌椅说什么？

生：谢谢你让我们坐、让我们扶，你是我们学习的好帮手！

师：大家的心中都洋溢着感激之情！但是，你看，这张桌子却愤怒地瞪着你们呢！（课前拍摄的一张教室里的课桌照片，桌面上有好多笔的画痕）竖起耳朵听，它好像在说什么？

生1：我让你们在我身上读书、写字，但你们却用铅笔在我身上乱涂乱画，让我面目全非，真是恩将仇报！

生2：我原本干干净净、平平整整，现在变得这么难看，我好伤心！

生3：桌面就是我的脸蛋，如果有人也用笔在你的脸上乱画，你会有怎样的感受？

师：不好，这张桌子的愤怒引来了更多桌椅的控诉了。小朋友们，仔细看看你周围的桌椅，用心听听，它们在说什么？

生4：我的小主人很调皮，不仅用笔在我身上画，还经常用硬硬的钢尺在我的边缘来回磨，看，我的一边已经血肉模糊了。

生5：我的小主人很懒惰，东西不能及时整理，总是胡乱地塞到我肚子里。看，书本、垃圾、活动器材、蜡笔，乱七八糟，把我撑得难受极了！

生6：我的小主人坐在我身上时，总喜欢摇来晃去，我被晃得头昏脑涨，几乎快散架了。

案例分析：

在上述体验教学环节中，教者的活动设计是非常巧妙的：在学生毫不知情的状态下直接进入活动体验，保证了活动的神秘性、体验的真实性，让学生从自己学习的角度切身感受到课桌椅是好帮手；让学生看桌子图片说愤怒，其实是指引学生进行角色转换的范例，随后进入真实生活场域，让学生观察自己身边的课桌椅，并从桌椅的角度讲述遭遇，有效地激活了学生平时不正确对待桌椅的生活经历，并在“控诉”中产生愧疚、歉意，从而明确自己应有的行为方式。这样的道德情感、道德认知是学生内心自发产生的，因而他们会觉得亲切、迫切，这样的教学效果必定是持久而深刻的。

因此，在进行角色扮演教学时，教师首先应该关注学生已有的生活经验，因为只有对外界事物具有较丰富的深刻的经验，儿童才能在角色扮演中充分想象和创造；其次，要让学生清楚将要扮演什么样的角色，要体验什么，以唤起相应的认识基础和生活经验。只有这样，学生才能真正与角色融为一体，内心产生真切的感悟，从而在对比中反省，在反省中深化认知、明晰行动。

四、生命叙事，在“讲”中自我建构

生命叙事就是由叙事主体表达自己的生命故事，生命故事是叙事主体在生命成长过程中所形成的富含对生活和生命的感受、经验和追求的故事。在生命叙事过程中，展现着一个个生动的故事情境，为儿童描绘出一个个鲜活的生命活动历程，不但呈现了具体情境中的道德行为方式，给人提供了鲜活的榜样，而且营造了一种生命气氛，牵动人的情绪情感、记忆与想象，唤起彼此的情感共鸣，让师生在不知不觉中进入一种生命情感的自然流动状态，在自动自觉的反思、内省中陶冶道德情感，启迪道德智慧，完成积极的自我构建。

案例 10　　《现在的我能做什么》体验环节教学实录（片段）[①]

（苏教版《品德与社会》三年级上册第三单元第十一课）

教学目标：

懂得自己的成长离不开父母（长辈）的养育，学会感激家长，体谅家长的难处，尽量少给家长添麻烦，自己的事情自己做，养成对父母、家庭和自己生活的初步责任感。

课前准备：

请家长回忆孩子感动家人的言行，然后选择其中一件，给孩子写一封信，描述当时的情景及家人的感受。

体验教学环节的流程：

师：前几天，我看到了这样一封信——（屏幕出示一位母亲写给女儿的信，并配以这位母亲的动情朗读）

> 亲爱的女儿：
>
> 此时四周一片寂静，我在温暖的灯光下给你写这封信。因为咱俩的这份融融的母女情，因为你的一颗拳拳的孝心，所以我拿起了笔和纸。

---

① 章小英，南通市小学品德与生活（社会）课堂教学研讨活动，2009 年 12 月。

这些天，妈妈被车撞伤了腿卧床在家，心情难免低落。放学回来的你在我旁边静静地做完作业后，总会将学校里的趣闻讲给我听，或者边跳边唱。看着你那可爱的模样，不知不觉中，妈妈的病痛减轻了，快乐在心中流淌。当我下床时，你总是轻轻地搀扶着我，嘴里还在说："妈妈，小心啊。"从你清澈明亮的眼睛里，妈妈读到了善良、爱心，妈妈很欣慰。相信这份关心他人、为别人着想的品质会陪伴你的一生。

看着一旁熟睡的你，妈妈忍不住一次又一次俯下头轻吻你粉嘟嘟的面颊。睡吧，睡吧，我的宝贝，做个好梦，梦里我拉着你的手，开心快乐地往前走。

妈妈爱你，我的子牧。

妈妈

11 月 25 日于灯下

（学生顿时安静下来，凝神听着。信的小主人万子牧同学眼泪止不住地流）

师：（走近子牧，轻柔地擦去她腮边的泪水）子牧，你爸爸在哪儿工作？

子牧：（抽泣着）他在南通，两个星期才能回来一趟。

师：爸爸不在身边，你就像妈妈的贴身小棉袄，真懂事！现在妈妈好些了吗？

（子牧含着眼泪点点头）

师：（抚摸着她的脑袋）今天回家后，别忘了替我问候你妈妈。

子牧：嗯，谢谢老师！（此时，不少学生的眼圈都红了）

师：同学们，课前，我也请爸爸妈妈给你们写了一封信，就放在你们的抽屉里，快打开来读读。

（在一阵温馨的音乐声中，学生们一个个静静地读着信，不一会儿，大多数人都热泪盈眶了）

师：孩子们，你们都被感动了。在爸爸妈妈心中，你们都是最可爱的小精灵。擦干你的泪水，自豪地说说，你做的什么事深深地感动着爸爸妈妈。

生：有一次，我生病了，非常难受，妈妈带我去医院。急诊室在二楼，妈妈要背我，我不肯，自己用手扶着栏杆艰难地爬上去了。

师：你是怕妈妈背不动。让我们听听信上是怎么说的："儿子，在爸爸心中，你是一个坚强的男子汉，我打心眼里佩服你。"

生：爸爸妈妈忙着做生意，我就盛好饭菜等他们吃饭，而且还逗他们开心。

师：所以爸爸说："我们的疲惫一下子烟消云散，全家沉浸在快乐的海洋里。"

生：我买了一支冷饮，先给妈妈吃。

师：你可知道当时妈妈的心情？（拿起这位同学收到的信，朗读其中的话语）"望着你满头大汗的样子，听着你催我快吃的话语，我顿时觉得炎热已和冷饮一起融化成甜蜜，一直流进我的心田。”

…………

师：看，只要是用心的，哪怕一句简短的话，一个小小的动作，都能让家人心情舒畅、笑容灿烂。不过，爸爸妈妈在信中有没有对你提出什么希望呢？

生：妈妈希望我把自己的东西整理好。

师：你的东西乱放会给妈妈带来什么？

生：妈妈要把东西收拾整齐，会更累。

师：多会体谅妈妈呀！

生：爸爸希望我能认真做好作业。

师：你平时作业不太认真，是吗？

生：有时边做边玩，做完了不检查，经常有错。

师：那时爸爸是什么反应？

生：他很生气，有时会狠狠地批评我。

师：如果你改掉这个缺点，就会让爸爸觉得特别开心。

案例分析：

在这一体验教学环节中，教师课前悄悄请每一位家长用心给孩子写了一封信，谈谈孩子最感动家人的言行。课堂上，在音乐的渲染中，学生读信，情感的闸门一下子打开了，他们为自己的行为激动，又为自己带来的“麻烦”而愧疚。同时，他们倾听着同伴的故事，使“孤独”的个体生命与其他生命相连，互相启迪，智慧共享，进而更有力地激活并生成当下的自己、想象并描述未来的自己，营造了一个强有力的情感磁场。

生命叙事既可以是学生对生命故事的讲述，也可以是教师表达自己生命成长过程的感悟、体验和追求，还可以讲述其他与教育主题相关人员的人生经历。当然，在实施生命叙事这一体验教学时，教师要清醒地分析叙事内容中的道德价值取向，并有目的地加以利用、引导和控制，使之既贴近学生的生活和经验，又能提升学生对生活的道德理解，为他们自主参与道德活动留下足够的选择和发展的空间。

五、调查访谈，在“察”中有所触动

让品德与生活（社会）课回归生活，教师要根据教学内容的需要，有意识、有目的地引导学生开展一些调查访谈活动，让他们考察与教材相关的场所或情境，充分调动各种感官，体验社会生活、人文环境，体验真实的亲情、可贵的友情，体验助人的快乐、诚实的高尚……

案例 11　《科学技术的喜与忧》体验环节教学实录（片段）①

（苏教版《品德与社会》六年级下册第三单元第十一课）

教学目标：

学生从衣食住行等各方面了解科学技术与我们的生活息息相关，认识到科学技术是社会发展的重要动力，激发起爱科学、学科学、创造科学的热情。

课前准备：

要求学生从“衣、食、住、行、学习”中自主选择一个方面，根据要求开展调查访谈活动，在课堂上交流汇报。

体验教学环节实录：

师：前一阶段，同学们着重围绕科技与某一方面的关系进行了认真的调查采访。现在，我们请研究同一方面的同学组成一个学习小组，迅速推荐一位组长，然后在组长的召集下，将各自制作的名片粘贴到小黑板上（每组一块），组内成员互相阅读交流，再选择有代表性的物品，准备在全班介绍。

（全班自动组成五个学习小组，按老师要求快速行动起来，粘贴名片、阅读交流、推荐代表、准备介绍，个个都积极投入）

师：（将五块小黑板放置到教室前面）现在，五个“展厅”都布置完毕，解说员们将依次登场做具体解说，我们认真倾听，可以相机提问。首先有请研究“衣”的小组。

“科技与（　）”调查访谈任务表
(1) 找一找：在我们身边，这一方面与科技有关的物品有哪些？看谁找得多。
(2) 想一想：从找到的物品中选择一种你最感兴趣的重点研究，了解其中的科技成分以及功能。
(3) 问一问：围绕你所了解的这种物品，采访身边的人，看看他们在使用这种物品时发现了什么不足，他们希望将来这种物品还有怎样的功能。
(4) 做一做：给这种物品做一张名片。（形状自行设计，文字须简洁明了，内容可包括科技成分、主要功能、不足之处、未来设想等。还可以拍下相关的照片或准备实物，以便课上交流）

生：羽绒服是人们过冬的必备品。以前，常会出现钻绒、跑毛等缺点，所以会在面料上进行涂层。如今，随着高密织物技术水平的提高，尤其是新型纤维与功能纤维的出现，面料不再需要涂层就可以克服钻绒的缺点，并让羽绒服变得更轻盈。此外，除了保暖与美观，羽绒服还有了防辐射、防紫外线、抗菌防虫等功能性面料。

① 章小英，如皋市品德与生活（社会）课堂教学研讨活动，2013 年 10 月。

生：以前，爸爸穿的衬衫总要妈妈手洗，每次晒干后都要熨烫，很麻烦。现在爸爸买了“免烫衬衫”，说明书上介绍说，它采用“绿色、低碳、环保”的液氨免烫工艺。一方面，液氨不会对织物有任何损伤，没有任何有害物质残留，对人体健康无害；另一方面，经液氨处理，衬衫能保持手感好、光泽明亮、吸湿和透气性好等特点，而且具有耐久性。爸爸穿了后，也非常满意。

生：人体身上的穿戴用品中，运动鞋科技含量最高。各家厂商在低重量、高度减震、耐磨材料、防止受伤等方面进行了各种研究。前不久，妈妈带我去买运动鞋，售货员阿姨就推荐这双耐克牌的（举起鞋子），说它鞋底的气室内放了弹性功能好的尼龙立体织物，这些织物编织非常紧密，受压后会立即反弹，让运动员拥有严密的避震保护，并贴近地面，提供极佳的触地感及飞快的速度感。

…………

师：随着科技的不断发展，人们的穿着越来越时尚，越来越实用，也越来越绿色。你们认识这种服装吗？（出示图片）

生：（异口同声）宇航服。

师：它可是航天员在太空生活和工作的保障。你们对它有哪些了解？（在学生的介绍中，教师相机补充）其实，人们还发明了“智能服装”呢！书上有详细的介绍，自己读读。

师：随着科技的发展，肯定会有越来越多的高科技服装出现在我们的生活中。你们希望出现怎样的服装？

生：我希望出现调温服装，它犹如一台空调，能根据气温的高低自动调节，让人们冬暖夏凉。

生：希望以后的衣服都是免洗的，面料像现在的一样柔软、亮丽，但脏了后只要放在太阳下晒晒，污渍就自动分解、消失，衣服恢复洁净且无异味，这样既减轻了妈妈们的负担，又节约了水资源。

师：这些美好的梦想终有一天会实现的。

（随后，“食、住、行、学习”小组也同样进行了汇报交流，教师也相机进行了补充、点拨，课堂气氛相当热烈）

案例分析：

从上述案例中，我们可以充分感受到：学生进行调查访谈的过程，不仅是完成调查目标的过程，更是一个学习的过程。在这一过程中，他们须调动眼、耳、手、脑等器官，占有各种资料，并通过自己的辨析、筛选、整合，形成自己的认识，这样不仅增长了知识，还能在体验和感悟中提升各种能力。因此，在实施调查访谈这一形式的体验活动时，教师要特别注意以下几点：（1）必须对学生的调查过程予以更多的关注和指导，尽量将调查环节设计得具体些，指导得细致些，而不能只期待一个结果。(2) 必须根据实际情况，因地制宜，调整并创新调查形式，不必拘泥于教材。而调查形式的设计和采取主要因话题而异，可以即时生成，也可以分工合作。(3) 学生参与调查访谈，绝不能只是停留于事实的了解和信息的收集层面，更关键的是要借此思考问题，反思观念，从而更新认识。

六、活动实践，在“做”中指导行为

杜威发现，“做事的能力可能是知识的最基本的意义”，并一直倡导“做中学”，“从经验中学”；蒙台梭利也提出，“实践是最好的老师”，学生只有亲身实践和体验到了才刻骨铭心，终生难忘。在品德与生活（社会）教学中，如果能创设一种开放性的实践活动，就会让儿童的道德学习变得真实具体、可感可触、可理解可实践，真正起到引导儿童生活的作用。

案例 12　　**《游戏快乐多》体验环节教学实录（片段）①**

（苏教版《品德与生活》二年级下册第三单元第十课）

教学目标：

通过讨论、交流、合作等活动，学生亲历游戏，激发自主游戏、乐于游戏的情感，培养合作意识和创新意识，养成自觉遵守游戏规则的好习惯。

课前准备：

(1) 准备相关游戏器材。

(2) 黑板画：课题＋儿童游戏场景。

体验教学环节的流程：

活动一：亲历，感悟规则

师：（出示课件）小朋友，今天，我们的教室成了“阳光游戏乐园”。大家看，有哪些游戏啊？

（保龄球、投篮、飞行棋、拼图、拉小球、挑花棒）

师：待会儿，每个小组选择一个游戏，比一比，看谁最厉害！注意哦，音乐停，游戏结束，一定要整理好游戏的器材，然后回到座位上。好了，开始吧！

（播放欢快的儿童音乐，小组游戏；音乐停，游戏结束）

师：刚才，老师发现有几组的小朋友争吵了起来，为什么呀？

（学生纷纷“告状”：××玩保龄球的时候不排队，××下飞行棋的时候赖皮，没有退

① 沈红霞，江苏省“教学新时空”德育学科“名师课堂”直播研讨活动，2013 年 6 月。

回到原点……）

师：小朋友，刚才，你们说的这些现象，就是玩游戏时不守规则。只有人人都守规则，我们才玩得顺利，玩得开心。

活动二：讨论，制定规则

师：瞧，老师带来了筷子、彩色弹珠、两个塑料盆，小朋友，怎么玩？

（小朋友们兴奋起来，有的说可以夹弹珠，用筷子把彩色弹珠从一个塑料盆夹到另一个塑料盆里；有的说可以打弹珠，用一个弹珠去击另一个弹珠……）

师：好，我们玩“夹弹珠”游戏，那么，制定哪些规则，玩起来更有趣？和你周围的小伙伴们快速讨论一下吧。

（各小组积极讨论，随后全班交流。老师整合小朋友的意见，现场在屏幕上输入游戏规则：弹珠掉了，要用筷子夹起来，不得用手；在规定时间内看谁夹得多……）

师：规则制定好了，那派谁来参加游戏呢？

（每个人都有参加游戏的权利，到底派谁呢？很多同学都自我推荐，矛盾再次出现）

师：那就请同学们再商量一下吧。（又一次涉及游戏规则的制定）

（同学们想到了“石头剪子布”“击鼓传花”等公平、合理、可遵循的规则。老师选择了费时短的“石头剪子布”，确定了每组代表）

师：现在我们就来玩一玩。

（开始比赛，现场气氛非常热烈，尖叫声、鼓掌声、加油声此起彼伏。老师仔细观察，及时评点、解说）

师：小朋友，有了规则，“夹弹珠”这个小小的游戏，我们也玩得特别开心。那开始玩的“保龄球”“投篮”“飞行棋”“拼图”“拉小球”“挑花棒”这些游戏又有哪些规则呢？每个小组选其中的一个游戏说说。

（各小组讨论得热火朝天，随后全班交流，各个游戏的规则应运而生。在此基础上，教师让各组再次玩游戏，明显比开始时有序）

活动三：动脑，创编游戏

师：小朋友，游戏千千万，规则千千万，归根结底，它们都是人们创造出来的。我们先来看一看，爸爸妈妈、爷爷奶奶小时候是怎样创编游戏的。

（播放电影《童年游戏》片断：滚铁环、打弹珠、木头人、编花篮……学生们看得兴趣盎然，啧啧赞叹）

师：利用生活中的一些材料，设计一些动作，制定相应规则，就可以创造一些小游戏。想不想来试试？

（同学们跃跃欲试，教师点击课件，屏幕上出示数字1，2，3，4，5）

师：这五个数字背面都藏着一组器材，各组长选择数字，然后根据提供的器材，与组内的小伙伴动手动脑，创编游戏，制定规则。看哪组编得巧妙、有趣。

（数字后面的器材分别是：乒乓球、废报纸、花绳、乒乓球与纸杯、小木块。伴着轻松的音乐，各小组开始合作创编游戏。随后的汇报精彩纷呈，有的把小木块夹在两腿中间跳，谁先到终点就是赢家；有的把报纸团成一团，当足球来踢，谁先进球谁就赢……）

师：小朋友，今天我们尽情地玩了许多游戏，充分体验了只有遵守规则，游戏才会快乐多多！

案例分析：

在上面这个教学案例中，教师整堂课都是让学生投入“活动实践”，亲身经历游戏过程，在活动中体验、感悟、反思、提升。活动一，教师提供了六种游戏，供学生自主选择，尽情投入游戏过程，既让学生充分体验游戏带来的快乐，又在自然状态下捕捉到学生因不守规则而产生的一些摩擦，进而将学生引入矛盾冲突中，引起反思——怎样才能让游戏玩得愉快、玩出乐趣，使教学更具有了针对性；活动二，在学生知道什么是“规则”以后，教师组织他们讨论制定“夹弹珠”的规则并尝试游戏，在活动中切身体验到了共同遵守规则所带来的愉悦，在这一范例引领的基础上，再让学生说说“挑花棒、拼图”等游戏的规则，显得具体、自然、真切，进一步强化了游戏快乐与规则之间的关系，唤醒了学生遵守规则的自觉意识；活动三，教师引领他们开展创编游戏和制定相应规则的实践，激发了学生的好奇心、探究欲望和创新潜能，这样所构建的课程生活是动手动脑、有创意的生活。

案例 13　《现在的我能做什么》体验环节教学实录（片段）①

（苏教版《品德与社会》三年级上册第三单元第十一课）

教学目标：

懂得自己的成长离不开父母（长辈）的养育，学会感激家长，体谅家长的难处，尽量少给家长添麻烦，自己的事情自己做，养成对父母、家庭和自己生活的初步责任感。

课前准备：

相关活动器材。

体验教学环节实录：

师：小组讨论讨论，现在的我们能为家里做些什么。组长记录下同学们的主要观点。

（全班共分为八组，每组都展开了热烈的讨论。几分钟后，老师叫停）

师：让我们来交流一下讨论结果。

生：我们小组认为可以为家里扫地、整理房间、叠衣服、洗小的衣服、擦皮鞋、

① 章小英，南通市小学品德与生活（社会）课堂教学研讨活动，2009 年 12 月。

洗碗。

生：我们小组认为还可以帮着端碗、拿筷子、抹桌子。

生：还可以给家人做点心。

…………

师：（将每组的记录单贴在黑板左侧）原来我们可以为家里做这么多事，但你们会做吗？

生（毫不犹豫地）：会！

师：那我可要考考你们了！老师这儿有八个任务，请每组选择一个。

（各组组长自由选择数字，教师点击并出示相应的活动内容：择菜、整理书桌、爸爸妈妈吵架了、削苹果、爷爷奶奶很孤独、叠衣服、剥花生、钉纽扣）

（各小组根据选择的内容积极活动起来）

师：让我们来看看每组任务完成得怎样。（走到择菜小组，端起了菜篮）哎呀，这儿还有个沾满泥的菜根呢！（师生哄堂大笑）我知道你们想让妈妈做饭省点时间，不过要把菜择干净，如果不会，可以向妈妈请教。好吗？

师：（走到削苹果小组）虽然削得有些不平整，但家人吃了一定会觉得特别甜。不过，以后削之前别忘了把小手洗干净，不然就成黑苹果了。

师：（端起剥花生小组装花生仁的盘子）你们这么多人才剥了这么点花生，想想平时餐桌上那一碟花生米，家人需要剥多长时间啊！下次让我们和他们一起剥，这样就快些了！

生：（迫不及待地）老师，不是我们剥得慢，而是这个花生太硬了。

师：花生也有硬和软？孩子，是我们平时剥得太少了。

（接着分别评价了钉纽扣、整理书桌和叠衣服各小组的活动情况）

师：在生活中，有时难免会发生点小矛盾。这不，妈妈和爸爸闹别扭了，正坐在沙发上生气呢！（师一屁股坐在椅子上，满脸不开心。学生在一旁窃笑）妈妈难过，你开心了？

生：妈妈，不要为一点小事生气嘛。

生：家和万事兴。

师：我也不想跟他吵，可是你看，我又要上班又要忙家务，累死了。他呢？一回到家，不是玩电脑，就是看报纸，一点都不帮忙。

生：妈妈，以后我来帮着做家务吧。

师：你？每天上学做作业，哪有时间？

生：有，我做作业迅速点，不拖拉就行了。

生：不是说“宰相肚里能撑船”吗？你就别跟爸爸计较了，爸爸玩电脑、看报纸也是在学习。

师：听你们这么一说，我这气还真消了不少。你们就像是爸爸妈妈之间的一座桥。那么面对孤独的爷爷奶奶，你又会怎么做呢？

生：双休日，我搀着他们去外面呼吸新鲜空气。

生：带领他们去看看我们美丽的护城河、东方寿星园。

师：是啊，我们的家乡一天比一天美。

生：我给他们讲讲笑话。

师：对，笑一笑，十年少。

…………

师：同学们，我相信，当爸爸妈妈看到你们这些行为时，一定会感动不已，会为有你们这么懂事的孩子而感到幸福万分。

案例分析：

现在的我们能做什么？通过讨论交流，学生会猛然感觉到：原来我可以做那么多事情。但光说不做还不行，教师又从学生日常生活中经常会遇到的事情中选取了八种，既有体力上的，又有精神上的，让学生分组活动，再当场进行展示、评价。整个活动实践过程，学生主动参与，师生、生生之间展开平等、真诚的对话，产生思维的碰撞，分享彼此的情感、体验与观念，从而达到了话谈清、理摆透、情交融、心贴紧的境界，使学生体验到自己的事情自己做、能做的事情帮着做的快乐，并在潜移默化中明白不会的事情要学着做，实现了从形象感知到抽象理性的顿悟。

七、媒体渲染，在“看”中浸润升华

多媒体具有直观性、形象性、可控性等特点，能将音乐、图片、视频等教学资源有机融合，为学生提供一个色彩缤纷、声像同步、能动能静的教学情境。在品德与生活（社会）教学时，可以根据教学内容的需要，选择具有代表性的图片资料，剪辑富有时代气息的人物事件，录制具有典型生活意义的镜头，在课堂上通过多媒体呈现出来，从而丰富教学素材，最大限度地调动学生学习的积极性与主动性，使之身临其境，心入其境，让道德认识有血有肉，情感体验深入人心，提高课堂教学的实效。

案例 14　《媒体连着我和你》体验环节教学实录（片段）①

（苏教版《品德与社会》四年级下册第三单元第九课）

教学目标：

（1）体会广告的形式多样、内容丰富，初步了解广告的类型，学会欣赏广告。

① 章小英，南通市小学品德学科现场教学展示活动，2012 年 3 月。

（2）能结合生活体验，说说广告的好处及存在问题，学会一分为二地看待事物。

（3）尝试创作广告，感受创作的愉悦。

课前准备：

布置学生搜集自己喜欢的广告，想想喜欢的原因。

体验教学环节的流程：

师：今天，老师带来了几则广告，请你猜一猜。这是我们校园里的一则广告语，上句是“举手投足间”，下面一句是什么？

生：下句是“别忘了我饥饿的大嘴巴”。这是写在垃圾筒上的广告语。

师：真是有心人！这是我从一则广告中截取的一幅图（屏幕呈现），你能说出或唱出广告词吗？

生：甜甜的，酸酸的，锌营养，吃饭香。葡萄糖酸锌爽歪歪，酸酸甜甜吃饭香。（许多学生情不自禁地一起唱起来）

师：太熟悉了！再猜一个，这是少儿频道的一个节目宣传片。（呈现其中一个画面）

生：“新闻袋袋裤”！

师：我播放广告画面，谁能给它配音？（选四名学生合作配音）

师：生活中的广告真是令人眼花缭乱！那么，你最欣赏哪些广告呢？让我们来一场“精彩大放送”吧！要求如下，自己仔细看一看。

精彩大放送
（1）向组内同伴介绍自己欣赏的一则广告。
（2）每组推荐一则广告，用合适的方式向全班同学汇报。（说一说、看一看、演一演……）

（各学习小组充分交流、积极准备后进行全班汇报展示）

师：各组的展示真是精彩纷呈！大家有没有发现，刚才推荐的广告中，有些是宣传某种商品的，我们称之为“商业广告”；有些宣传的是人类的文明、社会的风尚，我们称之为“公益广告”。今天，老师也带来了一则公益广告——《爱的表达》。（播放视频，学生认真观看）

师：喜欢这则广告吗？为什么？

生：我觉得这则广告非常有创意，它把“family”这个英文单词解释为“father and mother I love you”，一下子就表达了“爱”这个主题。

生：广告很形象，让那些字母变成大树、拐杖、雨伞等形象，让我们感受到父母对孩子的关爱。

生：里面的色彩和音乐也很温馨，特别是开始婴儿的声音，一下子就有了“家”的感觉。

生：广告虽然简短，却让我们看到了成长的过程，觉得很真实。

…………

师：同学们的评论非常中肯！那么通过刚才的“精彩大放送”，你觉得怎样的广告才是优秀的广告？

生：有创意、打动人、形象、真实……

案例分析：

在这一教学案例中，教者两次使用多媒体。第一次，选取了学生熟悉的校园、食品、少儿电视节目的广告，让学生猜下句、唱歌词、配解说，感受到广告的无处不在；第二次，在进行“精彩大放送”后，播放了公益广告《爱的表达》，让学生在典型范例中真切感受广告语言的精练、画面的生动、创意的新颖等独特魅力，从而水到渠成地总结出广告的作用，实现感性到理性的升华。

再如，教学《我的这六年》时，选取学生小学六年里的学习生活和参加各项活动的代表性照片，通过不同方式播放，插入抒情的音乐，配上教师简短、活泼而动情的现场解说，便可让一张张熟悉的脸庞、一幅幅难以忘怀的场景，唤醒学生的生活经历，激起他们丰富的内心体验，加深对同学、老师、母校的感激和眷恋之情；教学《李奶奶身上的伤痕》，将日军屠城的图片和电影《南京大屠杀》中的历史性镜头组合起来，让学生在声像中了解那段暗无天日的时光，感受日军的惨无人道和给中国人带来的无法愈合的创伤，从而从心底里迸发出强烈的谴责和深深的哀悼。

可以说，“媒体渲染”这一体验教学方式，以绘声绘色的形象反映客观事物，以图、文、声并茂的方式呈现教学内容，极大地满足了学生视听感官的需求，充分刺激了学生的视觉和听觉，强有力地唤起学生内心真实的感受。但是，在使用时，教者一定要紧扣教学目标，严格把握“适用性”原则，根据学生不同年龄阶段的心理特点、知识结构和理解能力，对各种资源、呈现方式和播放时机进行合理的选择，做到简明扼要、画面清晰、音响适度、时机恰当，力求达到最佳的视听效果，而不能变成音像资料的堆砌。此外，由于知识积累和理解能力的局限，学生观看时，教师要充分发挥主导作用，如介绍相关的时代背景、人物简历，帮助学生理解主题，进入角色；设置悬念或问题，让学生有目的地观看；在学生观看过程中进行必要的释疑、点拨、煽情，激活学生的思维、感悟；观看后组织学生讨论交流，诉说内心感受。只有这样，才能让媒体成为品德教学中有效的辅助手段。

八、汇报展示，在“评”中倾听自我

在品德教材中，有好多内容具有开放性，教师可结合本班学生实际，激发学生参与的热情，引导学生对自己的生活进行反思和整理，搭建展示的平台，让学生在评价中张扬个性，倾听自我，享受成长。

案例 15　《我们的班级》体验环节教学设计（片段）①

（苏教版《品德与社会》五年级上册第三单元第七课）

教学目标：

知道班级与个人的关系，培养主人翁意识，能热爱、关心班集体，积极参加班集体活动，维护集体荣誉，愿意为班集体做贡献。

体验教学环节的流程：

1. 激发情感

全校五年级五个班分别通过诗歌朗诵、故事引路等方式，让学生认识到个人离不开集体，我荣班荣，班荣我荣；共同回顾班集体的成长历程，重温成功的喜悦，总结失败的教训；评比班级明星，讲述他们为班级所做的贡献，发挥榜样示范作用；畅想班级明天，激发为未来而努力的信心和豪情。

2. 制作展板

各班老师指导学生分工协作，制作展示本班班级特色的展示板。同学们个个献计献策、跃跃欲试，画画、写字、拍照、编辑文字，个个忙得不亦乐乎。

3. 展示交流

一个星期后，全校五个班的展示板都闪亮登场了，真是各具特色：有的将全班学生的头像做成树叶形，组成一棵色彩缤纷的班级树；有的模仿“感动中国”，评选出本班的“感动明星”，一张照片加上一段“颁奖词”，特别吸引人；有的呈现出班级富有创意的“代号”“班色”“座右铭”“班徽”等，体现了奋发向上、健康乐观的精神风貌。这些展示板都陈列在学校大厅内，老师们组织学生按班级轮流参观。孩子们饶有兴趣地看着，情不自禁地交流着，脸上写满自豪、兴奋与钦佩。

4. 总结提升

待同学们参观完毕，老师再组织他们讨论：(1) 和别的班级相比，我们有什么优势和弱点？旨在让学生全面客观地认识自己的班集体，既不自卑，也不盲目自信。(2) 今后将如何扬长避短？让学生以集体主人公的身份，为班级的明天献计献策。

案例分析：

本课由“我们长在同一棵树上”“咱们这棵树长得怎样”“我在班级中的‘特殊贡献’”三个板块构成。教学时，这位老师大胆创新，召集全校五年级五个班统一行动，采用了“汇报展示”的体验教学方式。在整个活动过程中，每个学生都融入了集体，真切体验着

① 章小英，如皋师范附小“我最得意的一课”教学案例交流，2013 年 12 月。

集体的民主、智慧、团结、温暖，充分享受着合作、讨论、劳动、超越的快乐，同时，每个个体内心也进一步明确了自己在班集体中的责任和义务，坚定着“我为班级添光彩，班级因我而骄傲”的信念。

“品德课是最美的课程。因为在这门课中，我们唤醒、挖掘真善美，让孩子的心灵纯洁、美丽。”只有源于学生对真实生活的深度体验、认识和感悟的教育活动，才能触及学生的灵魂，才能真正引发他们多视角地去分析社会和事物的本质，唤醒他们内心的真善美。因此，我们每一位品德与生活（社会）课程的教师，都要把学习主体的体验过程看作教育活动的基本形式之一，强调学习中的体验、体验后的感悟，使原来静态的知识经验在个体的心灵中被激活，产生广泛的联系，获得新的意义，促进道德生命的茁壮成长。

思考与练习

1. 为什么说品德与生活（社会）是一种体验性课程？

2. 选择小学品德与生活或品德与社会教材的某一内容，从体验教学的角度，完成一份教学设计。

阅读文献

1. 高德胜. 生活德育论. 北京：人民出版社，2005.

2. 刘惊铎. 道德体验论. 北京：人民教育出版社，2003.

3. 刘晓东. 解放儿童. 2版. 南京：江苏教育出版社，2008.

4. 成尚荣. 义务教育课程标准（2011年版）案例式解读·小学品德与生活（社会）. 北京：教育科学出版社，2012.

5. 张茂聪. 新版课程标准解析与教学指导·品德与生活. 北京：北京师范大学出版社，2012.

第七章

小学品德与生活（社会）思辨环节教学设计

本章导读

什么是思辨教学？在品德与生活（社会）课程中，实施思辨教学有什么意义？在教学实践中，该怎样设计思辨教学话题、如何带领学生开展思辨活动呢？本章将通过理论简介、案例剖析来让你感受到一个新颖而又容易操作的教学设计。

第一节 思辨教学的基本理论

一、思辨的内涵

思辨，在《现代汉语词典》中有两种解释，分别是“哲学上指运用逻辑推导而进行纯理论、纯概念的思考”和“思考辨析”①。“思辨，顾名思义，思考和辨别的意思，就是让学生在思考的基础上，进行有效的辩论，达到提高思维及表达能力的目的。”② 思辨是思维过程，包括观察、认识、分析、判断及方法。中国古代的思辨，从一开始就是立基在对自然与人自身的观察上的。

在品德课教学中，要重视通过培养学生多角度分析问题的能力、一分为二辩证分析问题的能力和运用书本理论分析实际问题的能力，来培养学生良好的思辨能力。这对于促进学生道德品质、健康心理、法律意识和公民意识的进一步发展，形成乐观向上的生活态

① 中国社会科学院语言研究所词典编辑室编：《现代汉语词典（第6版）》，1230页，北京，商务印书馆，2012。

② 王发亮：《语文“口语交际”教学因思辨而彰显智慧火花》，载《教书育人·校长参考》，2014（11）。

度，逐步树立正确的世界观、人生观、价值观有重要意义。不经省察的人生是没有价值的，不经思辨的知识是没有意义的。思辨是一种重要的能力，是联系知识和觉悟的桥梁。思辨能力越强，分析、归纳、运用知识的能力就越强，对知识的掌握和理解就越多，觉悟提升的空间也就越大。

在一个知识爆炸的年代，一个民族的胜出不再取决于知识的多寡，或者谁提前掌握了知识，而是谁真正拥有智慧的头脑。智慧，则集中体现在思维品质方面，包括思维的深刻性、思维的灵活性、思维的批判性、思维的独创性和思维的敏捷性。

二、思辨教学的价值探寻

近几年来，关于中西教育孰优孰劣的讨论越来越多。在中西方教育碰撞中，越来越多的人发现：中国学生专业突出却无法表达自己，能掌握知识却无法独立思考，能考高分却生活无法自理……在高考的指挥棒下，逻辑思维、动手和实践等一系列能力因为考试不考而不被重视。然而，这些能力却是学习、生活甚至就业中必不可少的。越来越多的教育人士认识到：思辨能力培养应该是教育中不可或缺的环节，是受教育的必需条件。素质教育作为新课改中小学品德与社会教学的重要课题，它的主要任务是在学生具有一定思辨能力的环境下，养成良好的道德素养。品德与社会课程标准指出："品德与社会课程以社会主义核心价值体系为指导，以满足学生的身心需要为目标，以学生社会生活为基础，注重学生在主动学习的过程中，初步掌握认识社会事物和现象的方法，提高道德判断和行为选择能力，发展学生主动适应社会、积极参与社会的能力。"① 思辨教学可以给德育带来以下变化：

（一）改变道德灌输，唤醒主体意识

"德育过程就是双方共同为实现一定德育目标，教育者、受教育者共同参与教育活动的过程，因此必须有两方面的主动性、积极性。受教育者的思想品德发展必须建立在自身积极参与活动和交往的基础上，外界德育影响必须通过自己思想内部的矛盾运动得以实现。教育者的主导作用表现在启发、引导、指导方面，而不是代替受教育者的参与，不是代替受教育者自身的努力，否则将导致'教师中心论'。"② 中国传统的德育是注重道德说教和道德灌输的，然而思辨环节运用，是教育者在受教育者的心理年龄特点和现有的思想品德的基础上，创设一定的情境，激发学生思辨的兴趣，发挥学生主体的积极性，主动去思考、辨析，使教育和自我教育结合起来，积极地学习掌握有关品德规范，积极地内化为

---

① 中华人民共和国教育部制定：《义务教育品德与社会课程标准（2011 年版）》，1 页，北京，北京师范大学出版社，2012。

② 鲁洁、王逢贤：《德育新论》，301 页，南京，江苏教育出版社，2010。

自己的思想观点。这样的教育活动，体现了对道德主体性、对道德主体自由意志的尊重，较之传统的道德灌输式的教育更深入地触及道德教育的根本问题，反映了道德的本质特征。

（二）清晰道德认知，促进道德生长

在品德与生活（社会）课堂中，教师注重培养学生的思辨能力，教会学生从不同的角度观察、认知、分析社会事物和现象，对生活中遇到的道德问题做出正确的判断和选择，是非常有必要的。强调认知、思维在道德发展中的作用，重视道德教育过程中加强道德认知能力的培养，已经成为当代道德教育理论的一种普遍倾向。思辨教学重视学生的独立思考，教学的形式也不再是单纯的讲授和说教，而是给学生提供更多的机会，让他们在处理现实的道德问题、道德情感体验冲突的过程中增加对道德规则的认识和理解，从而促进道德的发展。思辨活动的运用，在引导学生辩证、多维地看待问题的过程中，能提高学生的思维能力、判断能力和选择能力等，是培养创新思维、促进道德生长的重要手段。

第二节　思辨环节教学设计策略

思辨教学环节的进行往往离不开话题的设置和讨论活动的组织。

一、巧设话题

传统教育以灌输为主，老师提出的德育要求往往比较概念化，学生感受不到道德教育与他们自身需要之间的联系，这种距离感也使得道德教育流于表面，不能真正走进儿童的内心。而适切的话题情境可以让儿童由于情感的作用而主动投身到德育活动过程中。思辨教学环节话题的创设要注意引导儿童自主，让道德教育成为他们主动参与的实践活动；还要注重思维的流量，把课堂的主要目的定位在发展学生思维能力的同时提高道德水平上，设计丰富的、适切的、具有挑战性的、促进深度参与的高级思维活动任务，从而促进学生思维能力、道德水平的提升。以下三种课堂情境有利于学生思维力的提升：

（一）多维视角的话题

教师在教学中创建多维视角的话题，不是给学生一个现成的答案，而是启发学生从多个维度看问题，从多种角度看同一事件，激活学生的思维，让学生学会主动地思考、选择。

案例 1　《心中有“规则”》教学片段①

（苏教版《品德与社会》五年级上册第二单元第六课）

师：我们先来听一个故事。

（生听故事：《周恩来冒雨借书》）

1960 年秋季的一天，天正下着瓢泼大雨，北戴河外宾阅览室里，忽然电话铃响了。管理员小王拿起话筒一听，原来是北戴河疗养所外事处的一位同志打来的，说是有位中央领导同志要看世界地图和其他一些书籍，请图书室的同志给送去。小王一听有点为难，犹豫了一下，委婉地回答说：“图书室有规定，这些书不外借，如果需要请到图书室里来看。”小王放下话筒，又望着窗外越下越大的雨，心想：这样的天气，一定不会有人来借书了。

不一会儿，图书室的门被推开了，走进一个身材魁伟的人，手里拿着一把雨伞，雨水直往下流淌，裤脚已经湿透了。他放下雨伞，走到小王面前，微笑着向她借书。

小王把书拿出来，抬头把这位同志仔细看了看，惊叫了一声：“啊，是周恩来总理！”她赶紧把书捧给总理，忽然明白了，刚才电话里说的中央领导同志，就是周总理。她后悔自己在电话里没有问清是哪位领导借书，要是早知道是总理，无论如何也要给送去，不该让总理冒这么大的雨来借书，耽误了他老人家宝贵的时间。小王望着周恩来，不知道怎么表达自己的内疚才好。

周恩来似乎明白了她的心思，爽朗地笑着说：“你把图书管理得很好嘛。是应该有一套制度，没有章程、制度，办不好事情。无论什么人都应遵守规章制度。”临走时，周恩来又握着小王的手，再次说：“一定要做好图书室的工作。”

小王望着周总理的背影，心里热乎乎的。

师：同学们，当图书管理员拒绝图书外借，总理知道后是怎么做的呢？

生：坚持自己亲自借书。

师：当小王看到冒雨来借书的是总理时，她感到很内疚，你觉得她该不该感到内疚呢？为什么？小组先展开讨论，过会儿交流。

（生讨论后全班交流）

生 1：她不应该内疚，应该按照图书室的规章制度来办事。

师：有没有不一样的想法？

生 2：应该感到内疚。因为周总理工作繁忙，日理万机，哪能让他老人家亲自过来借用资料？

① 陈璐璐，南通市优课评比教学案例，2013 年 4 月。

师：说得都有道理。还有谁来发表意见？

生3：我认为她不该内疚，因为人人都应该遵守规则，总理会带头遵守的。

生4：我认为她应该感到内疚，因为周总理年纪这么大了，又下这么大的雨，要是路上出点什么意外的话，她是不会安心的。

…………

师：同学们，从情感上来讲，周总理日理万机，白天，他要主持会议，处理国事，接见外宾，晚上他还要伏案工作，更多时候甚至通宵达旦，所以小王感到内疚是有一定道理的。但是，从规则来讲，无论是国家领导还是平民百姓，无一例外。我们说，规则面前人人平等。

案例分析：

在这个教学环节中，教者通过“同学们，当图书管理员拒绝图书外借，总理知道后是怎么做的呢？”“当小王看到冒雨来借书的是总理时，她感到很内疚，你觉得她该不该感到内疚呢？为什么？”这两个话题引导学生从多个角度去思考问题。从总理的角度，总理了解到阅览室的规章制度以后，能自觉遵守规定，不搞特殊化，体现了总理的高尚品质；从小王的角度看该不该内疚这个话题，“应该感到内疚。因为周总理工作繁忙，日理万机，哪能让他老人家亲自过来借用资料”。引导学生从规则、感情两个角度思考问题。

这样的思辨活动，引导学生从多个角度去思考问题，提高了学生的分析能力、思维能力以及道德判断能力。

（二）矛盾冲突的话题

这类话题情境的设计，使学生卷入特定的冲突之中，激活学生的思维，发展学生的道德思维能力，促进学生道德判断力的发展。

案例2 **《家庭树》思辨环节教学实录（片段）**

（苏教版《品德与社会》三年级上册第三单元第9课）

在引导孩子学习基本礼貌用语、对儿童进行文明礼貌教育的时候，我们发现，很多孩子在学校里能做到讲文明、懂礼貌，但在家里尊敬长辈方面却做得比较随意。教者设计了这样一个情境：

师：完成了一天的学习任务，和老师、同学愉快地告别后，我们放学回家啦！在家里应该怎么做呢？让我们来听东东和红红的看法。（播放视频）

红红：在家里我们也要讲文明、懂礼貌，这样，家里的人才会更喜欢我。

东东：在家里，和爷爷奶奶、爸爸妈妈在一起，随便一些，自由一些，家人之间的关系才显得更亲密呢！

红红：古人说："出必告，反必面。"在出门的时候最起码要告诉父母一声，与父母打个招呼；在回来的时候也要面禀父母，说"我回来啦"，让父母知道，总是有道理的。

东东：我出门、回家，家里人都看到了呀！而且，他们也都在忙自己的事，就不给他们添麻烦喽！

接着，老师组织大家辩论：

师：你觉得东东和红红，谁的话有道理呢？

生 1：我同意东东的看法，在家里不需要太客气，这样，家里的人就会感觉很轻松。

生 2：我觉得你在家里讲文明礼貌，爸爸妈妈也会回应你，这样大家就会感觉很累。

生 3：我觉得在家里就是要自由一些，这样多舒服呀！

师：你们认为在家里舒服很重要。有同意红红观点的吗？

生 1：我同意红红的观点，我觉得在家里也要像在学校里一样。

生 2：我觉得红红说得更有道理一些，如果在家里随意一些，自由一些，家里人就不会喜欢你，你在家里也要像在学校一样。

生 3：我跟他想法一样，如果外出不跟家人打招呼，家里人会着急的。

生 4：我现在也同意红红的观点，如果自由的话也包括脏话，总不能在家里讲脏话吧？

师：我听出来了，自由不代表放任、放纵，自由也应该在言语得体的基础上，言语得体其实就是讲文明、懂礼貌的表现。在家里，对家人也要讲文明、懂礼貌，这样才能让家里的每个人感到真正的舒服。

案例分析：

"在家里是随意一些、自由一些"还是"在家里也要多用礼貌用语、注意行为文明"这一话题情境的设计，促使学生在两个观点之间进行激烈的争辩，这一刻，他们的思维处于活跃的交锋状态，在激烈的碰撞中，对在家里应该怎么做，进行了深入、全面的思考，学生认识到在家里应该尊敬长辈，言行得体，道德判断力得到了提高。此时，教师不失时机地点评，对价值澄清起到了积极的引领作用。

知识链接　　道德两难问题简介

有一种影响力较大的对于矛盾冲突的话题讨论，叫道德两难问题讨论法。所谓道德两难，是指同时涉及两种道德规范且两者不能兼顾。道德两难问题讨论法是科尔伯格的道德认知发展阶段理论运用于儿童道德教育实践而提出的重要方法。它以道德两难故事为基本材料，让儿童对故事中的道德问题进行讨论并回答围绕该故事提出的相关问题，以此判断儿童所处的道德认知发展阶段并引导和促进其进一步发展。"道德两难问题是开放性问题……这些答案互不相容，相互对立，使得这类问题对学生的思维极具挑战性，刺激学生对它们做出认真思考，使真正的探究成了可能。”① 该方法的关键在于要以两难故事诱发儿童的认知冲突，促进积极的道德思维从而促进其道德判断的发展。

科尔伯格使用的一系列两难推理故事中，最典型的是“海因兹偷药”的故事：

在欧洲，一名妇女得了一种特殊的癌症，快要死了。医生说只有一种药或许能挽救她的生命。这种药就是本城药剂师最近刚发明的一种药剂。每一剂药的成本是 400 美元，药剂师要价 4 000 美元。患病妇女的丈夫名叫海因兹，他找到他所认识的每一个人去借钱并尝试了每一种合法的手段，但他最终也只能筹到 2 000 美元，仅够药价的一半。他告诉药剂师他的妻子快死了，求药剂师将药便宜些卖给他或者让他以后再付钱。但是药剂师说：“不行，我发明这种药就是要用它赚钱。”所以，在走投无路的情况下，海因兹感到绝望并考虑砸开药店为他妻子偷药。于是他在晚上撬开了药店的门为妻子偷来了药。结果，他被药剂师告到了法院。

讲完这个故事，主试就向被试提出了一系列的问题：

（1）海因兹应该偷药吗？为什么？

（2）他偷药是对还是错？为什么？

（3）海因兹有责任或义务去偷药吗？为什么？

（4）人们竭尽所能去挽救另一个人的生命是不是很重要？为什么？

（5）海因兹偷药是违法的。他偷药在道义上是否错误？为什么？

（6）仔细回想故事中的困境，你认为海因兹最负责任的行为应该是做什么？为什么？

儿童对科尔伯格所编制的两难故事中的问题既可做肯定回答，又可做否定回答。科尔伯格真正关心的不是儿童做出哪一种回答，而是儿童证明其回答时提出的理由。因为在科尔伯格看来，儿童提出的理由（儿童的推理思路）是根据其内部逻辑结构而来的，所以，根据儿童提出的理由就能确定出儿童的道德判断水平。教师引导学生就不同的方案进行比较、辩论，引起学生道德认知上的冲突，引发更深的思考和逻辑推理，通过讨论以达到提高学生道德推理能力和认知水平的目的。

可见，道德两难教学法是一种“以学生为主体、以教师为主导”的教学方法，这种方法在儿童思想道德教育中产生了很大影响。在小学道德课堂中巧设道德两难问题，启发学生积极思考，从道德冲突中寻找正确的答案，以有效促进学生的道德判断发展，进而焕发道德教育的魅力，让道德教育成为开启学生智慧、润泽学生生命的课堂。

“道德两难故事”的来源大致可分三类②：

（1）可以是学生身边真实的或实际发生的道德两难问题。

（2）可以是社会关注或争论的热点、焦点问题。

① 黄向阳：《德育原理》，135 页，上海，华东师范大学出版社，2000。

② 参见王立岩、于合乐：《巧设道德两难问题　促进道德判断发展》，载《小学时代》，2009（12）。

（3）可以是虚构但却可信的道德两难问题。

“围绕道德两难问题，组织学生进行小组讨论，首先需要设计出适当的道德两难情境，为讨论提供背景；其次需要设计出恰当的问题，引导学生展开讨论。”①

请看这个设计：

案例3

情境创设：话题——“我该不该出去玩？”事情是这样的：第一天，几个同学约好，第二天下午3:00一起出去玩。可是到了第二天下午2:30左右，小敏同学的作业还有好几项没有完成。怎么办？该不该出去玩？

要求：围绕学生“完成作业”和“信守约定”的矛盾点展开思辨。

这个话题情境来自孩子们真实的生活，是从孩子们的道德两难故事中筛选出来的，所以能引起孩子的道德思维的兴奋点。把设计好的道德两难故事展示给学生，引起学生意见的分歧和失衡，并给学生讨论，这是应用道德两难故事法的关键。孩子们选择出去玩，则信守了约定，但是作业不能及时完成；选择完成作业，则不能信守约定。怎么选择？没有一定的答案，怎么选都有一定道理，却两者不能兼顾，形成冲突，通过这样的道德两难话题的讨论，孩子们的认识水平、选择能力、判断能力逐步提高。但是这时必须注意的是，讨论小组成员的道德判断力应处于不同的水平，让他们的观点发生碰撞；如果讨论小组的学生之间在关于某一道德两难问题的讨论中很容易得出一致意见，甚至一开始就没有任何分歧，这就不可能达到我们应用“道德两难故事法”的初衷。

围绕着这个问题，教师发表自己对难题的看法，然后有意识地按照从高到低的水平，指名学生回答，并相机追问：

（1）你不去和同学们玩，同学们会怪你失约的，万一以后不和你玩了怎么办？

（2）你去赴约玩了，作业怎么办？老师肯定会批评你的。

（3）如果你不去，该怎么向同学们解释呢？

（4）老师批评你的话，你会怎么回答？

这样的追问，教师需要预设，也需要随机应变。最后，把学生分成两组展开辩论。在激烈的辩论中，学生围绕己方观点，都想说服对方，道德思维是活跃的。

案例分析：

需要注意的是，在学生进行讨论时，教师不对讨论进行评判，不给任何的解决策略，只是在必要时引导讨论聚焦主题。在科尔伯格看来，道德教育既不能直接讲授道德概念、灌输行为规则，也不能仅帮助学生澄清价值观念，而应该促进学生道德思维的提升，最终向

① 黄向阳：《德育原理》，227页，上海，华东师范大学出版社，2000。

道德行为发展。因此，在道德难题思辨的主题课堂中，教师不该告诉学生“成人的答案”，而应该基于学生现有的道德思维水平和社会基本准则，把道德难题讨论向前推进一步。

（三）批判思维的话题

学生是学习的主体，他们在课堂里不应是简单地了解、认同和吸收课本知识与教师的讲解，还应勇于质疑，从不同角度、不同层次来审视教材内容，与课本对话，与教师对话，摆脱原有的思维定式，或者是在批判基础上的认识、吸收，或者是另辟蹊径，发现新的问题，进而形成对教学内容的新认识。

案例 4 **《可怕的物种入侵》思辨环节教学设计**①

（苏教版《品德与社会》六年级下册第二单元第八课）

课文题目观点单一而明确：可怕的物种入侵。课文内容全部围绕“物种入侵的可怕”进行，一共有三个板块：

板块一：奇怪的现象。其中有两篇文章：《水中恶魔——食人鱼》《霸王草——紫茎泽兰》。

板块二：难以估量的损失。其中有《外来物种入侵已成为全球性的环境问题》一文，和“知识角”《为什么“地头蛇”斗不过“强龙”》。

板块三：防患于未然。其中有“小资料”《外来有害物种入侵的主要方式》和“新闻链接”《中国加强对外来物种的防范和管理》。

教材的内容全是外来物种对我们有害的一面，从课题“可怕的”“入侵”一词就可以看出编者的观点。编者想要达到的教学目标很明确：“初步了解外来有害物种入侵对新的生态系统、物种多样性和人类健康带来的巨大危害，知道有害物种入侵的主要方式，明确对待外来物种的正确态度，理解生物之间、人与自然和谐共存的重要。”② 教材编者可能是想要突出物种引进不当的可怕，但是如果教师在教学过程中不拓展、不补充、不去引领孩子一分为二地辩证地看待外来物种对我们生活利弊共存这个问题，“明确对待外来物种的正确态度，理解生物之间、人与自然和谐共存的重要”这个目标是难以达成的，容易使学生产生片面的认识。

执教者创造性开发教材，创设了具有批判性的话题，引导学生开展辩论。

批判思维教学环节设计：

师引导学生充分认识外来物种的危害之后提问：多么触目惊心的数字啊！是不是所有的外来物种都是有害的呢？请同学们查阅资料、交流展示资料。

① 周雪梅，全国小学品德与生活（社会）优质课观摩研讨活动展示课教学案例，2013 年。

② 鲁洁主编：《品德与社会教师用书》，101 页，南京，江苏教育出版社，2008。

案例分析：

这个教学案例中，通过提问“是不是所有的外来物种都是有害的呢”，教师引导学生查阅资料，突破教材的一致之思，从“有利”“有弊”两个方面全面、客观地了解外来物种给我们生活带来的不同的影响。随后，老师组织学生分成正方和反方，开展辩论活动。在活动中，学生挣脱了教材权威的束缚，畅所欲言，在碰撞中提高认识，最终达成学生认识到“引进外来物种既有利又有弊。利，是给我们带来了巨大的经济效益，丰富了我们的生活；弊，是如果引进不当，就会给我们的生活、环境带来巨大的危害”。在老师的引导下，学生没有被教材一边倒的观点所束缚，道德认识、判断能力得到了提高，同时培养了学生一分为二地辩证看待问题的能力和不被权威束缚的批判思维的品质。

二、组织活动

常用的活动方式为讨论式和辩论式两种。

（一）讨论式

“通过教师本人的言传身教影响学生的品德，一直是学校德育的优良传统。自集体教育制度形成以来，学生集体其实也是影响学生个体品德发展的重要因素。教师组织和指导学生以班级或小组为单位，围绕一定的道德问题展开讨论，就是一种通过学生集体教育学生个体的方法。”①

请看下面案例：

案例5　　面对乞丐，我们要不要帮（话题）②

情境一：上海地铁乞丐月入上万

据上海警方通报，今年以来上海警方共抓获地铁乞讨人员3.25万次，有5 600人次接受了行政处罚。申城目前以地铁乞讨为生的“职业乞丐”达到200人左右，其中又以老弱病残为主。他们并非没有钱，有的月收入甚至多达上万元，他们只是骗取大家钱财而已，所以千万别给钱。（2013年10月27日《人民日报》）

情境二：《乞丐》（屠格涅夫）

我在街上走着……一个乞丐——一个衰弱的老人挡住了我。

红肿的、流着泪水的眼睛，发青的嘴唇，粗糙、褴褛的衣服，龌龊的伤口……呵，贫穷把这个不幸的人折磨成了什么样子啊！

他向我伸出一只红肿、肮脏的手……他呻吟着，他喃喃地乞求帮助。我伸手搜索自己

① 黄向阳，《德育原理》，170页，上海，华东师范大学出版社，2000。

② 本话题由江苏省海门实验学校附属小学沈红霞老师提供。

身上所有口袋……既没有钱包，也没有怀表，甚至连一块手帕也没有……我随身什么东西也没有带。但乞丐在等待着……他伸出来的手，微微地摆动着和颤动着。

我惘然无措，惶惑不安，紧紧地握了握这只肮脏的、发抖的手……“请别见怪，兄弟；我什么也没有带，兄弟。”

乞丐那对红肿的眼睛凝视着我；他发青的嘴唇微笑了一下——接着，他也照样紧握了我变得冷起来的手指。

“哪儿的话，兄弟，”他吃力地说道，“这也应当谢谢啦。这也是一种施舍啊，兄弟。”

我明白，我也从我的兄弟那儿得到了施舍。

讨论题：

（1）面对乞讨者，是给钱，还是不理？

（2）美国小伙陆汉森在南京与行乞老奶奶分食薯条的照片爆红网络。面对“你不了解国情，乞丐大多是骗子”的提醒，小伙子回应“若真是骗子也要帮”。你认为陆汉森傻吗？

（3）一个人，不偷不抢，乞讨过日，这是人自由选择的权利。不可否认，有些乞丐“好逸恶劳”“赚取同情”“强要强讨”，有些团伙组织儿童、老人行乞，牟取暴利，难道我们就袖手旁观吗？

课堂实录：

师：同学们，看了10月27日《人民日报》的这则报道，你下次再遇到乞讨者，是给钱，还是不理呢？

生1：我还是会给钱的。每次看到乞丐全身脏脏的，头发乱乱的，身上发出难闻的气味，他们跪在地上，用乞求的眼神望着过路人多可怜啊，我不忍心不给。

生2：乞丐会因为你的施舍而更加懒惰，施舍是助纣为虐，所以面对乞丐，不应该施舍。

生3：乞讨的人中，肯定有真正的乞丐，每个人施舍一点，那些穷苦的人就能填饱肚子，穿上大衣。

生4：我们不是孙悟空，没有火眼金睛，如何辨别哪个是真的，哪个是假的？我不会理睬。

师：同学们，美国小伙陆汉森在南京与行乞老奶奶分食薯条的照片爆红网络。面对“你不了解国情，乞丐大多是骗子”的提醒，小伙子回应“若真是骗子也要帮”。

师：无独有偶，《人在囧途》里的徐铮与王宝强有这样的对话：

> 徐铮：你这样的傻瓜，活该被人骗！
>
> 王宝强：我愿意，骗了才好呢，骗了说明没人病，没人病更好。

师：你认为陆汉森与“王宝强”是不是傻瓜呢？

生：我认为他们并不是傻瓜，因为他们心中有爱！

生：我们常说：“友善是香水，大方点，把它洒到别人身上，总有几滴留在自己身上。”即使那个老奶奶是假乞丐，也没关系，帮助了别人，心里总是甜滋滋的，不是吗？

生：我的心中有两只小精灵在打架，一只小精灵说："不要给，那些是骗子，不要做傻瓜。"另一只小精灵说："不要冷漠，哪怕是被骗，也要去关爱。"

师：同学们，老师向大家推荐一篇文章，屠格涅夫的《乞丐》。屠格涅夫面对一个衰弱的老人向自己求乞，没有冷漠，而是充满同情，充满关切；更可贵的是，屠格涅夫对于弱者、穷人和社会底层的人没有"恩赐""施予"的姿态，坚持对方和自己人格上的平等，这才是真正意义上的人间温暖。

师：一个人，不偷不抢，乞讨过日，这是人自由选择的权利。不可否认，有些乞丐"好逸恶劳""赚取同情""强要抢讨"，有些团伙组织儿童、老人行乞，牟取暴利，难道我们就袖手旁观吗？

生1：对于有工作能力的年轻乞丐，我们可以选择"不要施舍"。

生2：有些乞丐死缠烂打，追着讨要，真是让人讨厌。

生3：我查阅了相关资料，《治安管理处罚法》明确规定："反复纠缠、强行讨要或者以其他滋扰他人的方式乞讨的，处五日以下拘留或者警告。"对于有组织地诱骗儿童、老人行乞的，公安机关完全可以立案侦查，依法惩处。

生4：倘若老人、儿童被犯罪团伙控制，沦为乞丐，他们也是弱者。

师：同学们，有一个寓言，说的是在地狱中，众鬼魂围着大桌吃饭，他们手上都拿着长长的筷子，用这样的筷子夹到的食物竟无法放进自己嘴里，于是人人挨饿，个个愁眉苦脸。在天堂之中，众天使也围着桌子在吃饭，他们手里的筷子也同样很长很长，但是他们夹着食物送进对方的嘴里，于是人人饱食，个个开心。

师：孩子们，只有友善他人，你才有资格生活在天堂里。

案例分析：

"道德讨论的教育意义不限于讨论的结果——形成对集体成员有约束力的集体决议，即使集体讨论没有达成明显共识，讨论的过程也可能影响学生品德的发展。"① 这个案例中，学生、老师组成了一个讨论的集体，他们思考、辨析，他们的认识、想法互相碰撞、补充，围绕"面对乞丐，我们要不要帮"这个道德问题展开讨论。通过讨论，孩子们丰富了认识；同时老师适时引领，促进了学生道德认知水平的提高。

（二）辩论式

《现代汉语词典》对"辩论"是这样定义的：彼此用一定的理由来说明自己对事物或问题的见解，揭露对方的矛盾，以便最后得到正确的认识或共同的意见。②

① 黄向阳：《德育原理》，171页，上海，华东师范大学出版社，2000。

② 参见中国社会科学院语言研究所词典编辑室编：《现代汉语词典（第6版）》，83页，北京，商务印书馆，2012。

辩论式的活动一般由主持人、正方、反方三部分组成。先由主持人宣布辩论赛规则、宣布辩题、介绍代表队及所持的立场、宣布比赛开始。辩论过程中正方、反方分别派代表阐述自己的观点，然后双方抓住对方的要害问题，调动自己的积累，有针对性地进行辩论，用简明扼要的语言来阐明自己的见解，适时归纳对方的见解，主持人对场面进行调控。最后主持人归纳总结，宣布辩论结果。学生的年龄特点和话题不同，组织流程等方面也会有差异。

想一想：

上述讨论与辩论的活动方式有什么异同？

第三节　思辨环节教学设计案例分析

前面讲过，思辨环节教学设计，首先，需要巧设话题，促进学生思维发展和道德水平的提升；其次，还要注意做好组织工作，充分发挥教师的引导作用。请看下面的案例：

案例 6　**《可怕的物种入侵》思辨环节教学实录**[①]

（苏教版《品德与社会》六年级下册第二单元第八课）

辩论环节教学实录：

师：通过同学们的讨论交流，我们了解到了，像石榴、玉米、番茄等这些引进过来的外来物种，让我们的餐桌变得更加丰富，像互花米草等引进过来的外来物种却给我们的生产、生活带来了极大的危害。因此，人们对引进外来物种有两种不同的观点：

观点 1：引进外来物种利大于弊。

观点 2：引进外来物种弊大于利。

师：同学们，你更支持哪一个观点呢？支持“引进外来物种利大于弊”的同学请打钩；认为“引进外来物种弊大于利”的同学请打叉。（学生选择）

师：看来同学们的意见也不一致，老师建议，我们来个现场的小小辩论赛，怎么样？

生：好。

师：打钩的同学是正方，坐到左边；打叉的同学是反方，坐到右边。下面开始行动。

（生调整座位）

师：请看大屏幕，我们的辩论分三个环节（出示）：

环节 1　陈述观点

环节 2　自由辩论

环节 3　总结陈词

① 周雪梅，全国小学品德与生活（社会）优质课观摩研讨活动展示课教学案例，2013 年。

生（齐读）：环节1陈述观点。

师：请双方各推荐一名代表陈述观点。环节2——

生（齐读）：自由辩论。

师：请正反两方通过举例子、列数据来证明自己的观点，并反驳对方的观点。环节3，请正反两方各推荐一名代表总结陈词。听明白了吗？

师：好，下面在小组里交流讨论。开始！

（生小组讨论准备，师巡视了解准备情况）

师：讨论好了吗？为了便于交流，我们正反两方向左向右转，面对你的辩友，开始！

师：好，我们六（6）班辩论赛现在开始。我是主持人周雪梅，下面我们进入第一环节，陈述观点，有请正方，谁来？

生（正）：我方认为，引进外来物种利大于弊。番茄、玉米等外来物种的引进，它们改善了我们的生活，使我们吃得饱，穿得暖。因此，我方认为，引进外来物种利大于弊。

师：有请反方。

生（反）：我国引进了许多外来物种，失败的例子真是太多太多了，每年我国因引进外来物种造成了许多经济损失。所以我方认为，引进外来物种弊大于利。

师：刚才我们双方陈述观点都非常清楚。下面进入展示智慧、点燃激情的自由辩论环节，有请正方先来。

生（正）：食物匮乏的年代，很多老百姓都饿肚子，我国从外国引进的一些食品，如玉米、土豆等，老百姓不仅可以填饱肚子，而且多出来的还可以卖钱。前不久，我国还从荷兰引进了一百多种花卉，美化了我们的城市，让生活变得更美好。

师：有请反方。

生（反）：我们从南美洲引进来的福寿螺，它大面积咬噬水稻，而且它的繁殖能力特别强，一次产卵2 600～3 000粒，农民们都恨透了它。

生（正）：福寿螺的确有着危害，这个我方也是这么认为的，但是它们放在餐桌上是一种十分美味的食品。

师：正方说得非常好，反方可以举例来反驳吗？

生（反）：小龙虾在我们的堤坝上不停地打洞，堤坝上全都是一个个很深的洞，洪水来的时候，洪水就会顺着这个洞钻过去，甚至会摧毁堤坝，对人民的生命财产造成了很大的威胁。

师：反方举了小龙虾的例子，正方谁来反驳？

生（正）：小龙虾虽然对我们有危害，但是在餐桌上是很美味的，你不喜欢吃吗？

师：反方，正方提出了一个反问，反方谁来接招？

生（反）：小龙虾虽然很美味，但是它关系到我们的人身安危，你觉得是你自己的安全重要还是你的口福重要呢？

师：我觉得此处应该有掌声。（师生鼓掌）

生（正）：小龙虾从日本引进的时候还有一种品种，一种是食用，另外一种是转基因的小龙虾，这种小龙虾可以吸收土壤水分中的各种重金属，包括汞、镉、砷等有害金属，小龙虾吸收这些有害金属后在身体里把它们转化，因此小龙虾对净化水源是很有益的。

师：正方这位同学课前做了充分的准备，举的例子很有说服力。有请反方。

生（反）：在大约330平方公里的昆明滇池，在引进水葫芦之前，水生鱼类有68种，在引进水葫芦之后，水生鱼类仅剩38种。害处真的很多啊！

师：这位同学举了例子，说得很有条理。

生（正）：水葫芦也可以观赏啊。它也有净化污水的作用啊。虽然说水葫芦有害处，但是它的好处也不容忽视啊！

生（反）：那我想问对方一个问题：如果水葫芦死后没有被及时打捞的话，这些水葫芦将会再一次污染水源，那水葫芦净化水又有什么用呢？（生自发鼓掌）

生（正）：就像对方辩友说的，水葫芦死亡后会被水中的生物分解，会变成很有营养的淤泥，落在河底下，它会增加水里面的氧含量，氧可以使水自己清洁自己，而且可以使水中的鱼类长得更好、种类更丰富。

生（反）：既然对方辩友说这样可以使鱼的种类更丰富，那么我想问：刚才举的例子为什么是鱼的种类在减少了呢？

生（正）：那是因为人们没有控制好水葫芦，使水葫芦肆无忌惮地繁衍，遮蔽了射到水里的阳光，使鱼类没有生存的空间。这一点我方也是承认的，但是这是建立在人们没有控制好水葫芦的基础上的。如果人们将水葫芦控制在一定的范围内，不让它肆意地繁衍，这样的话，水葫芦还是对我们有益的。（生自发鼓掌）

生（反）：不仅是水葫芦，比方说还有食人鱼。有一位先生在河边不小心被食人鱼咬了，血肉模糊，所以食人鱼对我们的安全有了威胁。难道你就不怕食人鱼吗？（生自发鼓掌）

生（正）：他们列举了很多有害的外来物种的例子，但是我觉得，为什么这些外来物种会造成较大的威胁呢？其实原因不在于这个外来物种本身，而在于各种环境、人为的因素。而且，把一些经国家有关部门鉴定许可的东西移植过来是完全没有害处的。所以说这些有害处的，它们要么是自己飘过来的，要么是不法商人等为了贪图个人的利益带过来的，而不是国家为民族着想引进来的。如果为民族着想、为国家着想是不会有这些事情的。

师：正方的观点反方同意吗？

生（反）：我不同意，像大米草就是国家引进的，当时引进是为了使滩涂更加牢固，可是大米草现在在滩涂上肆无忌惮地繁殖，造成其他植物基本灭绝。

师：刚才反方举了大米草的事例，很有说服力。（生自发鼓掌）你已经发言很多次了，把机会让给别的同学好吗？

生（正）：我同意对方观点，可是，番茄也是从外面移植过来的，它是餐桌上的美味，像番茄炒鸡蛋，你难道不喜欢吃吗？即使不喜欢吃，它也包含着许多维生素C，对我们人体好处也多多，那么请问对方辩友，你们对番茄有什么坏处可说？

师：说得很有条理。

生（反）：番茄是有很多好处，但是外来物种入侵已经在全球盛行了很长时间了，全球每年都会有很大的经济损失。

生（反）：那我来跟你讲讲水花生，它也是从外国引进的，是作为猪饲料引进的，它现在繁殖能力特别强，跟这些植物抢阳光、抢营养、抢肥料，还有你随便把它掐一段下来，随便把它扔在哪块土地里，它就会泛滥成灾，繁殖下来。

师：反方举了水花生的例子来证明自己的观点。好，时间到，刚才正方和反方唇枪舌剑，势均力敌，难分胜负。下面我们进入第三环节——总结陈词，有请正方先来。

生（正）：我方辩友举出了几个有利的外来物种的事例，这些物种不仅丰富了品种，改善了我们的生活，同时还带来了巨大的经济收益，事实证明，这个重要性使我们离不开它们。所以，我方认为，引进外来物种利大于弊。

生（反）：我们搜查资料的时候，查到了很多有关外来物种入侵的相关资料，还有大量的数据，有很多专家对很多的外来物种谈虎色变，他们试图用很多方法去治理它们，但是效果似乎不尽如人意。而且在我们国家，它们已经造成了很大的经济损失。所以，我方认为，引进外来物种弊大于利。

师：好，同学们，所谓真理越辩越明，通过你们的辩论，周老师听明白了，引进外来物种既有利又有弊。利，是给我们带来了巨大的经济效益，丰富了我们的生活；弊，是如果引进不当，就会给我们的生活、环境带来巨大的危害。要想让外来物种引进利大于弊，我们就必须要谨慎引进。

案例分析：

1. 活动组织有序

活动一开始，教师先亮出话题："人们对引进外来物种有两种不同的观点。观点 1：引进外来物种利大于弊。观点 2：引进外来物种弊大于利。同学们，你更支持哪一个观点呢？"然后让孩子通过"打钩""打叉"把学生分成两组，"打钩的同学是正方，坐到左边；打叉的同学是反方，坐到右边"。接着调整座位，一切都在有条不紊地进行，为辩论赛创造了良好的条件。特别值得一提的是，教者非常注意活动组织的细节："为了便于交流，我们正反两方向左向右转，面对你的辩友，开始！"记得有一个节目主持人介绍过座位的安排对电视节目效果的影响，那是个谈话交流类节目，一开始，将嘉宾们的座位一字排开，结果效果不能令人满意，嘉宾们不能像预期的那样流畅地交流；后来把座位安排成面对面，嘉宾们很自然地就能针对对方的话题流畅、深入地交流了。可见，活动组织中，注意细节有助于提高活动效果。这节课中教师让学生面对面坐，为学生顺利地辩论营造了氛围，创造了条件。

接着教者明确了任务："看来同学们的意见也不一致，老师建议，我们来个现场的小小辩论赛，怎么样?"同时，又教给了方法，"我们的辩论分三个环节。环节1：陈述观点。环节2：自由辩论。环节3：总结陈词"，使得学生有法可依，有章可循。

2. 学生准备充分

辩论活动中，学生要能辩驳对方的观点，需要一定的知识、信息储备。一个人如果光有辩论的热情，但其知识底蕴很差，可供调动的东西很少，那就会陷入"巧妇难为无米之炊"的窘境，纵有再高的热情，也无法取得理想的效果。所谓言不达意。知识好比一座金字塔，不了解宽泛的知识背景，只对本专业知识了解较多或者比较丰富，想在论坛上的辩论中运用自如、应答如流也是不可能的。在上面的这个案例中，反方学生用课前搜集的"我们从南美洲引进来的福寿螺，它大面积咬噬水稻，而且它的繁殖能力特别强，一次产卵2 600～3 000粒，农民们都恨透了它"来反驳正方学生的"前不久，我国还从荷兰引进了一百多种花卉，美化了我们的城市，让生活变得更美好"，就很有说服力。这样的例子在这个案例中还有很多。如反方的"在大约330平方公里的昆明滇池，在引进水葫芦之前，水生鱼类有68种，在引进水葫芦之后，水生鱼类仅剩38种。害处真的很多啊"，正方的"小龙虾从日本引进的时候还有一种品种，一种是食用，另外一种是转基因的小龙虾，这种小龙虾可以吸收土壤水分中的各种重金属，有汞、镉、砷等有害金属，小龙虾吸收这些有害金属后在身体里把它们转化，因此小龙虾对净化水体是很有益的"，等等，也很有说服力。

3. 适时教给方法

这个案例中，教师非常注意调动学生的积极性。辩论开始，学生有点腼腆，发言者是由老师点名的。后来，"我觉得此处应该有掌声"，"正方这位同学课前做了充分的准备，举的例子很有说服力"，"这位同学举了例子，说得很有条理"等语言，给了学生鼓励、信心的同时，也暗示学生辩论时表达要有条理、有说服力。在老师的引导下，辩论到精彩处学生能自发鼓掌，辩论者也不需要老师点名，自己能主动站起来踊跃发言。

再来回味这个片段：

师：反方举了小龙虾的例子，正方谁来反驳？

生（正）：小龙虾虽然对我们有危害，但是在餐桌上是很美味的，你不喜欢吃吗？

师：反方，正方提出了一个反问，反方谁来接招？

生（反）：小龙虾虽然很美味，但是它关系到我们的人身安危，你觉得是你自己的安全重要还是你的口福重要呢?

老师的“正方谁来反驳”“反方谁来接招”这样看似简单的主持话语，却在引导学生辩论时要考虑别人的观点或意见，这样辩驳就会更有针对性。看学生辩得多精彩：“小龙虾虽然对我们有危害，但是在餐桌上是很美味的，你不喜欢吃吗?”“小龙虾虽然很美味，但是它关系到我们的人身安危，你觉得是你自己的安全重要还是你的口福重要呢?”学生的思维是多么敏捷啊！

最后，教者在学生越辩越明的基础上做了有力的总结，帮助学生提升道德判断力。所以，辩论中，虽然学生是主角，但是教师的引导也大有作为。

案例7　**《唐玄奘》思辨环节教学实录**①

（辽海版《品德与社会》五年级下册第一单元第二课）

教学目标：

(1) 初步了解玄奘历经艰辛，克服重重困难西行取经的经历。

(2) 能够通过合作探究进一步了解玄奘为中印文化交流做出的杰出贡献。

(3) 学习他对理想永不放弃、对信念始终坚持的精神。

教学重点：

通过了解唐玄奘西行取真经的过程，学习他不畏艰辛、勤奋好学、追求理想的精神。

教学难点：

能够在学习的过程中真实表达出个人的见解，并大胆地提出自己的疑问，通过讨论交流解决问题。

讨论思辨教学环节的流程：

师：上课！同学们好！

生：老师，您好！

师：听着这么熟悉的旋律，看着这么精美的动画，我想咱们同学一定注意到了动画当中的这四个经典人物。那么，这四个人物形象，你最喜欢谁呢?

生：我最喜欢孙悟空。因为孙悟空又勇敢又善良。他还替师父降妖除魔，所以我很喜欢他。

师：说得很完整。谁愿意再说说你喜欢谁?

生1：我喜欢沙和尚，因为他总是挑着很重的担子，非常忠厚老实。

生2：我很喜欢唐僧，因为他心地善良，一心向佛，没有半点杂念，所以我喜欢他。

师：看样子我们同学喜欢的人物各不相同。那么我就想调查一下，咱们同学当中喜欢

① 周雪梅，全国小学品德与生活（社会）优质课观摩研讨活动展示课教学案例，2013。

孙悟空的请举手。

师：哦，这么多。那么喜欢唐僧的同学请举手。

师：比例很明显，一下差了这么多。为什么你们对这个徒弟孙悟空这么情有独钟，而对于这四个人当中的领军人物唐僧，却没有什么好感呢？

生1：因为在《西游记》中的唐僧是一个非常懦弱的人，他错把那些妖怪当成人看。在“三打白骨精”中，白骨精装成女的，他都没看出来。孙悟空好心却被他拒绝了，所以我不是特别喜欢他。

生2：因为唐僧没有孙悟空那样辨识妖精的能力，他每次都把妖精当成人看，孙悟空降妖除魔他却念“紧箍咒”把孙悟空赶走，所以我不喜欢他。

师：有没有不同观点？

生：我看《西游记》发现，每回孙悟空发现一个妖怪想打死的时候，唐僧总想把他放了。而且我觉得唐僧在那里很没有用，因为经常被妖怪捉去，孙悟空次次去救他，他还不领情。

师：看来咱们同学对于小说《西游记》当中的唐僧，这个斯文懦弱的形象是很不喜欢的。那么，你知道小说《西游记》中的故事是真的吗？

生：不是。

师：全都是假的？

生：《西游记》里有一些是假的，有一些是真的。

师：你能不能向大家介绍一下。谁帮帮他？

生：比如《西游记》里唐僧西天取经就是唐玄奘取经这件事是真的。

师：的确，在中国的历史上，在唐朝的初期，有一位得道的高僧，他一路西行，前往当时一个遥远而又神秘的国度，去求取真经。这个和尚在历史上法号叫玄奘，由于他生活在唐朝时期，我们后人就把他称为——

生：唐玄奘。

师：那么历史当中真实的玄奘，是不是像小说中所描写的那样又斯文又懦弱，又不分好坏呢？

生：不是。

师：真实的玄奘在那西行的路上又会有什么样的事情发生呢？今天这节课，就让我们一起穿越回1 300多年前的大唐，来了解一下历史当中真实的玄奘。

师：既然要了解他，我想问问咱们同学，你对他哪一个方面比较感兴趣，想了解呢？

（交流对唐玄奘取经原因、经历事情、克服困难的了解）

…………

师：玄奘西行到天竺去，在中国的历史上他不是第一个。

生：是法显。

师：晋代的法显吗？法显也不是第一人。在中国的历史上，有记载的，在三国时期就有人冒险西行了。累加起来达到了 720 多人，可是真正回来的也就 40 多人。那些没回来的人呢？

生：可能在路上被饿死或冻死。

师：这 40 多人当中，为什么我们一提西行的故事，马上想到的就是玄奘呢？吴承恩在写小说时是以玄奘为原型的，他为什么不写别人呢？

（学生组内合作探究学习，教师各组巡视并参与讨论）

师：说说你的观点。

生：我认为玄奘有名。

师：他为什么有名呀？

生 1：我们组整理出五点。第一，他编制了《大唐西域记》；第二，他从天竺带回了许多我们不知道的物品；第三，他再一次走通了丝绸之路；第四，他遵守了自己的诺言，不惜失去自己的性命；第五，他建立了中国与印度的友好关系。

生 2：我有一个问题，法显编写了《佛国记》，为什么只写唐玄奘而不写法显？

生 3：之前法显也带回了佛经，也翻译了，为什么非写唐玄奘不可呢？

生 4：法显也带回了我们不知道的物品，为什么他还是写唐玄奘呢？

生 5：因为通过吴承恩的《西游记》，我们大家了解了唐玄奘，并且非常喜爱他，所以唐玄奘很有名。

生 6：我们的问题是为什么把玄奘编进《西游记》，而不是他为什么有名。

生 7：因为玄奘除了从天竺带来一些别人不知道的佛经和佛像，他还把很多东西传授给了中国老百姓，比如说……

生 8：他还把《老子》这部书译成梵文，传到天竺。

生 9：他还把印度的一些歌舞、音乐、雕刻、绘画、医药学和天文学都传到了中国。

生 10：但是法显也做过这些呀，他还把中国的许多技艺传到了天竺，让天竺也进行了一次发展。

生 11：他把这些技艺传到了天竺，也是让天竺与大唐进行贸易，与唐僧的行为也差不多。

师：老师先给你纠个错，就是法显是晋代人，不能说是促进大唐，而是促进了中国与印度的交流。

生：玄奘是第一个系统地将天主的佛教、历史、地理和风土人情记录下来，传到中国的人。

师：请大家看大屏幕。这就是当年玄奘口述，由他的得意弟子辩机执笔所写成的《大唐西域记》。的确，当年晋代的法显也写过一本书《佛国记》，但是在他的那本书里，记载的内容，跟玄奘所整理的《大唐西域记》相比——

生：少。

师：在《大唐西域记》里，玄奘不仅记录了自己所走过的110个国家，同时还把他听到的、未曾去过的几十个国家也编写进去。还有别的原因吗？

生：因为玄奘当时是在唐朝，交通工具不发达。而法显是在晋代。

师：注意，法显是在晋代。

生1：老师，是不是晋代是在唐代的后面呀？

生2：前面。

生1：那是不是吴承恩照着《大唐西域记》来稍加改动，想象一下，就成了《西游记》？

生3：可能是吴承恩的朝代和唐玄奘的朝代更接近一些，更了解一些，所以他把唐玄奘编了进去。

生4：因为唐玄奘是背着皇帝去的，而法显是带着很多人去的。

师：其实就像同学们所说的那样。第一，他的《大唐西域记》写得非常翔实、准确，今天印度许多与佛有关的古迹都是通过这本书发掘出来的。印度的历史学者，曾经说过这样一句话，"如果没有玄奘的《大唐西域记》，印度的历史将无法重建"。他们的历史中间很多地方已经失去了记录，这本《大唐西域记》帮他们找回了当年的记忆。第二，玄奘从天竺带回的经书数量是庞大的，而且翻译出来的经书的数量也是庞大的。可以用八个字来形容，那就是"前无古人，后无来者"。更关键的是，他在天竺学习的时候，获得了极高的荣誉。

生：他辩倒了所有的高僧。他讲经，让别人来辩论，他辩倒了所有的人。而且当时天竺的皇帝赏给了他一头大象，说明那是最高荣誉。

师：他在国外留学，在佛教的发源地天竺获得了如此巨大的成绩，促进了当时天竺与唐朝之间的交流。所以我们说，我们后人记得更多的是——

生：唐玄奘。

师：你觉得玄奘是一个什么样的人呢？从他的身上你悟到了什么？

生1：我认为玄奘是一个大智大勇的和尚，他能够冒着生命危险去天竺取得真经，是非常可贵的。

生2：他不惜经历路上的千辛万苦，寻找佛教的真谛，说明他非常有意志。

师：他有一个坚定的信念，为了自己的理想。

（教师板书：坚持信念追求理想）

生3：我觉得他是一个不屈不挠的人。

师：有一种顽强的性格。

生4：我觉得他是一个锲而不舍、视死如归的人。

生5：我觉得他是一个遵守诺言的人，他说过如果不到天竺不向东走一步。

师：从他的身上你获得了哪些启发？你有所收获吗？

生1：做事情不要半途而废。

师：在说自己吗？

生2：是。

师：其实他不仅仅是在说自己，也是在告诉我们。

生3：要像他去找经书一样，追求自己的理想；要像他过沙漠一样，勇于拼搏。

师：你觉得你在生活当中什么时候可以像他这样？

生1：如果我遇到非常大的困难，我就会想，玄奘取经的时候比我遇到的困难还要多。我就用这个来激励自己。

生2：我比较喜欢玄奘坚持自己的信念，走过沙漠，克服所有的困难。我以后也要像他一样坚持自己的信念。

师：短短的40分钟过去了，我想我们同学今天所了解的不仅仅是玄奘一路西行所经历的磨难，我们看到的也不仅仅是他翻译的数量巨大的经书，以及那本享誉世界的《大唐西域记》。他留给我们的更多的是一个精神层面的东西，那就是对自己的理想永不放弃、对自己的信念始终坚持的玄奘精神，这也恰恰是我们中华民族的精神！谢谢各位同学，下课！

师：同学们再见！

生：老师再见！

案例分析：

从课例中我们可以看出，上课伊始，教师的调查中显示出唐玄奘在孩子们心中的印象是“懦弱”“是非不分”“很没有用”，孩子们不太喜欢他。然而课结束前，学生的认识发生了根本改变，学生用“大智大勇”“遵守诺言”“信念坚定”“不屈不挠”“锲而不舍”“视死如归”等词语来形容唐玄奘。学生们说：“要像他去找经书一样，追求自己的理想；要像他过沙漠一样，勇于拼搏。”“如果我遇到非常大的困难，我就会想，玄奘取经的时候比我遇到的困难还要多。我就用这个来激励自己。”“我比较喜欢玄奘坚持自己的信念，走过沙漠，克服所有的困难。我以后也要像他一样坚持自己的信念。”很好地达成了教学目标，究其原因，教者以下几点做法很值得借鉴：

1. 话题选择，激发浓厚兴趣

“学生的生活及其社会化需求是课程的基础。本课程注重学生生活的价值。学生的品德与社会性发展源于他们对生活的认识、体验和感悟，学生的生活对本课程的构建具有重要价值。”① “这四个人物形象，你最喜欢谁呢？”这个话题让学生有感而发、有话可说，能打开话匣子，为讨论、思辨创造了条件。“比例很明显，一下差了这么多。为什么你们对这个徒弟孙悟空这么情有独钟，而对于这四个人当中的领军人物唐僧，却没有什么好感呢？”这个话题来自对学生当下喜好的调查，来自学生真实的生活，同时也是学生共同的困惑，反映了学生的需要，教者这个话题的选择贴近孩子的生活，找准了学生发展的起点，教者成功地走好了第一步。

2. 梯度提问，促进深入思考

因为年龄的特点，学生们对玄奘的认识与了解只是停留在他西行的经历。了解这样一位对中国乃至世界都有着重大影响力的历史人物，如果仅仅停留在这一层面，是不能客观地评价他的。为了引起学生进一步的思考与探究，教者围绕“历史上有那么多人都曾经有过西行的经历，为什么《西游记》偏偏以玄奘为原型，后人们都会记得他呢”激发学生去进行道德探究，在帮助学生回顾真实的玄奘在那西行的路上所经历的事情之后，教者提出了一串问题促进思考的层层深入：

（1）他为什么有名呀？

（2）还有别的原因吗？

（3）你觉得玄奘是一个什么样的人呢？从他的身上你悟到了什么？

（4）从他的身上你获得了哪些启发？你有所收获吗？

“他为什么有名呀？”询问为什么，让学生陈述理由，这就给学生以机会，发现自己可能与同学持有相同的立场，却出于截然不同的理由。这种思维方式上的差异可以激发学生探讨的兴趣，并引起学生间的对话和交流。“还有别的原因吗？”通过组内的探究、交流，班级的汇报、争辩，促使学生进行多维思考，全面立体地了解玄奘这个人，丰富认识。“你觉得玄奘是一个什么样的人呢？从他的身上你悟到了什么？”这个问题的提出，指向道德认知，帮助学生认识到他身上体现出的对理想始终坚持，对信念永不放弃的精神，促进了道德认识的发展。这场班级讨论表面上没有形成任何集体决议，但实际上却能使全班学生的态度发生变化，并且在一定程度上会使行为发生变化，同时发展道德思维能力。

思考与练习

1. 为什么思辨是促进学生品德生长的有效手段？

① 中华人民共和国教育部制定：《义务教育品德与社会课程标准（2011年版）》，3页，北京，北京师范大学出版社，2012。

2. 根据学生的生活实际，设计一个思辨活动。

阅读文献

1. 鲁洁，王逢贤. 德育新论. 南京：江苏教育出版社，2010.
2. 黄向阳. 德育原理. 上海：华东师范大学出版社，2000.

第八章

小学品德与生活（社会）行为训练环节教学设计

本章导读

“行为训练”在不同的行业领域或不同的学科教学中被赋予了相应的功能和意义。在品德与生活（社会）教学中，我们该如何理解“行为训练”的内涵和价值？根据本课程的特点，我们又如何策划行为训练呢？本章将结合丰富的实例带领大家一起探讨。

第一节　行为训练的基本理论

一、行为训练的内涵

品德教学中“行为训练”环节的提出是有其特殊的背景和深远的意义的。“好习惯益终生。”而在现实生活中，我们看到的是乱扔垃圾、随地吐痰、公共场所大声喧哗、乱插队、粗话脏话满嘴等等不堪入目的坏习惯。人们纷纷怪罪于教育。良好行为习惯的养成，成了一个烫手的山芋，谁都知道它重要，却鲜少有人找到合适的培养方法。

品德学科最终的指向就是要落实到行动上，也就是要让学生养成良好的行为习惯，这与社会的需求是完全契合的。但是，小学的一节品德课只有短短的 40 分钟，怎样才能在 40 分钟的时间里实现有效“导行”呢？行为训练环节的设计及实施起着不可替代的作用。

在品德学科中，行为训练就是让学生根据学习的主旨，通过课堂操作，把道德意识和道德行为紧密联系起来，明确行动的意义，学会行动的方法，内化成一种“道德反射”。生理学、心理学大师巴甫洛夫的理论可以为这个定义提供理论支撑。他把机体生来具有的、对保存生命具有根本意义的反射称作无条件反射，把机体后天学得的反射则称作条件反射。条件反射是外在世界和有机体之间形成联系的机制。我们就是要通过行为训练环节的实施，帮助学生形成这种“条件反射”。

就本学科而言，品德与生活课程标准中明确指出：“本课程超越单一的书本知识的传递和接受，以活动为教和学的基本形式。课程的呈现形态主要是儿童直接参与的各种主题活动、游戏或其他实践活动；课程目标主要通过儿童在教师指导下的活动过程中的体验、感悟和主动建构来实现。”[①] 简而言之，在品德教学中要充分体现“活动性”的特征，而热衷活动恰恰是儿童的天性，只有遵循了课程的特点，重视儿童身心发展的特点，将两方面的要求和需求有机地、巧妙地结合到一起，才能完成适合儿童的教育。行为训练环节的设置，就是让学生在课堂学习中充分地活动起来，在道德行为的不断锤炼中，将道德认知、道德情感、道德意识等多种因素构建的个人道德体系整体提升。

二、行为训练的价值

黄向阳博士在《德育原理》一书中指出：“美德最终要落实到行动上。任何一种美德都是通过实践获得的。它首要问题不是知识的教与学，而是行为习惯的培养和获得。”结合我们的日常品德教学，就是要在课堂上实践起来，操作起来，简而言之就是要动起来。让学生的外化行为在活动的过程中塑形、定型，就能使我们的品德教学更加有效、高效。

（一）儿童道德内需的挖掘机

课程改革推进的今天，从认识上来讲，大家都知道在教学中要充分激发儿童的学习主观能动性，这样的教与学才是具有人性光辉的现代教学。但在小学品德学科的教学中，这样的教育理想在很长一段时间里都难以实现。行为训练环节的设置，却能紧紧抓住儿童喜爱活动的生理、心理特点，触发儿童的探究热情，激活儿童内心的求知欲。

案例 1　　《我最爱读的书》行为训练环节教学设计（片段）[②]

（苏教版《品德与生活》二年级下册第三单元第十二课）

教学目标：

学会在书店中正确选择适合自己的购书区域，选择自己想要的书籍。懂得利用书脊、

① 中华人民共和国教育部制定：《义务教育品德与生活课程标准（2011 年版）》，2 页，北京，北京师范大学出版社，2012。

② 张燕，南通市崇川区崇川学校校级研究课，2013 年。

目录等各种有效信息，在短时间内了解相关书籍。

行为训练环节教学设计：

（1）来到书店，走进书店，这里的书可真多，怎么才能选择适合自己，自己又喜欢的书呢？我们该往哪里走呢？（出示书店的图片）

（2）你发现了什么？（书籍是分类别摆放的）

（3）小朋友们注意到了吗，书店里的书都是怎么摆放的？（竖着摆的）

（4）是呀，竖着摆的，露出的那一道长方形，就像书的背一样，我们称之为“书脊”，就是书的脊梁。

（5）你能从书脊上知道些什么？（书名、作者、出版社等等）

（6）我们小朋友选书的时候，如果是买老师推荐的书，那么，通过书脊，就能找到你想要的书了。如果你想自己寻找一本适合自己阅读的书，你打算怎么找？

（7）先看书脊，再看目录，最后浏览。

（8）从目录，就可以看到书上的一个个小故事，你想看哪一个，就去翻到那一页，打开来读读，看这个目录下的故事或者内容自己是否喜欢。如果翻过两个故事，觉得还不错，说明这本书就可以买回去了。

（9）谁来试试，从书架上找一本《小学生同步拓展阅读（二年级）》。（教师用书立把30本书放到讲台上，书脊朝学生，个别学生、小组学生行为训练）

（10）看过之后，需要的书就拿好，不需要的怎么办？谁来做做看？（要求放到原位，个别学生、小组学生行为训练）

案例分析：

在本课中，去书店是第一个教学场景。在这里，教师将孩子带入“书店”，通过实践体验触发学生自主思考并解决这样几个问题：（1）如何找到目标区域？（2）如何找到目标书籍？（3）如何爱护书店里的书籍？在行为训练的过程中，学生不自觉地卷入了教学进程中，仿佛他们就是教材中的一个角色。此时，教材即“我”，“我”即教材，从教材要我学，老师教我学，转化成了我要自己学，我会自己学。学生的学习内驱力就被充分激发起来了。

（二）儿童道德认知的助推器

在传统的品德教学中，我们通常通过教师口述的方式将道德认知的相关内容直接传授给学生。从操作层面上来讲，就是以教材为蓝本，告诉学生该如何做，教学到这里就戛然而止了。学生究竟接收了多少、消化了多少，无法从课堂教学中得到体现和印证。可以说，这样的教学就是低效甚至无效教学，我们应该杜绝这样的课堂教学模式。

案例 2　**《快乐的邻里生活》行为训练环节教学实录（片段）**[①]

（苏教版《品德与社会》三年级下册第一单元第三课）

教学目标：

学会邻里相处的基本礼仪，体验讲文明、懂礼貌给别人带去的快乐、给自己带来的方便。

行为训练环节实录：

师：给予邻居帮助，让我们感受到了快乐。其实，在生活中，我们也需要邻居的帮助。你们瞧，丹丹家的衣服晾在外面的衣架上，一转眼就不见了。丹丹东瞧瞧，西望望，发现衣服掉在楼下王奶奶家的衣架上了。该怎么办呢？

生：去王奶奶家把衣服拿回来呀！

师：去王奶奶家拿衣服该怎么做呢？现在我就是王奶奶，谁来做丹丹？（指名一名学生）

生：笃笃笃。（敲门）

师：谁啊？

生：是我。

师：你是谁啊？

生：我是楼上的丹丹。

师（开门）：是丹丹啊！

生：王奶奶，我的衣服掉在你家衣架上了，能帮我拿一下吗？

师：好啊。（取衣服）给你。

生：谢谢！再见！

师：你们觉得她做得怎么样？

生 1：我觉得，她见到王奶奶首先应该说“你好！”

生 2：应该是“您好！”

生 3：她让王奶奶拿衣服，应该说：“能麻烦您帮我拿下衣服吗？”这样更客气些。

生 4：她最后说了“再见”还是挺有礼貌的。

生 5：但是，还可以说“王奶奶，您有空到我家来玩儿”。

师：大家想得多好啊！能做到吗？现在请同桌的两个小朋友，一个做王奶奶，一个做丹丹，试着练练看。待会儿两个人可以交换角色。

案例分析：

在这个案例中，学生需要习得的是邻里交往中沟通的礼节。我们可以这么教：大家要

① 李铭萱，南通师范附二小研究课，2012 年。

记住，请别人帮忙，一定要有礼貌。一句话一带而过，看似简洁，但实则抹杀了孩子道德认知过程中自觉思考问题的需求，遏制了孩子自我探求道德认知的过程。学生需要的不仅仅是一个结论，他们更需要知道为什么这样做、具体该怎样做。因此，在品德教学中，我们要让学生通过行为训练的形式，在实践操作中，探寻解决问题的方法，最终达成目标。学生运用“已知”，自我发现“未知”，最终达成更加完善的“认知”。这种道德认知实践推演是一个循环往复、螺旋上升的过程，是学生实现自我建构道德认知体系的过程。

（三）儿童道德行为的矫正仪

在日常品德教学中，为了实现“导行”的目标，我们常会用一种教学形式：行为正误判断。例如，在《红领巾的生日》一课中，一位老师出示了一组图片，分别是用红领巾做道具玩游戏、胡乱把红领巾塞进书包里、认真搓洗红领巾。接着，教师让学生判断正误，教学环节即完成。而另一位老师，在该环节后又设计了行为训练，教学效果发生了怎样的变化呢？

案例3　**《红领巾的生日》行为训练环节教学实录（片段）**[①]

（苏教版《品德与生活》二年级上册第一单元第四课）

教学目标：

通过课堂辨析，初步懂得该如何爱惜红领巾。通过学叠红领巾，进一步学会怎样做才是尊重红领巾。

行为训练环节实录：

师：大家判断得都很正确。那么，如果这位用红领巾做道具玩游戏的同学，就在你的眼前，你怎么做呢？

生：我要去劝阻他。

生：我帮他想其他的办法。

师：好，现在谁走上前去，劝劝这位同学？

生：这位同学你好！我们不应该把红领巾系在腿上，这样做十分不尊重它。我可以帮你想其他的办法。

师：什么办法呢？

生：我帮你去问问老师有没有绳子，好不好？

…………

师：那么红领巾该怎样收放呢？

生1：要叠整齐。

生2：不能乱塞。

① 李铭萱，南通师范附二小研究课，2012年。

师：现在，请大家把红领巾拿出来，试着叠一叠，看怎样做能把它叠规整。

（生展示不同的方法）

师：刚才大家都说会洗红领巾，谁现在就来试试？

（生示范）

师：他刚才是怎么做的？

生1：把红领巾浸湿，再涂肥皂。

生2：脏的地方可以多搓搓。

生3：我要提醒他一下，洗好了要马上扯扯平，然后晾出去，这样就不会皱了。

师：那你来示范一下，该怎么晾，好不好？

（生示范）

案例分析：

这位老师的教学过程给了我们一个启发：品德教学中导行的重要作用之一就在于“矫正行为”。能做出正确的判断，说明学生已经具有“道德认知”，但并不能证明他的道德行为水平得到了提升。“善的知识渊博的人，未必是道德高尚者。否则，伦理学专业的教师、学生就会是世界上最有道德的人。美德和技术一样，必须通过现实的活动才能获得。”[①]例如，烧得一手好菜，才能成为厨师；上好每一节课，才能成为教师。同样，做有爱心的事，才能成为有爱心的人；做勇敢的事，才能成为勇敢的人。因此，在课堂上，口头判断正误，认知上达成一致，仅仅是矫正行为的预备阶段，只有行为训练的跟进才能让学生在行动中强化道德行为的矫正。

（四）儿童道德体验的铺路砖

在品德教学中，“体验”的过程是一个实践已知真理的过程，是一个探寻新的真理的过程。所以，“体验”在本学科教学中具有不可替代的价值。但是，在实际教学中，体验需要平台，需要路径，而行为训练环节的设置，为儿童在品德习得过程中获得道德体验的过程中搭建了畅通的渠道。

案例4　《心中有“规则”》行为训练环节教学实录（片段）[②]

（苏教版《品德与社会》五年级上册第二单元第六课）

教学目标：

在课堂实践中进一步巩固练习按规则排队，体验心中有规则的益处，从而自觉遵守规则。

① 黄向阳：《德育原理》，79页，上海，华东师范大学出版社，2000。

② 南通市教科研中心资料，2012—2014年。

行为训练环节实录：

师：我们班几乎每周都是优秀班级，这和大家能够严格遵守学校里的各项规则是分不开的。好比说，我们班的课间操星特别多，说明我们在这方面遵守规则的情况特别好。待会儿下课，又要做操了，你们打算怎么整队呢？我们一起来试试！（全班练习日常整队，回教室）

师：谁来说说，刚才你们做到了哪几点？

生：我们做到了静、快、齐。

师：是的，非常棒！这样做有什么好处？

生1：这样做，我们班的星就不会丢了。

生2：我们班又可以做优秀班级了。

案例分析：

可以看出，教学进行到这个环节时，学生体验到了按规则排队的优点，即维护班级荣誉。看起来，学生实现了道德体验，但是回归到本课的教学主旨来讲，这样的体验是不是更有功利色彩呢？学生对遵守规则的价值和意义理解得是不是过于肤浅单薄了呢？为了解决这些问题，教师进一步用行为训练引领学生在行为体验中实现道德体验。

师：其实，我们还可以做得更好些！下面请大家来玩一个游戏。

（游戏：小口的花瓶里放着三个乒乓球，球上面都有绳子系着，请三个学生在最短的时间内把三个球全部取出。经过学生的实践，发现三个球依次取出速度最快）

师：再回到我们的整队问题上来，大家觉得，还有什么地方可以做得更好？

生1：我们可以依次出教室排队。

生2：大家不要一下子全拥到教室门口去。

生3：可以一小组一小组地依次出去。

生4：我们还可以一半从前门走，一半从后门走。

生5：但是不能交叉，所以可以1、3、5、7组从前门走，2、4、6、8组从后门走。

生6：还不能拖拖拉拉。

师：好，那我们现在就来试试。（全班按新的方式进行行为训练，结束后回教室）

师：谁来说说，你们觉得按这样的规则排队，感受如何？

生1：我觉得好像速度更快了。

生2：我觉得不拥挤了，还挺宽松的。

生3：我觉得自己是一个文明人了，特别文明。

生4：大家都按照我们制定的规则做，大家都是讲文明的人了。

案例分析：

我们可以看出，学生通过行为训练，体验到了遵守规则的重要意义：提高个人及整体的文明程度。体验到了遵守规则的价值：给自己和他人带来更大的方便。这就回答了学生内心深处关于遵守规则的两个根源问题：我为什么要遵守规则？遵守规则有什么好处？对照之前学生的反馈，在行为训练中体验后，遵守规则在学生心中由外在的要求，转化成了自身的内需；由实现功利目标的手段，转化成自我道德提升的过程。

由此，我们不得不承认，行为训练为道德体验铺就了一条快速通道，这条通道只有起点，没有终点，它永远指向更高的道德目标。

（五）儿童道德情感的点金石

完整的行为训练教学环节不能仅止于行为训练本身，否则就会大大降低行为训练的道德教育价值。通常，在进行课堂行为训练之后教师还应趁热打铁，设置相关的追问，而这样的追问就是在学生行为养成的基础上进行道德情感的培育。

案例 5　**《红领巾的生日》行为训练环节教学设计（片段）**[①]

（苏教版《品德与生活》二年级上册第一单元第四课）

教学目标：

学会标准地敬好队礼，体会红领巾的神圣，激发作为少先队员的光荣感、责任感、使命感。

行为训练环节实录：

师：刚才，我们在中国第一代少先队员李奶奶的带领下，重温了队礼的意义。相信，当我们再次举起右手，五指并拢，高举过头顶的时候，一定有不一样的感受。现在，大家能行好队礼吗？

生（齐）：能！

师：现在请同桌的两个同学面对面站好。一个同学发令，另一个同学敬礼。

（小组内行为训练）

师：大家练得都十分认真。谁来说说，行好队礼要怎样做？

生 1：要保持立正姿势。

生 2：胸脯要挺得高高的，腰杆儿要挺得直直的！

生 3：左手要五指并拢，伸直，紧贴裤缝。

生 4：右手要高高举过头顶，也要做到五指并拢。

师：老师发现，刚才有不少同学已经做到了这几点。谁愿意上来做给大家看？

（以小组为单位，到讲台上来汇报）

师：当你面对鲜艳的五星红旗，以最标准的姿势行队礼时，你的心里有什么感受？

生 1：我觉得，戴上红领巾特别光荣，因为红领巾就是国旗的一角。

生 2：以前，我觉得敬礼就是做一个动作，现在我觉得，敬礼的时候自己特别自豪！

---

① 南通市教科研中心资料，2012—2014 年。

师：我知道，你是想说，敬礼这个动作的背后藏着你对祖国的热爱，是不是？

生 3：我觉得很庄严，很严肃。

生 4：我觉得很骄傲，因为我是一名少先队员。只有少先队员才能对国旗敬队礼！

案例分析：

和成人不同，儿童的道德行为更多的是被感情所驱使，所以，我们在给儿童传授道德认知、矫正其日常行为之后，还应当进一步追寻由上述两者所触发的道德情感。就本案例而言，行为训练环节的设置，达到了以行触情的效果。我们假设教师用简单的口头交流来替代其中的操作环节，紧接着问孩子，敬礼时有怎样的感受。孩子也许也能说出“自豪、骄傲”等答案，但扪心自问，这是孩子发自内心的感受，还是两个可以运用于许多场合的普通词语呢？品德教学追求“真”与“实”，最忌“假”和“虚”。行为训练就是让品德教学的“导行”环节落“实”，让情感的生成归“真”。

第二节　行为训练环节教学设计策略

一、儿童本位——行为训练的前提

以儿童的视点为起点，以儿童的需要为前提，尊重儿童的身心发展规律已经成为当今一切教育活动必须遵循的准则，行为训练也不例外。我们在设置行为训练环节时，一定要从儿童的实际需要出发。简而言之，就是要思考这样几个问题：（1）根据儿童的年龄特点，以及教材内容，本课应设置什么合理的教学目标？（2）就本课而言，孩子已经有了哪些前期储备？（3）在教学中，要帮助儿童解决哪些问题，才能实现教学目标？在明确了以上三个问题的答案之后，我们方可根据实际需要设置行为训练环节，切不可为训练而训练。

案例 6　　**《在餐桌上》行为训练环节教学设计（片段）**①

（苏教版《品德与生活》一年级下册第二单元第八课）

教学目标：

学会在餐桌上照顾客人、提醒客人等餐桌礼仪，并实践操作，体验遵守餐桌礼仪的益处。

行为训练环节实录：

师：客人的飞机晚点了，我们等了很久，肚子也饿了，怎么办？

① 李铭萱，南通师范附二小研究课，2013 年。

生 1：先吃点其他的零食吧。

生 2：我妈妈说过，客人没到，主人一定要等。

师：是的，这是我们中国人的待客之道，也是我们传统餐桌文化中的一部分。

…………

师：客人终于来了，大家都坐上了桌。小妹妹可饿坏了，看到好吃的鸡腿就用手抓。你们看了，打算怎么办？

生：我要对她说，你不能这样！

师：其他同学同意吗？

师：那么，我们怎样说，才能既阻止她，又不会让小妹妹不高兴呢？

生 1：我们悄悄地和她说。

生 2：我和她头靠着头，轻轻地说。

生 3：就是说悄悄话呗！

师：小朋友们说得可真好！在餐桌上，不应该大声说话，实在有话要说，也要注意方法才对。现在，我就请小朋友们照着你们刚才说的那些方法来做做看。

（同桌互练、小组汇报）

师：我来问问大家，刚才，他们两个说什么你们听见了吗？

生（齐）：没有！

师：那么谁来说说，在餐桌上像他们这样说话，有什么好处？

生 1：小妹妹就不会觉得不好意思了。

生 2：还能帮助她改正错误。

生 3：这样说话不打扰其他人。

生 4：在餐桌上不大声说话，就是老师平时说的文明就餐。

案例分析：

以这一课为例，教师在本环节要实现的教学目标是学生学会文明用餐，学会餐桌相关的礼仪。这是一年级下册后半学期的教材，教师面对的学生已经接受了近一年的小学教育，通过日常的常规教育，对于集体用餐时的礼仪已经有了基本认知，但是有了道德认知就一定能形成道德行为吗？答案显然是否定的。要让道德认知提升为道德行为，这其中需要一个连接的台阶，而行为训练就是这个台阶。在这个教学环节中，教师现场指导、教会了孩子，怎样做，才是小声说话，才是遵守了餐桌礼仪，并通过实践操作，让学生感知到了这样做的好处，从内心深处和教材的意图达成了共识、产生了共振。在这样的行为训练中，孩子明确了自己该怎样做，这样做有什么价值。在课堂上，孩子习得的操作方法为课后在日常生活中逐步形成习惯打下了坚实的基础。

二、贴近生活——行为训练的准则

在《义务教育品德与生活课程标准（2011 年版）》中，“生活”这个词的出现次数高达 97 次，由此可见“生活”在本课程中的重要地位。因此，尊重儿童生活，紧扣儿童生活，是品德学科所有教学手段使用时的准则，行为训练这个教学方法的使用也是如此。凡是脱离生活实际的行为训练都是低效的训练，也就是说，所有儿童生活中很少用到的，甚至是根本用不上的训练内容都是应该摒弃的。

案例 7 《家里来了客》行为训练环节教学实录（片段）[①]

（苏教版《品德与生活》二年级下册第一单元第一课）

教学目标：

在实践操作中学会招待小伙伴，体验分享的乐趣。

行为训练环节实录：

师：现在讲台就是我们的家了，谁愿意做这个家的小主人？（指名一学生上讲台）你想邀请谁来做客？

生：曹溪妍、顾尤佳。（两名学生上讲台）

师：准备好就按门铃吧！

曹：叮咚叮咚。

生：是谁呀？

曹、顾：我是你的小伙伴！

生：是小伙伴来了呀！（开门）请进，请进！

曹：听说你家里有好看的书。

生：你想看哪本书呀？

曹：（选书）我想看这本。

生：可以啊！你想看什么书？

顾：我想看这本书。（选书）

生：可以呀！（拉着小伙伴的手，走到椅子前）请坐下。（生自己在一旁吹泡泡）

师：欢乐的时光总是过得很快，不知不觉天黑了，小伙伴要回家了。小主人，该怎么办呢？（生收好玩具，帮助客人一起收好书）

曹：再见！

生：再见！

---

① 李铭萱，江苏省小学品德与生活优质课评比研讨活动，2013 年。

曹：我们以后还会到你家来玩儿的。

师：刚才这位小主人有哪些地方值得我们学习？

生1：他非常热情好客。

师：他哪些地方让你觉得热情好客？

生2：他说了两个“请进”。

生3：他让客人自己选择想看的、想玩儿的。

师：你们知道吗，这可是他平时最爱看的书了。现在，小伙伴来了，他还愿意拿出来和大家一起——分享（师生齐答）。其实，在这个家里，除了和小伙伴分享书籍，还可以怎么做呀？

生4：还可以和小伙伴一起下楼玩。

师：分享游戏的快乐。在家里呢？

生5：可以和他一起搭积木。

生6：可以和他一起看电视。

师：老师想问问你们，平时这些好吃的、好玩儿的、好看的都只属于你一个人。现在拿出来，就要属于大家了。你心里是怎么想的？

生1：要是能让小伙伴们玩得更开心，那就更好了。

生2：把玩具分享给大家，我们就可以一起玩儿，我就不再是一个人了。

生3：要是大家能一起玩儿，那该多开心呀！

师：太棒了！小朋友们，刚才你们都学会了分享。

案例分析：

在这一环节中，教师设置了在家招待小伙伴的行为训练，这个教学内容在教材中也出现了。原本教者并没有安排这一教学环节，而是将如何对待陌生人来访作为教学重点，进行行为训练。为什么后来又做了上述取舍呢？遵循贴近生活的准则，我们来想一想，孩子生活中是招待小伙伴的时间多一些，还是解决陌生人来访的问题更多一些呢？很显然，应当是前者占大多数。所以教者毅然将看似成熟的教学设计推翻，重新创设了这一行为训练环节，将其作为教学重点、难点进行突破。同时，将如何面对陌生人来访作为次要内容进行讲授。表面上看只是教学重点的变更，但它背后蕴含的是教学理念的转变。教师坐在电脑前，凭借自己的主观判断，设计出的是“师本教学”；教师走进儿童的生活，以儿童的发展需要作为目标，设计出的是“生本教学”。两者一个给了孩子教师想给的，一个给了孩子自己想要的，孰优孰劣，不言自明。

三、用好教材——行为训练的条件

我们所使用的品德学科教材，是专家们经过反复探讨、研究、修改制定而成的，其中蕴含着学科教学目标、年段教学目标。所以，我们在教学时，一定要紧扣教材，将教材吃准、吃透，再实施各项教学准备及教学行为。叶圣陶先生说过：“教材无非是个例子。”品德学科更是如此。我们都知道，品德学科和学生的日常生活有密切的联系，甚至可以说，品德教材是被浓缩的生活。既然是浓缩的生活，那么在教学时就可以在重点环节加以还原，让我们的课堂教学以教材为脚本，进一步贴近儿童的生活，满足儿童实际日常生活的需要。

案例 8　《在公交车上》行为训练环节教学实录（片段）①

（苏教版《品德与社会》四年级下册第一单元第一课）

教学目标：

学会选择正确的公交线路，看清路线号牌再上车。做到文明上车，主动投币，体验做文明乘客的快乐。

行为训练环节实录：

师：不一会儿，汽车来了，快要进站了。（课件演示：车辆向车站驶来，车牌 45 路）

师：孩子们，我们准备上车吧！行不行？

生：不行，我们要坐的是 36 路，不是 45 路。

师：是啊，我们在车站等车，不能见车就上，得看清楚车前的路线牌。没过一会儿，又有一辆车来了。（课件演示：车辆向车站驶来，车牌 36 路）这下可以上车了吗？

生齐：可以！

师：现在，讲台就是车厢，这一侧是前门，下面哪组小朋友来试着坐坐我们的日常公交呢？

（指名一组学生上台）

师：让我们来瞧瞧，这组小朋友会不会上车。（播放录音：上车请买票，先上车的乘客请往后坐，照顾一下后面的乘客）

（学生演示上车，做到了排队、投币）

师：谁来说说，他们刚才做得怎么样？

生 1：很好！他们排队上车，一点都不乱。

生 2：我也要表扬他们，做到了排队上车。

生 3：他们还主动投币，非常好。

师：那么有没有什么不足的地方呢？想想刚才公共汽车上的广播，说了些什么？

生 1：广播里说，先上车的要向后走。

生 2：也就是要从后往前坐，可他们是从前往后坐的。

师：是啊，你可真善于观察。先上车的乘客往后坐，有什么好处呢？大家想想。

---

① 李铭萱，南通市“濠滨之秋”现场教学活动，2013 年。

生 1：后面的人上车方便。

生 2：车厢里就不那么挤了。

师：说得真好！谁能做得更好？

（再请一组学生上讲台模拟训练）

案例分析：

在这一课的教材中，教师用一幅图提醒孩子们该排队上车。我们把这个浓缩的环节还原到生活中会发现，上车时要解决的问题远不止排队这一个问题。该上哪辆车？上车时除了排队还要注意什么？（从后往前坐）为什么要这样做？在这里，教师把教材上的一幅图充分解读，扩充了教学内容，还原了生活中的真实情景，既紧扣了教材的主旨，又满足了儿童道德认知、道德行为、道德情感的成长需要。

我们常听到一些老师抱怨，拿到品德教材，不知道该怎么教，书上就是几幅图、几段话，短短十几分钟就能解决了，哪用得了 40 分钟的时间呢？也许，这个案例能够给大家一点启示，其实教师是教材的使用者，但更可以是开发者。

四、多样形式——行为训练的途径

行为训练作为品德教学中的一个教学方法，是可以以多种形式呈现的。其形式大致可以分为个体训练、小组训练、集体训练。在教学中，我们可以根据教学的实际情况，灵活选择运用。

（一）个体训练

个体训练在行为训练环节中经常用到，它具有个体示范引领的作用。教师可以以个体训练对象为范例，通过生生、师生间的评价辐射所有学生。

案例 9　　《逛商场》行为训练环节教学实录（片段）①

（苏教版《品德与社会》四年级上册第三单元第九课）

教学目标：

掌握逛超市的方法，学会用不同的方法找到自己想要的物品，同时学会礼貌地求助，解决逛商场时的实际问题。

行为训练环节实录：

师：当我们无法找到自己想要的食品时，除了可以看超市里的分类牌，还有什么其他办法吗？

① 姚丹，南通市崇川区崇川学校校级研究课，2013 年。

生：问超市里的营业员阿姨。

师：对，她对这里的环境最熟悉，找到阿姨，我们该怎么说呢？老师现在就做营业员，见到我，你们打算说些什么？

生1：我先打招呼，营业员阿姨，您好！

师：用上“您好”，这样打招呼真有礼貌。

生2：然后就问营业员阿姨哪里卖面包。

师：你是怎么问的？

生2：阿姨，面包在哪里卖？

师：加上“请”试试。

生2：阿姨，请问，面包在哪里卖？

师：是不是比之前更有礼貌？在向营业员阿姨询问时，用上“您好、请问、谢谢”这样的礼貌用语，就更文明了。现在，谁愿意来做这位文明的小顾客？

（指明一名学生上讲台）

生：阿姨，您好！

师：你好，有事吗？

生：请问，面包在哪里卖？

师：前面一个货架左转，就能看见了。

生：谢谢阿姨。

师：你真懂礼貌，不客气。

师：大家来说说，刚才这位小顾客做得怎么样？

（二）小组训练

在小组训练时，学生一般需要担当相应的角色。例如，前面提到的《在公交车上》一课中的“上车”环节，一组学生扮演乘客实施训练；再如下面的这个教学片段中，同桌的两个学生分别饰演主人和客人。在小组训练中，教师退居幕后，学生担当一定角色，和同伴协同合作，让学生成为教学中的主角。

案例10　　《家里来了客》行为训练环节教学实录（片段）[①]

（苏教版《品德与生活》二年级下册第一单元第一课）

教学目标：

通过训练，每个学生学会如何招待长辈，在实践操作中将礼貌、热情待客落实到行

① 李铭萱，江苏省小学品德与生活优质课评比研讨活动，2013年。

动上。

行为训练环节实录：

师：做得真好！热烈的掌声送给她！看来，这位小朋友已经学会该怎样礼貌迎客了，其他小朋友学会了吗？

生（齐）：会！

师：好！现在我就请同座的两个小朋友，一个人做外婆或者是外公，另一个人做小主人，试着把“礼貌迎客”这件事儿做做看。

（全体小组练习）

师：刚才，我们每个小朋友的家里都来了客人，大家都十分有礼貌地迎接了客人，真了不起！我建议大家把热烈的掌声送给自己！

（三）集体训练

丰富的行为训练环节的设置，为孩子通过课堂教学养成文明习惯提供了渠道。但是如果只是一个或者一部分学生在课堂上有实践的机会，那就大大削弱了我们开展行为训练的课堂实效。我们的教学还应当关照每一个学生。

案例 11　**《在公交车上》行为训练环节教学实录（片段）**[①]

（苏教版《品德与社会》四年级下册第一单元第一课）

教学目标：

通过模拟练习，学会如何文明上车，体验遵守公共秩序给自己和他人带来的便捷，给社会营造文明氛围。

行为训练环节实录：

师：刚才我们一起学习了怎样看站牌，怎样在站台上等车，上车后该注意些什么。接下来，我们就一起乘上公交车，去看外婆吧！

现在，外面的走廊就是站台，我们到站台上等车吧。（全体出教室）

师：孩子们，在站台上等车要注意些什么？

生 1：不推挤，不打闹。

生 2：要安静。

师：汽车进站了，大伙儿该怎么做？

生：排队，提醒不推挤。

师：（打开教室前门）好，车门打开了，上车吧。（播放录音：上车请买票，前面的乘

① 李铭萱，南通市“濠滨之秋”现场教学活动，2013 年。

客向后走，照顾一下后面的乘客。自动循环播放）

以上三种训练形式，无论使用哪种，都要以达成教学目标为基础，以满足儿童在本学科中的道德成长需要为出发点，以面向全体儿童为宗旨。

五、情境创设——行为训练的法宝

在字典上，“训”即教导、教诲；“练”即反复学习，多次操作。单就词义来看，行为训练课应该先由老师讲，再由学生做。如果真是这样，行为训练环节的设置和刻板的传统品德课就没有差别了，那么它也就失去了研究的意义。怎样解决这个问题呢？我们可以将每一次行为训练都放入具体的情境中，以境激情、以情导行、以行养习。

案例 12　　《在公共汽车上》行为训练环节教学设计（片段）①

（苏教版《品德与社会》四年级下册第一单元第一课）

教学目标：

通过参观动物园，走近动物，了解动物，懂得尊重动物。同时，通过向其他游客宣传科学知识，进一步强化意识，学会与动物平等、友善地相处。

行为训练环节的设计：

看动物、谈感受：动物园到了，快让我们进去看看有哪些动物小伙伴在等着我们吧！（出示动物图片）

小朋友们，喜欢它们吗？是啊，小动物们多可爱啊！再往里走走，看这是什么？（猴山）你觉得小猴子怎么样？

看游客、想问题：被它们吸引的游客可多啦。你们瞧（出示游人私自喂食的照片），这些游客在干什么呢？你觉得他们喜欢这些动物吗？你们想不想喂好吃的给动物们吃？咦，动物园的护栏上有一块牌子，上面有红红的字，写的是什么？（出示标牌）

小朋友们，你们有什么问题？

请教饲养员：这些问题我可解决不了，我们一起去请教饲养员叔叔吧。

所谓教导、教诲，就是要让孩子明理。但是“训”的主体非得是老师吗？孩子一定是客体吗？当然不是。在这一教学片段中，设计的目的是要让孩子懂得如何爱护动物。为了实现教学目标，我首先为孩子设计了一个戏剧性的冲突，让孩子心中自己产生疑问——为什么不能喂小动物？此时，孩子自身的内在需求就被激发起来，明理成了孩子的主动

① 李铭萱，南通市“濠滨之秋”现场教学活动，2013 年。

需要。

再如下一个片段：

劝说游客（出示踩草、摘花的图片）：

呀，这些游客在干什么呢？

孩子们，你们觉得他们这样做对吗？

那么你打算怎么办？（引导学生对具体的一幅图中的人物进行劝说）

案例分析：

在行为训练课上，教师通过巧妙的设计，让学生自己教诲自己，一边做，一边思考该怎样做。在这个过程中，孩子也会下意识地将以往生活中自己或他人的不文明行为裹挟进来，进行反思，然后规范自己的行为。这样的以行引思、以思导行的训练过程，是触及孩子精神世界的实践活动。它赋予了孩子情感的体验，由此触动孩子认知的重构，使训练成为其成长的内在需要。

行为训练环节的情境创设，都源自孩子的生活，它一定要紧扣学生的生活。生活即教育，生活即书本，生活即校园，只有在以真实生活为蓝本而创设的情境中训练出来的文明行为，才是孩子当下以至一生都将受益的。

第三节 行为训练环节教学设计案例分析

目前，在品德学科的教学中，行为训练这一教学手段还没有被广泛采用，可以说是本学科建设中的一个新鲜事物。尽管我们还需要在实践中不断完善它，但不得不承认的是，它的出现将品德学科中“导行”目标落到了实处，让品德教学从平面的书本走向立体的生活，让品德教材“站”起来，“动”起来。行为训练的环节设置为儿童道德行为的重塑提供了生成空间，为课后道德习惯的养成铺垫了最大可能。

一、实物演示训练

实物演示训练，是指在训练环节中，结合课堂创设的生活情境，将生活中的相关实物作为情境元素纳入教学中。利用实物进行训练，能够更好地拉近课堂与生活的距离，让儿童走进课堂即走进生活，走进生活又仿佛进入了课堂。我们可以把这种训练中所用的实物当作一个符号、一种标识。在课堂上它是生活符号，在生活中它是道德行为的标识。

案例13　《家里来了客》行为训练环节教学实录（片段）[①]

（苏教版《品德与生活》二年级下册第一单元第一课）

教学目标：

模拟生活场景，通过行为训练，懂得招待客人时要处处替客人着想，在实践中懂得“热情、礼貌待客”的内涵。

行为训练环节实录：

片段1

生：请问你是谁呀？

师：你从猫眼里看看就知道我是谁了。

生：（模拟看猫眼）外婆！

师：快开门啊！（生开门）小宝贝儿，我好想你呀！

生：我也好想你呀！（拥抱）外婆，我给您拿拖鞋。（生拿拖鞋，鞋头顺着师脚的方向摆好）

师：你们看，我们家的小宝贝儿是这样摆拖鞋的（师把拖鞋拿起），好不好？

生（齐）：好！

师：这样摆怎么好呀？

生1：这样客人就可以直接穿了。

师：是呀，我穿起来特别方便。谢谢你，好孩子！（师换拖鞋）好舒服呀！然后呢？（指名回答）请你提醒她。

生2：然后可以请外婆坐到沙发上，问她需不需要看电视。

师：谢谢！（生牵着师的手走到沙发前）

生：请坐！（师坐下）

片段2

师：茶倒好了，谁来递给外婆？（指名一学生上讲台，教师坐到椅子上扮演外婆）

生：（生先单手拿茶杯，之后自己改成了双手拿茶杯递给师）外婆，请喝茶。

师：好，谢谢！小朋友们，你们觉得他刚才做得怎么样？

生1：我觉得他做得非常好，但有一点不足——他没有提醒外婆注意不要烫到手。

师：你想得挺细致的。谁来说说他哪些地方做得好呢？

生2：他说了“外婆，请喝茶”。

师：说得特别有礼貌。注意到他是怎样把茶递给我的吗？

---

① 李铭萱，江苏省小学品德与生活优质课评比研讨活动，2013年。

生3：他是用双手递的。

师：刚开始的时候，他是用一只手递茶杯，后来换成了两只手。能告诉大家为什么要这样做吗？

生：我怕外婆手抖拿不稳。

师：替外婆着想，不错。在我们的日常生活中，用双手把物品递给别人，或者用双手接过别人给你的物品都表示对他人的——尊重（师生齐答）。所以你后来做得特别好（师双手接过茶杯），谢谢你！

二、场景模拟训练

我们的行为训练从内容到形式上都力求尽最大可能还原生活，但是受各种客观条件的限制，我们在课堂上无法照搬生活；同时，本学科虽然源自生活，但课堂教学应是凝练、提炼后的生活再现。所以，还原生活，在求真的同时，还要求巧、求美、求精。为了实现以上目标，我们可以在课堂上大量使用场景模拟的形式开展行为训练，从而实现高效的品德教学。

案例14　《在公共汽车上》行为训练环节教学设计（片段）①

（苏教版《品德与社会》四年级下册第一单元第一课）

教学目标：

在行为训练中学会如何让座，在让座的过程中，体验体贴老人、为他人着想的快乐。

行为训练环节的设计：

（1）一路上汽车停了好几站，车上的乘客越来越多了，位置全都坐满了。这时，上来了一位老奶奶。老奶奶上了年纪，走几步就要喘口气，她一边上车，一边自言自语道（课件演示）："唉，上了年纪行动就是不方便。要是能有个空座让我坐着歇一会儿，就好了。"看到这样一位老奶奶，孩子们，你们打算怎么办？

（2）怎么和老奶奶说呢？请同座的两个小朋友一起，一个做老爷爷或者老奶奶，一个做小乘客，试着在位置上练练看。

（3）知道该怎么做吗？那谁来做这位热情文明的小乘客？现在，我来做老奶奶，你正坐在车上呢。唉，瞧我这老胳膊老腿儿的，坐趟公交车可不容易啊！

（4）谁来说说，她刚才做得怎么样？哪些地方特别好？

① 李铭萱，南通市"濠滨之秋"现场教学活动，2013年。

（5）孩子们，把位置让给别人，你们自己就没位置坐了，离目的地还挺远的呢，你们心里是怎么想的?

（6）是啊，帮助别人是件多么快乐的事情啊！在公共场合，我们遇到需要帮助的人，都要主动伸出援助之手，助人为乐是我们中华民族的传统美德。（出示：助人为乐）

三、实地现场训练

在客观条件允许的前提下，根据教材的内容，我们也可以充分利用周边的客观环境开展行为训练，这种训练就是实地现场训练。这种训练也可以理解成一种课堂教学的现场反馈，它能够在最短的时间内检查课堂教学效果，强化课堂教学内容，达成课堂教学的阶段性目标。

案例15　《下课了，放学啦!》行为训练环节教学设计（片段）

（苏教版《品德与生活》一年级上册第二单元第八课）

教学目标：

懂得上下楼梯靠右走的道理，进一步通过及时生成的行为训练强化自身的行为习惯，人人从行动上学会上下楼的方法，体会靠右行走的益处。

行为训练环节的设计：

（1）课间，我们也会到楼上或楼下去上课活动。上下楼不能慌不能乱，我们要先排好队，不推不挤，还要注意（出示）上下楼梯靠右走，脚步轻轻不喧哗。小朋友们一起读。

（2）聪明的小朋友，你知道为什么上下楼梯要靠右走吗?

（3）是啊，把左边的楼梯留给对面的人，留给有急事要通过的人。（出示图片）

（4）小朋友们记住了吗？下面请你看一看，这几位哥哥姐姐在上下楼梯时做得对吗?（播放学生楼道里追逐打闹的视频）

（5）交流：

1）上下楼梯要靠右走；

2）上下楼时不该大声喧哗打闹；

3）上下楼要小心慢行。

小朋友眼睛真亮，一下子就发现了，那你在上下楼时能做到上下楼梯靠右走，脚步轻轻不喧哗吗?

（6）行为训练：下面就让我们一起练一练。（走出教室，进行上下楼训练）

（7）预备铃响，有序走进教室。

四、课后延伸训练

在课堂教学中，行为训练环节的设置有效落实了“导行”的目标，但是仅限于课堂导行，我们的教学还没有实现最终的教学目标——习惯养成。从课堂中的个体教学行为提升到生活中的个人生活习惯，我们的课堂教学成果还需要生活的检验，因此，课后延伸训练环节是必不可少的。我们可以通过设计各种表格，通过师生评价、生生互评的形式，督促学生在生活中以“行”养“习”，更可将家长纳入我们的评价体系中，将我们品德教学的后续训练延伸至家庭。

案例 16 《逛商场》行为训练环节教学实录（片段）①

（苏教版《品德与社会》四年级上册第三单元第九课）

今天放学，就请你们先练一练，去逛一逛超市，列一个采购清单。我们来比一比谁的营养搭配最合理，谁的口味新颖、最好吃，谁的食品价廉物美、最节约。（出示反馈表）根据这份表格，评选我们班的“采购小达人”。

采购评价反馈表

食品种类	食品名称	购买数量	价格	三无产品	安全标志
				是　否	有　没有
				是　否	有　没有
				是　否	有　没有
				是　否	有　没有

案例 17 《我送老师一朵花》行为训练环节教学实录（片段）②

（苏教版《品德与社会》三年级下册第二单元第六课）

课后，请小朋友们把自己的表现记在这份表格里，下周上课时交给老师，根据你的一周表现，评选出一周“尊师文明礼仪之星”，看看谁能够通过自己的规范的礼仪表达对老师的崇敬之情（出示：我是“尊师文明礼仪之星”）。

	自我评价	同学评价	老师评价
校门口	☆☆☆	☆☆☆	☆☆☆
上课时	☆☆☆	☆☆☆	☆☆☆
下课时	☆☆☆	☆☆☆	☆☆☆

① 姚丹，南通市崇川区崇川学校校级研究课，2013 年。

② 徐艳霞，南通市崇川区崇川学校校级研究课，2012 年。

我们必须认识到，品德的形成与儿童对生活的体验、认识和感悟紧密相连。李吉林老师也提出："教师的讲解不可以代替学生的主观感受"。确实，对于儿童来说，只有亲身经历和实践的才印象深刻。他们通过行为训练，能够对周围世界达成更加充分的体验，更加深刻的体悟。因此，我们在教学中应注意设计有针对性的行为训练，让学生在勾连生活的实践中获得直接体验，并对那些通过分享获得的间接经验进行领悟内化。

思考与练习

1. 如何通过行为训练的手段实现高效的品德课堂教学？

2. 选择小学品德与生活或品德与社会教材的某一课，根据教学目标，合理运用行为训练方式，完成一份教学设计。

阅读文献

1. 高德胜. 生活德育论. 北京：人民出版社，2005.

2. 窦桂梅. 清华附小的德育细节. 上海：华东师范大学出版社，2013.

3. 黄向阳. 德育原理. 上海：华东师范大学出版社，2000.

第九章

课程资源在小学品德与生活（社会）教学设计中的运用

本章导读

什么是课程资源？在品德与生活（社会）课程中，课程资源意味着什么？在教学实践中，又该如何开发、运用好课程资源？本章将通过翔实的案例，阐述课程资源的内涵，探寻它的意义，揭示其运用策略，让更多更恰当的课程资源为你所用。

第一节 品德与生活（社会）课程资源概述

我们生活在一个物质比以往更丰富的时代，我们所拥有的资源比起其他任何时代都要多得多。每天清晨，当我们睁开双眼，所见到的阳光、水土、森林、草原、动物，甚至是在大地深处埋藏着的矿藏，是我们拥有的自然资源；当我们面对电脑，敲击键盘，点击鼠标，所获取的海量信息，是我们的信息资源；当我们登上购物网站，琳琅满目的商品以及生产制造它们的人们，便是我们拥有的物质财富以及人力资源。以上所讲的自然资源、信息资源以及物质财富和人力资源，我们都称之为“资源”，那么简言之，所谓“资源”，就是对我们的生存生活有用的东西。而本章中所讲的课程资源又是指什么呢？

一、什么是课程资源

最早研究课程资源的是“现代课程论之父”拉尔夫·W. 泰勒（Ralph W. Tyler），他在 1949 年所著的《课程与教学的基本原理》中明确提出，课程目标的来源包括三个：“对学生的研究、对当代社会生活的研究及学科专家的建议。”他把学生、社会、学科作为课程目标的三个基本来源，同时也是课程资源的重要来源。他还阐述了课程资源的利用问题，指出“要最大限度地利用学校的资源；加强校外课程（the out-of-school curriculum）；帮助学生与学校以外的环境打交道”①。

从泰勒的经典理论出发，课程资源的概念有广义与狭义之分。广义的课程资源指有利于实现课程目标的各种因素，狭义的课程资源仅指形成课程的直接因素。② 而从课程实施的角度来看，课程资源便是课程设计、实施和评价等整个课程编制过程中可资利用的一切人力、物力以及自然资源的总和，包括教材以及学校、家庭和社会中所有有助于提高学生素质的各种资源。③

无论是从课程资源的概念看，还是从课程实施的角度看，只要能够服务于课程的东西，就可以称之为课程资源。譬如在生活中，父母月收入情况、家庭的费用支出情况都是儿童并不关注的生活细节，但在教学《家庭收支知多少》一课时，教师请学生在课后详细记录家庭一周的生活开支、父母的月薪情况，而儿童记录下的这些都将成为鲜活的教学资源，直接将课堂所学的知识与生活相连接。一则故事也许并不会吸引我们多大的注意力，但在课堂上，它也许就能够帮助学生理解教材中的关键要点。教学《拥有好心情》一课时，教师引用一则《两个儿子》的故事：

> 有这样一个老太太，她有两个儿子，大儿子是卖布鞋的，二儿子是卖伞的，她整天为两个儿子发愁。天一下雨，她就会为大儿子发愁，因为布鞋卖不出去了；天一放晴，她就为二儿子发愁，因为不下雨二儿子的伞就卖不出去。老太太总是愁眉紧锁，没有一天开心，弄得疾病缠身，骨瘦如柴。

课上教师讲完故事，请学生来开导老太太，设法让她开心起来。经过讨论，学生为老太太指点迷津。课堂上引入的这则故事，让学生也学会了换个角度看问题。

所以，无论是父母月收入还是一则故事，对我们实现课程目标、实施课程都是很有帮助的，这些便是我们刚才所说的课程资源。其实，对实现课程目标、实施课程有帮助的何止是上述的这些呢？生活中的下雨打雷、听到的故事、网络资源、教材上的数据、身边的人等，但凡可以用来帮助实施课程的，都可以冠以“课程资源”的名字。

二、课程资源的分类

品德与生活（社会）课程承担着学生品德形成和社会性发展的重要任务，要使学生广泛地接触和了解社会，就必须充分开发、利用校内外的各种课程资源，以利于课程目标的实现。人们对课程资源的理解深入而又细致，课程资源的分类呈现多样化。如果仅以课程

① ［美］拉尔夫·泰勒：《课程与教学的基本原理》，123页，北京，人民教育出版社，1994。
② 参见吴刚平：《课程资源的理论构想》，载《教育研究》，2001（9）。
③ 参见段兆兵：《课程资源的内涵与有效开发》，载《课程·教材·教法》，2003（3）。

资源与人类的关系来看，可以把课程资源的载体分为非生命载体和生命载体两种形式。

（一）非生命载体资源

非生命载体主要表现为课程计划、课程标准、课程指南、教学用书、参考资料、学习辅导材料和练习册等纸质印刷品和电子音像制品、网络、软件等，甚至连博物馆、教育基地、图书馆、实验室、纪念馆、文化馆、自然景观、各种社会组织和政府机构等都是可以为教学服务的非生命载体课程资源。在非生命载体资源中，可以将这些课程资源分为自然课程资源和社会课程资源，或分为文字资源、实物资源、活动资源、信息化资源、物质资源、文化资源等。

我国幅员辽阔、山川秀美、物产多样，可以开发与利用的自然课程资源极为丰富。如动植物、地形、地貌、地势、天气、气候、季节、自然景观、生物链等等。认识自然，融入自然，与自然界和谐共处，是学生素质养成的重要内容。保存和展示人类文明成果的公共设施如图书馆、博物馆、展览馆等无疑是重要的课程资源；道路的线条美、雕塑的造型美、音乐的节奏美等均可成为陶冶学生情操的课程资源；人类活动的交往如政治活动、经济活动、司法活动、军事活动、外交活动、科技活动等也可以成为课程资源；影响人类社会生产生活的价值观念、宗教伦理、风俗习惯等与教育教学活动有着直接的关系，因而也是不可或缺的课程资源。

以上所谈及的文字资源、实物资源、活动资源、信息化资源、物质资源和文化资源是根据课程资源的物理性质和呈现方式进行划分的。

文字的产生、造纸术和印刷术的发明促进了人类文化的传播和教育教学活动的发展，以教科书为主的印刷品记录着人类的思想，蕴含着人类的智慧，保存着人类的文化，延续着人类的文明，直到今天依然是最重要的课程资源。

实物资源表现为多种形式：第一类是自然物质，如动植物、矿石等；第二类是人类生产生活过程中创造出来的物质，如建筑、机械、服饰等；第三类是为教育教学活动专门制作的物品，如笔墨纸砚、模型、标本、挂图、仪器等。实物形式的课程资源具有直观、形象、具体的特点，是常用的课程资源。

活动资源内容广泛，包括教师的言语活动和体态语言、班级集体和学生社团的活动、各种集会和文艺演出、社会调查和实践活动以及师生之间和学生之间的交往等等。充分开发与利用活动资源，有利于打破单一的课堂接受教学模式，使学生在掌握知识的过程中，增进社会适应和社会交往，养成健全的人格。

信息化资源以计算机网络为代表，具有信息容量大、智能化、虚拟化、网络化等特点，对于延伸感官、扩大教育教学规模和提高教育教学效果有着重要的作用，是其他课程资源所无法替代的。

而物质资源是指以物质形态存在的课程资源，如学校的设备和设施、家庭环境、博物馆、少年宫、自然景观、风景名胜、文物古迹、广播电视、网络、现代化教学设备等，这些都属于课程中的物质资源。

文化资源是以精神、理念等观念形态存在的课程资源，人们可以认识它、理解它、感知它，甚至可以用语言表达它，但却不能说出它的形状、长短、圆缺、颜色等；而且，人们在享用文化资源的时候，感觉是隐性的、潜在的，其作用常常是间接的、逐渐显现的。如人们的情感、态度、价值观、生活方式和人格魅力，学校的学风、班风、校风，风俗习惯、文化传统，等等。

（二）生命载体资源

生命载体资源主要是指掌握了课程素材且具有教育教学素养的教师、教育管理者和学科专家、课程专家等教育研究人员。当然，能够提供课程素材的学生、家长和其他社会人士也是课程资源的重要生命载体。他们不但是课程资源的生命载体，而且还是课程资源的开发主体，是课程资源开发的基本力量。

当然，也有称生命载体资源为人力课程资源，人力课程资源是指以人为载体而存在的课程资源。课程实施中的人力资源是指从事课程活动的具有脑力劳动与体力劳动能力的各类人员的总和，根据其来源可以划分为校内人力资源和校外人力资源，其中校内人力资源主要包括教师、学生、教育管理者，校外人力资源主要包括家长、各个层次的教研员以及课程专家和学科专家。

三、课程资源的特点

（一）多样性

我们的教育教学活动可以开发与利用的课程资源多种多样，有来自自然界的，也有来自社会的；有显性呈现的，也有隐性存在的；有校内的，也有校外的；有人力的，也有物力的；有文字显现的，也有实物展示的；有活动的，也有信息化的……各种各样的资源，为我们实现课程目标，实施课程，因地制宜地开发与利用提供了广阔的空间。

（二）具体性

课程资源虽呈现出多样性，但是任何课程资源都会有着地域、文化传统、学校、师生本身的差异，所以课程资源具有具体性的特点。不同的区域，可供开发、利用的课程资源不同，其构成形式和表现形态也各不相同。不同文化背景，人们的价值观、道德意识、风俗习惯等都具有独特性，相应的课程资源也各具特色。学生个体的家庭背景、智力水平，特别是生活经历不同，可开发、利用的课程资源必然千差万别。

正因为课程资源具有具体性，所以在开发利用上更要因地制宜。在开发利用的教育因素中，既要保持文化的独特性，又要同时引导学生学会理解和尊重文化的多样性。

（三）隐蔽性

只要它具有可转化为支持课程实施的可能性，那便有成为课程资源的可能性，但它在转化成课程资源之前，还不是现成的课程实施的现实条件。因此，课程资源有着潜在的隐蔽性，其教育性不像学校正式课程那么明显、直接。而且，有时课程资源中的教育性因素与非教育性因素可能交织在一起，课程资源只有经过筛选或转化，才可能成为学校课程或有利于课程实施的基本条件。

譬如，地方的风景名胜可为实施“环境保护”教育提供有利的条件，但是风景名胜可以挖掘的资源非常丰富，必须选取其中的某些内容作为课程实施的条件。既可以选取优美景色，引导学生通过欣赏自然美景，激发其热爱大自然、保护环境的内在动力；也可以选取由于环境污染，名胜古迹遭到破坏的事例，帮助学生认识环境保护的重要性。但后一种做法就是将非教育性因素巧妙地转化为教育性因素，为活动目标的达成、课程实施创造了良好的条件。

四、课程资源的价值

随着时代的发展，人们对课程性质的看法已经发生了改变，我们的课程由狭变广，由静变动。课程也不再是学科的总和，而是学科、儿童、生活、社会的有机整合。课程资源将课堂延伸到课外，由学校延伸到社会和所在的社区，学生所处的社会环境和自然环境都开始成为学习探究的对象，成为学习的“课堂”。

（一）凸显课程生活性

课程标准中，就其“生活性”有着如下描述：本课程遵循儿童生活的逻辑，以儿童的现实生活为课程内容的主要源泉，以密切联系儿童生活的主题活动或游戏为载体，以正确的价值观引导儿童在生活中发展，在发展中生活。①

因此，围绕该课程的这一特质，在实现课程目标的过程中，为它所用的课程资源必然是密切关注了儿童的生活、忠实反映了课程标准和时代要求的。它们为儿童的发展开辟了一条生活的通道，用儿童的真实生活经验和活动“激活”教材中的生活，从而指导学生未来的生活。

案例 1　　《有多少人为了我》教学设计（部分）②

（苏教版《品德与社会》三年级下册第三单元第八课）

教学过程：

一、唤醒记忆——体会全家人都为了我

（1）今天，老师给大家带来一份礼物，一起来看看你们成长的足迹。

① 参见中华人民共和国教育部制定：《义务教育品德与生活课程标准（2011 年版）》，2 页，北京，北京师范大学出版社，2012。

② 本案例由江苏省南通市如东县实验小学管冬梅老师提供。

（2）播放成长照片。

（3）同学们，我们一天天在长大，你们都已经是三年级的学生了，可是在父母的眼中，你们还是小孩子。平时，你的爸爸妈妈、爷爷奶奶一定为你做了很多事情吧。他们都为你做了哪些事？

（4）学生交流。

（5）同学们，听了你们的成长故事，老师明白了，你们家里的每一个人都在为你的成长而操劳着。其实，除了你的家人，学校里、社会上还有许许多多为了你们健康成长辛勤劳动着的人，今天我们就一起来学习——有多少人为了我。

二、再现生活——感受校园里有多少人为了我

（1）刚刚说到我们的家人为了我们的成长付出了很多很多，现在，就让我们跟随着小记者去校园里走一走，看一看。（播放校园观察录像）

（2）你看到了什么？想到了什么？

（3）同学们，为了给我们提供舒适的学习环境，叔叔阿姨们整天忙忙碌碌，工作非常辛苦。虽然我们天天和他们见面，但我们却很少去关注他们。课前，同学们已经分小组去采访了几位在我们学校不同岗位上工作的劳动者，还把采访的过程用镜头记录了下来。看，这是哪一组的采访照片？请你们先来跟大家说说你们的收获。

（4）小组汇报：

第一组：门卫。

你们小组还有什么收获，其他人有补充吗？

其他还有哪些同学平时与门卫叔叔有过接触，或者看到过他们工作的情景？你们也可以来说说。

感谢这一组的同学带我们一起了解了门卫叔叔的工作，他们每天认真负责地工作，都是为了校园的安全，为了每一个同学的安全！把掌声送给这一组同学。

这是哪一组的采访照片？请你们来给大家介绍介绍。

第二组：王老师。

王老师教两个班的数学，是一个班的班主任，每天7:20就到学校，一直工作到晚上5点多才回家，中午也不休息。她每周要上10节数学课、5节晨会课、1节班会课，每天还要组织同学早读、午休、大课间活动，批改两个班的数学作业，十分辛苦！

王老师平时为同学们做的事情，相信大家是有目共睹，其他同学谁再来说说？

感谢这一组同学的汇报，相信你们会越来越懂事，不会再让老师为你们操心！

这是哪一组的采访照片？

第三组：刘厨师。

只要我们每个人都把他做的菜吃得干干净净，他就高兴，再苦再累都值得！刘师傅朴

实的话语真令人感动！相信同学们平时也一定会做到让食堂里的每一位师傅为你们高兴的！

看，很多同学一听，都流口水了。别急，等一会儿下课，你们就能尝到刘师傅的拿手菜了！

12个人为1 500名师生准备午餐，这工作量真是无法想象啊！

感谢这一小组精彩的汇报，把掌声送给他们！

（5）小结：同学们，通过采访，我们知道学校里的每一位老师、叔叔伯伯的工作都非常辛苦，为了你们的成长，他们从没说过累，也没说过苦，他们累并快乐着。

三、观看录像——感受社会上有多少人为了我

（1）刚才我们从亲人说到了校园里，这是我们每天生活学习的地方，那社会上那些为我们成长而辛勤工作的劳动者，他们都是谁呢？你们知道吗？

（2）播放录像。请同学们边看边思考：当我们还在睡梦中时，有多少人已经开始了忙碌？

（3）讨论。刚才你看到了什么？想到了什么？

送牛奶的工人凌晨两点就开始工作，天还没亮就把牛奶送到每家的奶箱里。送奶工人这么辛苦，就是为了让我们能喝到新鲜的牛奶。

菜市场的人也是很早就起床去批发蔬菜，为了让我们有新鲜的蔬菜吃。

清洁工人也是在凌晨就起床扫马路，为了我们生活的环境更美好。

相信你会成为你们小区里的环保小卫士，给你们小区的人做好榜样。

理发师把人们打扮得精神焕发。

（4）请大家再想一想，除了同学们刚刚所看到的，生活中还有哪些人在为我们大家服务着？愿意写一写吗？

（5）每组请一位同学记录，一边交流，一边快速地记录在老师发给大家的树叶卡纸上。

（6）哪一组先来说说你们写了哪些职业，他们都为我们做了什么。把你们手中的树叶卡纸贴到黑板上来。

案例分析：

通过这一教学案例，我们发现，教师密切关注儿童的生活，无论是课初展示的儿童成长照片，还是课上播放的观察录像，或是儿童在课外采访的一组照片，都来自儿童的生活。以儿童的现实生活为课程的主要源泉，唤起学生对生活的记忆，指导儿童的生活行为。

（二）体现课程活动性

小学品德与生活（社会）是一门活动型的综合课程，它超越了单一的书本知识的传递

和接受，以活动为教和学的基本形式。课程的呈现形态主要是儿童直接参与的各种主题活动、游戏或其他实践活动，课程目标主要通过儿童在教师指导下的活动过程中的体验、感悟和主动建构来实现。因此活动是教师教与儿童学的有机统一，课程目标主要是通过儿童直接参与的丰富多彩的活动与行为实践来实现的。在实现课程目标的过程中，开发利用一切可利用的课程资源，不仅丰富了学生学习活动经验，更增强了活动的说服力，有利于真正实现教学上的知行统一。如在教学苏教版《品德与生活》一年级上册第三单元第十课《坐立走　有精神》一课时，教师拍摄了实际生活场景中学生正确与不正确的坐立走姿势。在课堂交流后，教师就坐立走的姿势提出了明确的要求，并请学生示范练习。在小组练习活动中，学生很快掌握了规范的行为的要领。

（三）彰显课程开放性

小学品德与生活（社会）的课程内容是根据社会生活的发展变化和学生发展的需要，有弹性地吸纳鲜活的社会生活事件；教学空间从课内向课外延伸，从课堂向学校、家庭和社区扩展；课程评价关注不同学生的学习起点和学习态度，不仅关注学习结果，更重视学习过程和日常行为。

如：在教学《心中有“规则”》（苏教版《品德与社会》五年级上册第二单元第六课）一课时，教师充分利用学校环境资源，上课伊始，就播放学生们最熟悉的校园铃声，激发学生兴趣，引入本课的学习。接着，引导学生对课前收集到的“校园规则”，以小组为单位进行交流，将学生的视野从课内转移到了课外。在交流过程中，学生对于校园规则有了更进一步的认识。又如，在教学《身边的变化》（苏教版《品德与社会》六年级上册第二单元第四课）一课时，教师因地制宜，充分利用环境资源。课前开展“寻找身边的名胜古迹”活动，邀请家长带着学生，游览家乡的名胜古迹。通过课前的实地游览、亲身体验，丰富学生对家乡名胜古迹的感知，从而帮助学生在原有的经验基础上，激发起热爱家乡的情感。

上述两个案例，无论是在教学空间上还是在教学内容上，都体现了一定的开放性，实现了课堂内外、学校内外学习的有机结合，使教材从课内向课外拓展，从而形成开放的教材体系。

总之，课程资源的开发利用是课程改革的重要内容，也是实现新课改的必要条件。改变传统的教学观念，突出学生的学习主体地位，是课程资源开发的重要原则。开发利用课程资源，有利于培养学生“自主、合作、探究”的学习方式，转变学生被动的学习地位；开发利用课程资源，将更有利于教学目标的实现，包括知识与技能、过程与方法、情感态度与价值观的培养等。

想一想：

如何理解品德与生活（社会）课程资源？

第二节　品德与生活（社会）课程资源开发及在教学设计中的运用策略

现实生活中，我们的课程资源无处不在、无时不有，如何才能在小学品德与生活（社会）的课堂教学中有效地运用它们呢？

一、课程资源开发及利用的意识

如果说课程资源是埋藏在地下的矿藏，那么要想开采、挖掘、利用它，就首先得有开发利用课程资源的意识。课程资源意识是主体对课程资源的敏感程度，它要求教师必须打破原有的课程资源局限在教室、书本、教参以及其他教学辅助资料的思维定式，正确理解课程资源的内涵和外延，掌握课程资源的基本情况，清楚有哪些课程资源可以利用于课程，等等。品德与生活（社会）课程是"以儿童的生活为基础"的，显然儿童的生活是这门课程的根基所在，可以说该课程的资源来自方方面面，但这并不意味着我们随时随地就可以加以利用。因为即便是裸露在地面的"矿藏"，也需要用敏锐的目光去识别，特别是稍纵即逝的资源，更是需要教师有一双敏锐的眼睛，机智地加以捕捉，实现课程与生活的紧密联系。

如在教学《我们的合作》（苏教版《品德与社会》四年级上册第一单元第一课）一课时，教师创设了学生分拣豆子的活动情境。开始时一个人分拣，结果正如老师所料，在一分钟内没有一组能拣完。而对于后来的一起分拣，教师预设各组都能完成，可结果却出乎预料，竟有一组学生没有拣完。就在这时，教师随机应变，一方面祝贺完成任务的小组，让他们在掌声中体会到合作成功的喜悦；另一方面帮助没有完成任务的小组分析其失败的原因。当学生找出"没有商量好具体的分拣办法""相互争抢"等原因时，鼓励他们不要灰心，找到原因也是收获。这一及时的教学调整，使学生真切地体会到"合作"的好处。① 这种情况，尽管是在教学活动中意外生成的，是教师备课时无法预料和估计的，但是可以说它拥有很大的教育教学价值，是极其宝贵的课程资源。而这堂课的执教者也敏锐地发现了这一点，及时地捕捉，并加以利用。

二、课程资源开发及利用的主要手段

我们所说的课程资源，有的显性于书本、课堂，有的隐匿于生活、自身，我们应该尽可

---

① 参见李玉红：《有效开发和利用课程资源　增强小学品德与生活课堂教学的实效性》，见 http://pgjw.bjedu.gov.cn/e/DoPrint/?classid=146&id=1469。

能地挖掘出身边的课程资源，并加以充分利用，以促进学生认知，激发学生情感。作为品德课教师，相信只要我们心里有教育，眼中有资源，就可以做到“随处有资源可挖，有资源可用”。

（一）课程资源的开掘

对于生活中纷繁复杂的课程资源，我们并不是可以全部“拿来”的，总得有个挑选，做个取舍，而取舍的根据便是品德与生活（社会）课程的标准及课程核心的需要，换言之，就是适合课程的需要。

执教《游戏快乐多》一课时，生活中的可利用资源有很多：学生家长们儿时游戏的经验、媒体里所播放的游戏片段、学生生活中游戏的经历、学校游戏设施等等。面对如此多的资源，我们如何取舍、挑选，方能最有利于课程目标的实现呢？

案例 2　　《游戏快乐多》教学片段①

（苏教版《品德与生活》二年级下册第三单元第十课）

教学实录：

师：瞧！老师这儿有一只篮球。小朋友，我们可以怎么玩？

生：用背夹着球往前走。

（学生介绍“背夹球”的玩法：两个小朋友背对背夹着球往前走，手及肘关节不能碰球，球掉了可以用手捡起来）

师：小朋友，想不想玩？

生：（兴奋地）想！

（全班学生分成两组进行“背夹球”比赛）

师：现在我宣布，这一队是冠军！

生：（另一队的一个小朋友涨红了小脸大声喊）不公平！我看到他们用手扶着球走的。

生：（冠军队的一个小朋友马上反击）你们也是用手扶的。

（双方争得面红耳赤，快快不乐地回到座位上）

师：小朋友，玩得开心吗？

生：（噘着小嘴巴）不开心。

师：小朋友，玩“背夹球”游戏不能用手去扶球，这就是游戏的规则，只有大家都遵守游戏规则，我们才会玩得开心。

案例分析：

教学中执教者将学校的游戏设施、学生的游戏经历作为课程资源进行开发挖掘，从而

① 本案例由江苏省海门市实验小学沈红霞老师提供。

让学生在游戏的过程中亲身体验到什么是“规则”及“规则”的重要性。

（二）课程资源的取舍

我们尽可能地开发利用课程资源，并不是说要把所有的资源一股脑儿地融进课堂，让品德课堂成为大杂烩，而是实实在在地指向教与学的有效性。因此，在开发利用各种课程资源时，需要依据教学目标，依据学生的实际，巧妙取舍。

在教学《我要攀登》这一课时，在活动体验的理念引领下，教师绞尽脑汁设计体验活动，如用扑克牌搭人字、用易拉罐垒高塔，可以说充分考虑了活动资源的开发与运用。但是热闹的游戏过后，我们要留下的是什么？是噼里啪啦罐子倒塌的声音？是成功后欢喜的雀跃？还是活动后教师的匆匆收场？这些都不是我们想要的，在教学过程中创设活动，我们期待的是活动能给孩子留下心灵的印痕。如果将教材中提到的“金鸡独立”的游戏作为课本的活动课程资源加以开发利用，则可以更明晰地呈现出教学前后孩子在困难面前的道德行为的改变。

（三）课程资源的呈现

面对开放、多样的课程资源，在教学设计中除了要考虑资源的开掘与取舍，资源的呈现也是一个不可忽视的问题。开掘、取舍后的课程资源，该如何拿捏分寸，如何呈现，这些都由品德课程的目标所决定。

品德课程是以儿童的生活为基础的，是以培养品德良好、乐于探究、热爱生活的儿童为目标的活动型综合课程。所以，无论教师怎样呈现品德课程资源，都应以儿童为中心，学生的进步和发展应是品德与生活（社会）教学的起点和归宿。我们所关注的不仅是课堂的内容是否丰满、课堂的气氛是否热闹，更是孩子心灵的成长、精神的改变、行为的提升。我们提倡儿童个体生命投入的体验、融入人文情怀的体验、多维对话交往的体验。

1. 及时呈现显需求

在日常教学中，总会有一些教师一股脑儿地向学生们“抛售”所寻来的课程资源，而这些资源多数是学生所知晓的，因此资源的价值就大大削弱了。与其这样，还不如在学生最需要的时候，将课程资源呈现出来。

案例 3 **《办一张自己的报纸》教学片段**

（苏教版《品德与社会》四年级下册第三单元第十课）

教学实录：

师：办一份报纸需要经历哪些过程呢？请同学们翻看书找一找。

生迅速找到，并交流：采访—组稿—编辑—发排—出样—校对—制版—印刷。

师：都了解了吗？都弄明白了吗？

生面露难色。

师：好吧！哪个环节还不明白？可以问问同伴和老师。

生就几个环节提出了疑问。

师根据孩子的提问随机呈现工人的操作视频。

生一边欣赏，一边惊讶不已。

案例分析：

在《办一张自己的报纸》的案例中，学生细读课本，对办报纸的流程有大概的了解，但到底是怎么回事，学生仍是一头雾水。课堂上，学生是多么想知道操作的细节啊，用“求知若渴”一词来形容一点也不夸张。而这时呈现出的正是儿童最需要的课程资源，那么急需的资源便给学生的学习旅程带来了温暖。

2. 巧妙呈现显无痕

教育的最高境界，就是将有意为之的行为不露痕迹地巧妙呈现出来。而将课程资源不露声色地呈现出来，则往往会收到意想不到的效果。

案例 4　　**教师资源的利用**

师：请同学们先听一首诗。（课件中背景音乐响起，余光中的《乡愁》慢慢出现）

师：（深情朗诵）小时候，乡愁是一枚小小的邮票，我在这头，母亲在那头……

（教室里一片寂静，学生情感受到感染）

案例 5　　**学生资源的利用**①

师：哪些小组研究了家乡住房方面的变化？

生：我们小组要向大家介绍常州住房方面的变化。

生 1：听妈妈说，她小时候都没有属于自己的住房，他们一家三口住在外婆工厂的集体宿舍，那是一个很小的房间，只有十几平方米，木头的门，木头的窗，屋子里只有几件简单的生活用品……

案例分析：

在案例 4 中，教师充分发挥自己的朗读特长，通过配乐朗诵呈现余光中的《乡愁》，有效地利用了教师资源与媒体资源，直接把学生带到了诗的意境中。案例 5 中，通过小组合作交流的方式，学生直接呈现出从各个途径收集的资源，充分展现小组合作的研究成

① 本案例由江苏省常州市实验小学阮霞老师提供。

果。在积极的小组交流中，学生主动地了解了家乡的变化。

3. 呈现“生成”资源显智慧

有些课程资源往往是在课堂活动中生成的，它们出现在瞬时之间，无法重复。课堂上的教学追问、随机采访，都可能激发出生成性的课程资源。因此，要把握好课堂活动中生成的这些课程资源，教师就要全身心地投入，继而在儿童的世界里施以教育。

案例 6　　《自画像》教学情景（片段）①

（苏教版《品德与社会》三年级上册第一单元第一课）

在《自画像》教学中，教师安排了互写“优点卡”的环节，意在让学生在他人的评价中感受自我、认识自我、了解自我，从而发扬自己的优势，不断克服缺点、追求进步，积极进行自我概念与人格的建构。在这一环节中，一位男孩没有像其他孩子一样欢呼雀跃，而是迟疑不定，左顾右盼。看着同学们都在热闹地活动着，他终于鼓起勇气在教室里搜寻。可是似乎没有人有空为他写优点，他羞怯地站到了一位女孩的后面，鼓起勇气，把“优点卡”递上。女孩抬眼看了看，继而笑了笑，说：“好的，请稍等!”男孩脸上露出了难以察觉的笑容，很微小但很灿烂。女孩终于写完了，男孩如获至宝，大声道谢，迫不及待地读起来，笑容再一次绽放。不再有片刻的迟疑，开始寻找下一个“目标”。

在“交流感想”环节中，这位男孩看着“优点卡”上写着：(1) 你跑得很快，去年运动会年级第一；(2) 你很喜欢表演；(3) 你会跳双飞；(4) 你每天上学都不迟到。男孩不禁袒露自己的心迹：我今天特别开心，因为原来我觉得自己很差，没想到在大家眼中我还有那么多优点（课后了解到他成绩较差，是老师重点关注的对象）。老师追问：“那为什么这么多优点，只有在今天的课堂中你们才发现呢?”学生坦言：“平时没有时间关注这些小问题。”“成绩好、纪律好的学生才是好学生，因为平时老师也只会表扬成绩好、守纪律的学生啊。”

案例分析：

通过上述案例，我们仿佛看到了一个缺失自信的孩子，当他迫不及待地读着女同学为他写的优点时，露出的被认可、被欣赏的神情浮现在眼前。教师的追问让学生们认识到了需要了解自己的特点，更要对自己、对他人做出正确、客观的认识与评价。而这个小男孩拿着“优点卡”的前后表现、课上交流的坦言、教师的追问，便是容易忽略的生成性资源。这些资源被及时地捕捉，巧妙地呈现了出来。这比直白地指出“正确认识自己”要深刻得多。

① 本案例由江苏省丹阳市正则小学马明辉老师提供。

其实，无论是什么课程资源、怎样呈现、由谁呈现，都是因人而异、因课而异，但唯一不变的根据便是品德课程的目标。

想一想：

在课堂教学过程中，教师应如何呈现课程资源？

三、课程资源在教学设计中的运用策略

（一）掌握课程标准，利用教材资源

“充分开发、有效利用课程资源，对于丰富品德与社会课程内容，增强课程的开放性、生成性和教学活力具有重要意义。”① 而要对学生进行品德教育，教师首先应准确掌握课程标准，熟悉课程性质、基本理念、内容、目标，然后结合实际深入了解教材。只有以教材内容为主线，才能进行有效的教学。

品德与生活（社会）教材是根据课程标准编写、供教学活动使用的基本材料，它为我们提供了丰富的课程资源，涉及学校生活、家庭生活、社区生活的方方面面。教材中一幅幅的图片，反映的是儿童生活中的小浪花，是某个生活场景的定格。教师不能把它们当成“看图说话”的图片资源。教师要在深刻理解教材范例的意图及其承载的价值和目标的基础上，通过儿童的真实生活和自主活动来“展开”教材中的“生活”和“活动”设计，从而“感受、理解、体验”教材所传承的价值目标。

案例7 《我要攀登》游戏环节设计②

（苏教版《品德与社会》四年级上册第二单元第五课）

教学实录：

课前热身小游戏：

师：还有一段时间才上课呢！我们来早了，干坐着傻等不是一回事。要不我们来做个大课间的小游戏？不过阮老师的要求更高一点：单腿直立，两手平举，还要双眼紧闭。看谁保持的时间长。快速找个位置站好。（学生游戏）

课堂教学结束前的小游戏：

师：你们还记得课前玩的小游戏吗？单腿直立，两手平举，还要闭上双眼。（每一组选两名学生来游戏）

师：其他同学可以为自己的组员加油。

① 中华人民共和国教育部制定：《义务教育品德与社会课程标准（2011年版）》，27页，北京，北京师范大学出版社，2012。

② 本案例由江苏省常州市实验小学阮霞老师设计。

1. 游戏结束，采访

（1）采访左右晃动和坚持的同学。游戏中，你是怎么想的？（随机贴学生鼓励自己的话语）

（2）采访定力最强的同学。有什么秘诀？（渗透克服困难需要方法）

2. 小结

不论是大课间的体能训练还是课上的游戏体验，我们都需要用意志力来坚持。我们再来看看测试中提到的困难，你知道该如何面对了吗？（读——反复坚持）

案例分析：

游戏是学生喜闻乐见的活动形式，教材中编排了"金鸡独立"的游戏（学生单腿直立，两手平举，手背上放一支铅笔。以坚持时间和手背上的铅笔是否掉落为胜负标准）。在教学中，充分考虑课堂操作的细节与实效，对"金鸡独立"的游戏做了改变——首先删去了手背上放笔的环节，并且与大课间的游戏整合；其次对游戏进行的时间做了两次安排。这样做，一方面充分尊重了编者的意图；另一方面把游戏送回学生的生活，让孩子对游戏充满亲切感。课前热身游戏为活跃课堂气氛、调动学生情绪以及为课堂教学埋下了伏笔。课程结束前再玩游戏，并不是简单的重复，而是在引导孩子正确认识困难，学习身边的小英雄克服困难的事例后，遵循孩子个体品德成长的内在规律，给孩子实践的机会，走上认知、情感、行动相结合的德育轨道，让孩子在直指内心的活动体验中建构克服困难的方法体系。如果说平时的登山需要的是勇气、恒心、耐心的话，那么课堂上 5 分钟的活动需要的则是勇气、恒心、耐心加智慧。这样的选择与呈现不仅是对课文内容的取舍与调整，而且是在深入思考文本、深度考量操作后的择取，是立足于文本和学生立场的智慧。

案例 8　《我掉了一颗牙》教学设计（部分）①

（苏教版《品德与社会》一年级下册第二单元第五课）

教学过程：

1. 谜语猜猜看

（1）我的邻居小虎这几天愁眉苦脸的，因为他掉了一样东西，是什么东西呢？答案就藏在这个谜语里。（出示谜语）

（2）学生猜谜。

（3）牙齿有什么用呀？

（4）你掉牙了吗？同桌互相看一看。

（5）你们也掉牙了，你们着急吗？为什么呢？请你来告诉小虎吧！

① 本案例由江苏省南通市启东市决心小学黄英老师设计。

（6）再看一看，你们的新牙长出来了吗？

2. 掉牙小问号

（1）我们的牙掉了能长出来，爷爷的牙掉了长不出来，这是为什么呢？

（2）请兔子牙医来告诉我们掉牙的小秘密。

（3）现在你们明白了吗？

（4）师小结：掉了乳牙长恒牙，我们已经长大了。

（5）换牙了，我们应该注意些什么呢？

3. 蛀牙真烦恼

（1）牙齿是我们的朋友，它总是尽心尽力地为我们服务，可是它遇到麻烦了。

（2）牙齿生病了，成了龋齿，又叫蛀牙。

（3）你的牙齿生病了吗？同桌互相看一看。

（4）牙齿为什么会被蛀呢？一起看一段动画片吧！

（5）长了蛀牙的孩子们，你们也有过和小明一样的感受吗？

（6）我们怎么帮助牙齿赶走那些细菌呢？

案例分析：

通过上面的案例，我们可以发现，教师充分利用了教材资源——“谜语”“小朋友们自己看看牙齿”的图片，引发儿童活动，再结合学生的体验，进行品德教育活动。

（二）围绕教学目标，重用自身资源

每一项教学活动的开展，都是“师—生”“生—生”“生—师”关系的相关转换、影响的过程。新课程倡导平等、合作的师生关系，要求“以学生为主体、教师为主导”开展教学活动。要开展高效的教学活动，就需要紧扣教学目标，充分利用教师、学生两者的教学资源为教学活动服务。

1. 教师——最重要的课程资源

教师不仅决定着课程资源的鉴别、开发、积累和利用，更是素材性课程资源的重要载体。在教学活动中，教师的语言、肢体动作、板书、简笔画甚至是说出的鲜活事例，都能为教学活动服务。

案例 9　　**《我从哪里来》教学片段**

（苏教版《品德与生活》一年级上册第三单元第九课）

在引导孩子体会父母的辛劳时，在《世上只有妈妈好》音乐的渲染中，老师一边展现学生的生活情节，一边深情地诉说着：

从小到大爸爸妈妈为我们付出了许多，点点滴滴都是他们的爱啊！夜深了，你早已在暖暖的被窝里做着甜甜的梦。可曾知道，此时，妈妈的心还牵挂着你。她轻轻起身，为你盖好被你蹬开的被子。清晨，雨哗啦啦地下个不停，爸爸送你去学校。不知什么时候，他悄悄把伞偏向了你，而自己却被冰凉的雨水淋湿，临别时还不忘嘱咐一句：听话，小心！你生病了，爸爸妈妈顾不得满身的疲惫，抱起了你直奔医院。望着生病的你，他们笑着对你说："孩子，别怕。"其实他们宁愿病的是自己。

案例分析：

上述案例中，教师精心拍摄了父母关爱孩子的生活场景，恰到好处地运用了音乐《世上只有妈妈好》，以及教师动情而富有感染力的语言，创设了令孩子感动的教学氛围，促进了孩子的知性理解与道德发展，从中可以感受到教师将自己的情感投射到教学中，与教材产生了认同与共鸣。

2. 学生——最鲜活的课程资源

教育家苏霍姆林斯基曾说过："学生是教育最重要的力量，如果失去了这个力量，教育也就失去了根本。"儿童的生活丰富多彩，他们走向学校，在进入学校接受教育的那一刻，不可能完全忘记或撇开自己正在过的生活，我们必须尊重儿童的这种生活，包括他们自身的兴趣、经验和活动中的发现、体验等。

案例 10　**《不说话的"朋友"》教学片段**[①]

（苏教版《品德与社会》三年级下册第三单元第九课）

教学实录：

师：我们的生活是不是真的离不开这些会说话的"朋友"呢？接下来咱们就以课桌为例，开展一个小小的体验活动。请同学们听好老师的要求——拿出笔和纸，工工整整地在田字格里写上课题"不说话的'朋友'"，计时开始……（学生写字，老师用表记录下学生写字所用的时间）

师：看看花费多少时间呢？25 秒 12。咱们再进行第二次体验，请同学们站起来，捧起你的纸，离开你的课桌写字。同样还是写上"不说话的'朋友'"，计时开始……这一次同学们用了 52 秒 36 的时间。

师：老师想采访采访同学们，你喜欢哪种写字的方式？为什么？

生：我喜欢第一种写字的方式，写起来很舒服，字也漂亮。

生：我也喜欢在桌子上写字，写得又快又好。

生：我不喜欢第二种，离开桌子使不上劲！

…………

① 本案例由江苏省镇江市八叉巷小学陶欣慧老师提供。

（出示时间对比）

师：通过对此时间你发现了什么？

生：在桌子上写字的速度比离开桌子快多了。

（用实物投影仪出示学生的两种不同写字方式的字迹对比）

师：你看到了什么，有什么新发现？

生：在桌子上写字很工整、漂亮，离开桌子写的字颜色很淡。

生：很多小朋友的字一离开桌子就写得歪歪扭扭的，太难看了。

师：通过这个体验活动你有怎样的感受？

生：小小的课桌朋友每天都伴随着我们，看似不起眼，失去它时，我们才真正体会到它的重要。

生：没有了它，学习上我们可真要遇到大麻烦。我们可真离不开它呀！想想我们平时在它身上乱涂乱画，真是很惭愧。

生：我们要对我们的课桌朋友道歉，不能这么粗鲁地使用它了。

生：我应该好好爱护我的桌子朋友，经常给它“洗个澡”。

…………

案例分析：

在上述的教学案例中，教师设计了两个体验活动，在活动中，学生真切地感受到不说话的“朋友”给我们带来的偌大帮助，而这种感受来自学生自身，是真实存在的。教材是固定的，而学生却是活的。教师密切关注了学生的生活，从学生的现实生活出发，着眼于学生身边看得见、摸得着、感受得到的事，从而帮助学生构建了道德认知，有效地激发了学生的道德情感。

（三）精心设计，活用生活资源

陶行知曾说过：“生活即教育。是生活便是教育；不是生活便不是教育。分开来说，过什么生活便是受什么教育；过康健的生活便是受康健的教育；过科学的生活便是受科学的教育；过劳动的生活便是受劳动的教育；过艺术的生活便是受艺术的教育；过社会革命的生活便是受社会革命的教育。”①

“坚持‘生活即德育’的主张，从正面讲，才能使人清楚地认识到，在一个人的生活中，德育是无处不在的，既不存在没有生活的德育，更不存在没有德育的生活，从而让人随时随地保持生活的检点，过有意义的生活，养成有德性的人，乃至成为大德之人。”②

① 《陶行知全集》，第 2 卷，288～289 页，长沙，湖南教育出版社，1985。

② 汪风炎等：《德化的生活——生活德育模式的理论探索与应用研究》，53 页，北京，人民出版社，2005。

在教育教学当中，教师可以充分掌握实际学情，将教材与学生的实际生活、学习等资源结合起来，尝试让学生结合自身的实际情况，讲故事，说心得。将品德教学的资源从教材扩展延伸至生活，学生的情感体验更深，产生的情感共鸣更强烈。

案例 11

《逛商场》教学设计（部分）[①]

（苏教版《品德与社会》四年级上册第三单元第九课）

一、交流生活，导入课题

（1）老师第一次来如皋，发现如皋市整洁漂亮，特别有生气，感觉到我们如师附小的同学们热情礼貌，特别有灵气。张老师想到你们如皋来参观参观，你们有没有什么好地方推荐呢？

（2）如果张老师想逛商场，你们有没有什么好的建议呢？

（3）逛商场还真是一门大学问，今天这节课我们一起学习第九课——《逛商场》。（板书课题）

（4）说说自己购物的经历。

（5）你们真能干！大家都有过逛商场买东西的经历，今天，我们就一起来聊聊“买东西的学问”，分享我们逛商场的经验。

二、分享经验，学习常识

1. 选择商家

（1）怎样轻松愉快地逛商场？怎样挑选称心如意的商品呢？这里的学问可多了。你能不能帮这些朋友出出主意，建议他们去哪里买呢？

（2）考一考：

A. 小红想陪妈妈买一件高档的羊毛衫送给奶奶作生日礼物，建议去（　　）购买。

B. 小明家搬新房，要买空调、电视机、洗衣机等家用电器，建议去（　　）购买。

C. 妈妈要买一桶食用油、一袋鸡精、一瓶鲜奶和一瓶洗发水，建议去（　　）购买。

D. 小宁要买一支铅笔，建议去（　　）购买，方便又快捷。

小结：看来，我们同学在逛商场方面的确颇有经验，我们在逛商场时要根据所需物品、商场的信誉、商场的经营范围和特色以及购物是否方便快捷，选择合适的商场。这可是愉快购物的第一步。

2. 仔细挑选

（1）商场里的商品琳琅满目，吃穿用样样都有，你们在逛商场时是如何挑选的呢？

（2）让我们来看看视频中的主人公是如何逛商场购物的。（播放购物视频）

---

① 本案例由江苏省南通师范学校第三附属小学张晔老师设计。

(3) 小组之间交流视频中的主人公关注了什么。

A. 生产日期。

B. 保质期。

C. 生产厂家和生产地址。

“三无产品”指的是什么？（无保质期、无生产日期、无生产厂家和生产地址的产品）

D. 产品的配料。

E. 质量安全标识。

F. 条形码。

G. 发票。

是的，这些信息可是我们在购物时要特别关注的。其实，老师早就为你们准备好了礼物，快来学着视频中主人公的样子，找找这些重要的信息吧！

结合生产日期、保质期学计算。

有了生产日期和保质期，我们就可以算出这件商品什么时候过期。老师教大家一个计算方法。我们以一袋酸牛奶为例：

找——说——算。

一袋光明酸牛奶的生产日期是 2012 年 11 月 12 日，在冷藏条件下，它的保质期是 14 天。现在这袋酸牛奶还能喝吗？

保质期的计算方法：生产日期＋保质天数－1。

12＋14－1＝25（日）。

赶快用这个方法算一算，你手里的这件商品什么时候过期。

生计算。

小结：通过刚才的交流，我发现你们个个都是生活小能手，已经具有一定的购物经验了。

案例分析：

在上述案例中，教师特别关注儿童的生活。课堂上，儿童交流彼此的购物经历，这些感受和体验正是儿童在社会、家庭生活中已获得的道德认识，极其珍贵的课程资源。多媒体展示的商场购物视频，则将儿童平时逛商场购物的经历巧妙地移植到了课堂中，有效地联结了课堂生活与生活的课堂，真切地做到了在生活中进行品德教育，很好地引导了儿童培养良好的购物习惯，并教学生将其学到的知识运用于生活实际。

（四）大胆创新，选用辅助资源

新课程标准指出：教师应尽可能地使现代教育技术与本课程教学有机结合，丰富课程资源，有条件的地方要尽量开发利用计算机网络资源，使用计算机辅助教学。

在信息瞬息万变的今天，我们身边的信息资源越来越广泛地运用到我们的品德课堂中来，如音乐、图片、动画等。选择使用这些信息资源，使我们的学习环境成为一个开放式、自由的空间。学生在教师的引导下积极、主动、高效地进行一系列的教学活动，流畅有度、热烈有效，课堂充满勃勃生机。

案例 12　**《隔海相望》教学设计**①

（苏教版《品德与社会》六年级上册第二单元第六课）

活动一：领略你——美丽富饶的台湾

（1）同学们，你们有谁去过台湾吗？你对台湾了解吗？

台湾对大陆的同胞们来说，始终蒙着神秘的面纱，很多人都想一睹她的风姿。同学们，这几年由于两岸同胞的共同努力，台湾和大陆之间像亲人一样自由往来，已不再是遥远的事情。（新闻链接，介绍“三通”）

（2）如果有机会让你去台湾观光旅游的话，你会选择看看台湾的什么呢？（美丽风景、丰富物产、历史文化）按照学习单的提示，在小组内学习，进一步了解台湾。

同学们，有一家旅行社预测，不久的将来，台湾旅游将成为国内旅游的一大热点，所以亟须招募优秀的导游。这个消息一发布，前来报名的人还真不少，现在这个旅行社的老总委托我邀请在座的同学们担当评委，看看哪几个导游是合格的。

（请三组同学进行多媒体课件展示，并各自有重点地介绍，请同学们评判）

（3）台湾，这个像海豚一样充满活动的岛屿，它的资源丰富，远远超出了同学们的想象，大家看课件。

活动二：追随你——魂牵梦绕的台湾

（1）由于历史的原因，台湾至今没能和大陆同胞真正地融合在一起，这是中华民族最大的伤痛。两岸人民渴望团圆却只能隔海相望。（简要展示郑成功收复台湾图示、福建与台湾之间的移民图示）

（2）台湾著名诗人余光中曾经深情地写下脍炙人口的名诗《乡愁》。师生诵读。

（3）这堂课，我们领略了我国台湾的美丽富饶。下节课，同学们该去好好地探究台湾的历史，感受宝岛台湾的沧桑。

案例分析：

从上述教学案例中可以看出，教师通过吸纳传媒资源，丰富了课堂的信息储备，将台湾的美丽风景、丰富物产、历史文化以多媒体课件的形式展示了出来，用直观的演示创设了情境，激发了学生学习的兴趣，让学生身临其境，领略了祖国的宝岛台湾的美丽富饶。

① 本案例由江苏省海门市实验小学祝祖岗老师设计。

辅助性媒体资源的恰当利用，丰富了课堂教学内容，也有助于课堂教学质量的提高。

第三节　课程资源在品德与生活（社会）教学设计中的运用案例分析

课程资源的有效开发利用，需要因人而异、因课而异。要根据课程性质特点，追求丰盈的课堂，追求简约的课堂，追求灵动的课堂，追求高效的课堂。这就要在课堂教学过程中有效运用好课程资源，其主要做法一般有以下几种：

一、加一加，让课堂变得丰盈

作为一门综合性课程，品德教材采用主题单元的形式来呈现课程内容。翻开品德课本，书本上的文字、图片、留白都在诠释着它内在的含义。与其他读物不同，教材需要通过教学来实现学生的自我建构，进而达到促进学生发展的目的。

1. 加一加，有效填补教材知识上的空白

一旦进入教学过程，教师在解读、预设的过程中，就会发现教材中的空白，而有意识地开发利用课程资源，便可有效填补这些空白点，从广度上拓宽儿童视野，从深度上加深其对课程的认识，进而拓展文本的内涵与外延。

案例 13　　《父母的疼爱》教学设计①

（苏教版《品德与社会》三年级上册第三单元第十课）

教学目标：

了解父母为自己的成长付出了许多的心血，体会家庭亲情，感受父母对自己的疼爱和父母长辈的养育之恩，学会关心和了解父母，以恰当的方式孝敬父母。

教学准备：

多媒体课件、学生角色表演的道具。

教学过程：

1. 谈话导入

（1）同学们，让我们来看两张照片。（多媒体出示照片一、二）

照片一：照片上都有谁？（爸爸妈妈和他们的儿子）

照片二：照片上是谁？（还是爸爸妈妈和他们的儿子）

（2）你有什么发现？（两张照片上的人是一样的，但是第二张照片上的人年纪更大）

① 本案例由江苏省南通市开发区实验小学郭美琴老师设计。

（3）是的。第一张照片和第二张照片之间，隔了整整30年。30年的光阴，曾经稚嫩的孩子已经长成了一个男子汉，而他曾经年轻的父母却已两鬓斑白。同学们，是什么让他健康成长的呢？

（4）正如大家所说，父母的疼爱使我们能够健康、快乐地成长。今天，就让我们用大脑回忆，用眼睛记录，用心灵体会，用语言诉说，感受一下我们的爸爸妈妈对我们付出的那份爱。（揭示课题：父母的疼爱。齐读课题）

2. 辨析明爱

（1）你觉得你的爸爸妈妈爱你吗？你是从他们的哪些行为或表情中感受到的？（相机点评，如：难怪有这样一句话——世上只有妈妈好。有一首歌也是这样唱的，你会唱吗？学生齐唱《世上只有妈妈好》）

生病的时候，妈妈很着急，连忙送我去医院。——为我们的痛苦而着急，这是妈妈的爱。

嘱咐我们过马路的时候要小心。——不怕烦，天天说，是爱让她坚持。

在我们过生日的时候买好吃的蛋糕——因为你快乐，所以她就是快乐的，这就是母爱。

…………

（2）同学们说得真好，看来天下的父母都十分关心、疼爱自己的孩子。你们能够把和爸爸妈妈之间发生的这些事情，演给更多的人看一看吗？好，你可以找身边的同学和你合作，也可以离开座位寻找你的朋友与你配合，从父母和你之间发生的充满爱的故事中选择一个，好好回忆一下，然后试着演一演，待会儿演给大家看。（学生自由组合，演小品）

（3）班级内汇报演出。

（4）看了大家的表演，我觉得心里暖暖的，真诚的情感比一切高超的演技都更加能够打动人心。可是，有个同学看了之后有意见了，我们来听一听他是怎么说的。（播放一段视频：婷婷在一次吃晚饭的时候发脾气，非要吃鱼不可。妈妈在反复说理而婷婷置之不理的情况下，收走了婷婷的碗筷。临睡前，饿着肚子的婷婷来到妈妈房间，说自己想吃晚饭了，以后不任性了，妈妈凝视婷婷，默不作声……）

（5）辨析父母之爱：同学们，看了这段视频，你有怎样的感想呢？婷婷的妈妈不爱婷婷吗？同意她的看法的请举手。不同意的呢？

（6）好，既然大家有不同的意见，我们就来辩论一下，看看谁的话更有说服力。同意婷婷看法的同学是正方，不同意的同学是反方。每一方推举几位代表来发言。

（7）同学们畅所欲言，我听出了你们的心声。的确，天下没有不爱孩子的父母，但是每个人的表达方式不一样，所以有些时候，爸爸妈妈的方式可能会让我们有意见，不喜欢。我想，遇到这种情况的同学应该不止婷婷一个。那么，你们有什么好办法可以既不伤爸爸妈妈的心，又能正确地向他们表达内心的想法呢？

（8）就像大家所体会到的那样，父母的爱有时表现在焦急的眼神中，有时也深藏在严厉的批评里。然而，很多时候，正是严格的要求，才催我们奋进，使我们成才。让我们来听一听这个故事。

（9）听了这个故事，你有什么体会呢？是的，父母的恩情，是我们永远也报答不了的，难怪孟郊这样的大诗人都要感叹——谁言寸草心，报得三春晖！

（10）有一位叫汪艳的同学，像你们一样，将母亲的爱铭记在心，写下了一篇文章，你们想看看吗？（阅读《妈妈的爱》）

（11）同学们，你觉得爸爸妈妈的爱是什么呢？（完成小诗：《父母的爱》）

（12）父母的爱，是温柔的风，让人沉醉；是震撼的雷，催人奋进。你们能够认真体会父母对自己的爱，老师真为你们高兴！奖励你们一句话。（出示名言）

（13）经过大家的开导，婷婷终于明白了。她也想和自己的爸爸妈妈好好谈一谈心里话。为了感谢大家的帮助，她送给你们一首歌——《好爸爸》。

看来，爸爸妈妈的喜怒哀乐是与我们的成长密不可分的。除了这些，你还知道关于爸爸妈妈的哪些“最”呢？

（14）看来，同学们都挺了解自己的父母。了解来自关心，你关心过自己的爸爸妈妈吗？你是怎样做的？

（15）你们真是体贴、孝顺的孩子！如果每天都这样做，爸爸妈妈肯定更爱你们！

3. 小结明理

今天，我们一起感受了爸爸妈妈倾注在我们身上的沉甸甸的爱。相信有了他们关怀、支持的目光，我们每个同学都会更加努力地成长，将来更好地报答父母辛勤的付出。下节课，我们就来试试为爸爸妈妈分忧解劳，你们愿意吗？

案例分析：

三年级《父母的疼爱》一课，教材各部分内容均指向“温柔的关怀是爱”。为了让学生体会到“严格的教育也是爱”，在教学中教师加了一段视频。教学时，将视频定格在“婷婷央求和妈妈凝视”的画面。让学生观察妈妈和婷婷的表情，进而分析她们此刻的心情。同学们通过细致观察，认识到：此时的婷婷是真的着急了，她一脸后悔的样子，而这正是表面“铁石心肠”的妈妈的良苦用心所在。妈妈虽然还没说话，但她的目光透露着对婷婷深沉的爱。这一视频内容的加入，使学生正确认识到“父母疼爱孩子的多种表达形式”，拓展了文本的内涵。

2. 加一加，关注社会资源，展露时代印记

在充分利用文本资源的基础上，教师还应不断关注社会生活中最新的发展与变化，把

社会生活中对儿童发展有意义的教材，把大自然中、儿童生活中、社区活动中、网络信息中的相关资源及时充实进来，找到时代的适切点，贴近儿童的生活，从而激发学生探索新知的兴趣与欲望。

案例 14

《从一滴水说起》教学设计[①]

（苏教版《品德与社会》四年级上册第三单元第十二课）

教学目标：

（1）学生感知水的重要性及我国水资源缺乏的状况。

（2）学生懂得节约用水，自觉养成珍惜水资源的好习惯。

教学过程：

一、课前交流

（1）孩子们，想不想和我成为好朋友呢？那么，你觉得怎样才能了解一位朋友呢？

（2）我也想了解你们啊，谁来介绍下自己呢？要有个性的介绍才能让朋友记住你哦！

二、感知水的重要

（1）很高兴能和大家成为好朋友，今天我还带来了一位好伙伴，你们想认识它吗？仔细听一听它发出的声音吧！（播放课件）

（2）对，这是小水滴发出的声音，今天我还把“水滴娃娃”请到了我们课堂呢！（播放课件。小水滴：大家好，我是大自然中的一滴水，你们想和我成为朋友吗？）

（出示图片）同学们请看，多美的画面啊！不管是潺潺流淌的小溪还是波涛汹涌的大海都是由一滴滴水汇成的。

这节课我们就从一滴水说起。（板书课题：从一滴水说起）只有了解它，我们才能和水滴娃娃成为真正的朋友！

（3）说说我们的一日生活中哪些方面需要水？师评价：水与我们的生活息息相关。除了日常生活，还有哪些方面也需要水？我们的生活处处离不开水。

（配乐朗诵）因为有了水，才有了我们健康的身体、灿烂的笑容；因为有了水，才有了鲜艳的花朵、广阔的森林；因为有了水，才有了我们这个充满生命的世界。

（4）水对于人类是多么重要！看，（出示图片）我们人体内有65%是水，特别是儿童，水几乎占了80%。知道65%是多少吗？让我先来算给你听：老师正好100斤，身体里的水大概有65斤。

（5）这位同学，你有多重？（帮着算他体内的水分）如果你比他重，水分就多；比他轻，水分就少一点。自己估计一下身体里有多少水分。师评：原来你有水汪汪的眼睛是因为有

① 本案例由江苏省无锡市东湖塘中心小学顾敏菊老师设计。

水，你有红红的嘴唇原来是因为有了水，你有光滑的皮肤是水在起作用。你们都是水做的娃娃！

如果体内缺水达20%，人的生命就无法维持。人没有水最多只能生存3天。可见，我们的生命真的离不开水。

这像生命一样宝贵的水，地球上有多少呢？（播放视频）

三、感受水危机

（1）听了上面的讲述，你知道了些什么？

（2）不能被人们直接利用的海水占了水资源总量的96.5%（出示示意图），而淡水却只占3.5%。而大部分的淡水都以冰川的形式存在于南极和北极，不能被利用。同学们，原来地球上可利用的淡水资源就是这么一丁点儿啊！实在是太少了！那么咱们国家的情况怎样呢？

（3）请同学们仔细地读一读课文第68页的内容：图表和水危机。

（4）同学们，现在你知道了吗？谁来说说？

（5）（出示柱形图）我国的人均用水量可远远低于世界人均用水量啊！

（出示缺水城市的图）显然，我国是一个缺水大国。尽管政府及国家想尽了办法，可大地还是在呼唤、告急：缺水！缺水！北京缺水，济南缺水，太原缺水，青岛缺水，大连缺水，素有“鱼米之乡”之称的无锡也缺水！水源枯竭的城市发出焦急的呼喊。水是我们的生命之源啊！没有了水，人们该怎么活啊？

（6）播放人们因缺水而生活困难的图片，配上音乐。

（7）为了解决我国北方缺水的问题，政府实行了“南水北调”工程。请一位同学读给大家听。（出示相关内容）

（8）当缺水地区的老百姓在为水而苦苦挣扎的时候，我们却看到了这样一幅幅污染画面。（出示图片）你看到过污染水的现象吗？此时此刻，你有什么感受？

是啊，上面这些图片告诉我们，我国由于种种人为因素，水污染非常严重！（出示蓝藻图片）这次，对于无锡蓝藻的暴发，环保部门认为虽然有自然因素，但更多的是人为造成的。无锡市政府也是花了大量的人力、物力和财力在治理太湖，想尽一切办法将蓝藻变废为宝。

对于污水处理，你们能谈谈知道的或自己的看法吗？（一项全面根治污染源的铁腕治污行动正在无锡全面展开）

（9）污水的处理需要经过很多工序，大家请看视频。经过这么多步骤，还不能直接饮用啊！党的十七大报告中明确提出：保护水资源，重点加强水污染防治，改善百姓的人居环境。这关系人民群众切身利益和中华民族生存发展。

（10）我们的党和政府如此重视有限的淡水资源，但是还有人在肆意地浪费。能谈谈你所看到的浪费现象吗？

同学们，你们列举了那么多浪费水的现象，真让人感到痛惜，而有人面对滴水的龙头却不以为然地说“不就是一滴水吗！”难道一滴水真的不重要吗？让我们来算一算：

如果每人浪费 1 滴水，

全国就浪费 13 亿滴水，

相当于浪费 120 吨水。

浪费 2 滴水呢？3 滴呢？

再这样下去，（出示文字，齐读）地球上的最后一滴水将会是人类的眼泪。同学们，你们知道吗？2007 年 9 月 20 日上午，锡山区“节能减排保护环境”道德实践活动全面展开。让我们响应号召，从节水开始！

四、倡议节水

（1）（出示节水标志）知道这是什么标志吗？请同学们边做手势边说说这个标志的含义是什么。

（2）你知道怎样做到节水吗？你知道哪些水还可以再次利用吗？把书翻到 70 页，动动脑筋，做一做！

（3）你们的金点子。

（4）水滴娃娃听了你们的想法，可高兴啦！送大家一首节水谣：

洗澡水，清亮亮，澡盆里面打水仗，乒乒乒，乓乓乓，洗出一个小光光。

水儿倒进洗衣机，妈妈忙着洗衣裳，嗵嗵嗵，轰轰轰，衣服洗得透又亮。

水儿倒进塑料桶，爸爸哼歌擦地忙，刷刷刷，嚓嚓嚓，地板为你照张相。

一水多用真聪明，节约用水好风尚。

同学们的方法都很好。但我们周围还有很多人都没意识到要节约用水。我们为什么不大力宣传，广而告之呢？为此，老师特意设计了一则公益广告，让我们一起用心来感受。（出示公益广告）请你也来写写。

五、总结升华

同学们，水是生命之源，肆意的污染和浪费会导致可怕的水危机，所以我们要节约每一滴水，就像关爱我们的生命一样全力地保护和珍惜它。让我们和大自然心与心交汇，共创地球美好家园！

案例分析：

四年级教材《从一滴水说起》关于“水危机”部分，主要呈现的内容是“淡水资源缺乏，尤其是北方地区经常闹旱灾”。这样的内容对生活在江南水乡的孩子来说有距离感、比较陌生，所以在教学中，教师充分利用了 2007 年 5 月的太湖蓝藻事件这一社会资源，丰富了教学内容，用事实说话，从而有效引导学生认识“人为的污染加剧淡水资源的匮乏”。

总之，在教材使用中做“加”法，应仔细钻研教材内容，坚持积极开发与选择，充分挖掘各种资源，丰富教学内容，追求更丰盈的课堂。

二、减一减，让课堂变得简约

品德与生活（社会）教材呈现出了很多的活动案例、事件、话题，为师生的对话提供了蓝本，由于地域习惯、生活背景等诸多因素，有些内容未必是教学中需要一一分享的。

（一）与认知水平不符的，减一减

品德教师需要密切关注儿童的生活，遵循忠实反映课程标准和时代要求的原则，删繁就简，对“教材”进行再度开发。

如《从一滴水说起》一课，教材中有关于“中国与发达国家工业万元产值用水”的比较。学生对“工业万元产值用水”这一概念认识不够，品德课不是数学课，不可能花费大量的时间进行数学知识、专业用语的教学；同时，这一内容与本节课的主旨关系不大，为此，教学中可以大胆舍弃、删除。

（二）与课时目标不符的，减一减

教材提供的有些资料和内容虽然具有一定的普适性，但与课时教学目标达成不符时，可以在这一课时大胆删除，留于下一课再做交流。

案例 15 《中秋与重阳》教学设计[①]

（苏教版《品德与生活》二年级上册第二单元第八课）

教学目标：

（1）通过让学生了解家乡过中秋节的风俗习惯，激发学生热爱家乡、热爱祖国的情感，体会家庭欢乐、生活甜美的幸福。

（2）丰富自身的社会生活常识，了解民风民俗，了解习俗中的科学道理。

教学准备：

（1）月饼。

（2）关于中秋的歌曲、儿歌。北京童谣《月亮谣》。

（3）课前也可以让孩子预习，搜集资料，如关于中秋的歌曲。

（4）心形的心愿卡。

教学过程：

1. 食在中秋

（1）小朋友，知道吗，农历八月十五是什么节？

① 本案例由江苏省南通市虹桥第二小学朱帅老师设计。

（2）谁愿意与大家一起分享一下，在中秋时，你吃到了哪些好吃的食物？

（3）这好吃的东西可真不少。刚才我发现，小朋友们分享的美食中总是少不了一样，那就是——月饼。（出示月饼图）

（4）你们吃过什么馅儿的月饼？哪种月饼是你最喜欢吃的？

北宋时期就有月饼出现了，宋代的苏东坡曾用“小饼如嚼月，中有酥和饴”来盛赞月饼的美味呢。

（5）小朋友们，你们知道为什么我们会把它称为“月饼”吗？

（6）中秋节为什么要吃月饼？

小朋友仔细观察一下，月饼和月亮之间有什么共同的特点？

中秋节吃月饼，还有一个故事呢，小朋友知道吗？

过中秋节，可真好！可以吃着圆圆的月饼，听着有趣的故事，一家人其乐融融，多幸福啊！（板书：饼圆，人团圆）

2. 吟在中秋

（1）刚才我们聊了那么多中秋节的美食。我很想知道，在中秋节，你和谁吃的这些美食，在哪儿吃的。

（2）我现场采访一下，当时的你高兴吗？在这一家团聚的时刻，大家请你表演，你会为大家表演什么呢？

（3）其实，古代的文人墨客就有中秋节赏月吟诗的习惯，他们把对中秋的印象留在了诗篇里。在齐家团圆的时刻，我们也可以背一背这些与中秋有关的诗句。

中秋的夜晚，我们与家人就这样一起说着唱着。此时的你会发现头顶的那轮月亮变得更圆了。（板书：有你，月更圆）

（4）在这齐家团圆的时刻，小朋友们，就让我们一起唱起来吧。（课件播放《爷爷为我打月饼》）

3. 爱在中秋

（1）小朋友们喜欢过中秋节吗？

（2）为什么呢？

（3）在中秋节，是什么最吸引你？

（4）学生交流。

（5）说祝福。

中秋的月饼一箩筐，我们收到的祝福也是一箩筐，我们先来听听记者为大家带来的中秋祝福吧。（课件播放中秋广告，送祝福）

今年中秋，小朋友们，你收到了谁送给你们的中秋祝福，他们是怎么说的？

（6）那你们都给谁送去了祝福呢？你是怎么祝愿他们的？

（7）小朋友们，中秋节，寄托着人们美好的心愿，为人们带来了暖心的祝福。到了明年的中秋，你希望和谁一起度过怎样的中秋？你又有着什么愿望要去实现呢？今天，老师为大家准备了一张心愿卡，小朋友们可以写下你的心愿或祝福。（学生在音乐声中写心愿卡）

（8）可以说说明年中秋，你的心愿是什么吗？这是你们的愿望，希望在明年的中秋，你们的愿望可以实现。（板书：祝愿，梦能圆）

（9）刚才，老师也写了一张心愿卡，朱老师祝愿我们二（3）班的小朋友和老师们年年天天都笑口常开，身体健康、家庭幸福。希望明年的中秋，我们可以互相道声：中秋快乐！

案例分析：

《中秋与重阳》一课中，教材中有关于“月亮会发光吗？”的小实验，可在第一课时教学家乡中秋节的风俗习惯和有关中秋的传说，若是加入教材中科学性较强的小实验，无疑会降低教学过程中的人文性。所以，与其别扭地呈现，倒不如大胆删去，留在下一课时讨论。

总之，在品德教材使用中做“减”法，应深层挖掘、精挑细选，充分把握教材内容设置与学生的认知特点以及课程教学的关系，留下最具道德内涵的典型教材。

三、整合吸纳，让课堂变得灵动

“在儿童行为（包括道德行为）的形成过程中，个人、环境、行为是相互作用的，个人的行为是内部过程和外部影响复杂的相互作用的产物。”① 同时，品德课程所具有的开放性，要求尽可能地吸纳整合各种课程资源。为此，在教学过程中应关注儿童的现实生活，以学生的生活经验为起点，以指导学生未来的生活为目的，从而追寻更灵动的课堂。

案例 16　《我不胆小》教学设计②

（苏教版《品德与生活》二年级上册第三单元第十课）

教学目标：

（1）培养学生勇敢、坚强、上进的生活态度，激发学生热爱生活的情感。

（2）使学生初步养成不胆小、不娇气的行为习惯。

（3）使学生在活动中学会辨析，懂得用不同的方法与同伴交流，逐步培养解决现实问题的能力。

① 汪凤炎等：《德化的生活——生活德育模式的理论探索与应用研究》，270 页，北京，人民出版社，2005。

② 本案例由江苏省南通市如皋师范学校附属小学李玉兰老师设计。

教学过程：

一、谈话导入

谈话：小朋友们，今天我们教室里来了许多客人老师，谁大胆介绍一下自己？

揭题：这三位小朋友真棒。来，一起自豪地告诉大家：我不胆小。

还有哪些小朋友也想大胆介绍自己的？站起来，让我们一起自豪地告诉大家：我不胆小。（出示课题，齐读）

二、实施活动

活动一：敞开心扉说胆小

（1）过渡：其实每个人都有胆小的时候，小朋友，你最怕什么呢？现在就请敞开心扉说说自己害怕的事吧。

请先在小组内说一说，然后选一件胆小的事写在“胆小卡”上。

（2）小组活动，老师深入小组了解、指导。

（3）贴一贴：现在把你们组写的胆小的事贴到黑板上来吧。

（4）小结：小朋友害怕的事情有……这么多让我们感到害怕的事，是不是我们就拿它们没办法了呢？

活动二：弄清真相我不怕

（1）过渡：我们先一起来解决一个问题：怕黑，不敢一人睡，怎么办？（屏幕出示）

（2）先想想为什么怕黑呢？

生交流：有“鬼”、怕坏人。

（3）你们怕“鬼”，有一群小动物很怕一个叫“咕咚”的东西。我们一起来看一看。（播放动画，学生观看）

师（看后问）：最后小动物还怕吗？为什么？

是啊，遇到事情我们要像狮子一样，不要慌张，弄清真相，就不怕了。

那世界上有“鬼”吗？（学生回答）

（4）对，世界上根本就没有“鬼”，我们不能自己吓自己。现在我们心里有点不怕了，但一开始一个人睡，还是有点不适应。一起来出出主意，治治怕黑的毛病吧。

我们班哪些小朋友是一个人睡觉的？你们有什么好办法帮他们克服胆小？

预设答案：

睡觉时房间里开一盏灯。

睡觉前可以听听音乐和有趣的故事，看看轻松愉快的电视节目。

不看恐怖片。

多看看书，了解一些科学常识。

（5）原来怕黑的小朋友，现在了解了真相，刚才不怕黑的小朋友们又出了好主意，现在还害怕吗？

这么多好点子，“怕黑”这个胆小鬼吓得赶紧躲起来了。

来，我们一起鼓鼓掌表扬表扬自己。

活动三：勇敢点子我来想

(1) 过渡：通过大家的努力，怕黑问题我们已经解决了，对其他的问题我们也来出出主意。

先请每组小朋友从其他几个胆小的事中选择一个。

每组选好后写上各组的组号明确选择的事。

(2) 现在请根据你们组选出的一项在组内说一说你们的好点子。

注意：第一，先想想胆小的原因。第二，点子要真的有用哟！

(3) 秀一秀。

现在我们就来看看哪组的点子真的有用。

第一组：你们组选择的是怕打针吃药，说说你们的点子。

预设答案：“忍一下就好了”“打针的时候不要看”“把眼睛闭起来”等。

(4) 小朋友们出了这么多的好点子，老师把这些好点子编成了一首儿歌，一起来读一读。

出示儿歌：《不怕打针》

小针管，细针头
病菌见了直发愁
给我打针我不怕
就像蚊子咬一下
及早预防身体棒
去除疾病精神爽

小结：打针可以使病好得更快，还可以预防疾病。打针只有一点点疼。相信以后不会再有小朋友害怕打针了。

(5) 其他胆小的事。

(6) 小结：小朋友的好点子真多，不光帮胆小的小朋友战胜了胆小，也帮助我们自己变得越来越勇敢了。瞧，咱们的勇敢树越长越茂盛了。(板书：勇敢树)

活动四：火眼金睛辨勇敢

(1) 刚才小朋友都纷纷举起小手想表现自己的勇敢，现在有几个同学也想急着表现自己的勇敢。你觉得是真勇敢行为的，就亮出笑脸卡。如果不是，就收起笑脸卡。我要来看看谁的眼睛亮，谁是火眼金睛。

(2) 逐个出示图片。

收起笑脸卡时请小朋友讨论交流：为什么不是勇敢？你想对他们说什么？

（3）小结：刚才小朋友判断得非常正确，表现得非常出色，每人给自己亮个笑脸卡，再给同桌亮个笑脸卡。现在请小朋友把笑脸卡放进抽屉里。收得最快的小朋友老师也给你们亮个笑脸卡。

（4）小朋友们，你们在不断长大，只要努力克服胆小，就一定会变得更勇敢。从今天开始，我们来开展一个“勇敢 PK”活动。（出示评比表）一共这五个项目，一个星期总结一次。一个月下来看谁得的“★”多，谁就能评为勇敢之星，好吗？

（5）最后老师送你们三句话：正确事，大胆做；错误事，不能做；胆大心细才是真勇敢。

案例分析：

在《我不胆小》一课的教学中，学生们在“胆小卡”上写自己害怕的事情，这些内容“源于生活”；课堂上师生有选择地挑出其中一部分问题，共同解决，既“高于生活”又“指导生活”；课堂最后的环节“辨别生活中的勇敢表现”，使教学“回归生活”又“引领生活”。

总之，品德教学中，应以学生的生活经验为基础，选取真实而鲜活的社会生活素材，多角度吸纳与整合，从中挖掘提炼、加工运用，并延伸至实际生活。只有遵循“源于生活、高于生活、引领生活”的原则，智慧选择，才能使教学内容符合学生认识的曲线、思维的张弛、情绪的波涌，追寻更灵动的课堂。

四、抛开负累，让课堂变得高效

积极开发，仔细挖掘，我们会发现小学品德课程有着许多的资源，但运用在我们的学科教学过程中的课程资源并非越多越好。资源运用不当反而会成为教学上的负累。因此，教学过程中，我们要抛开负累，回归课堂教学的本位。

（一）形式为教学服务

对于目标交叉的活动资源，可以找到其内在的联系，从课堂教学的需要出发。

如《从一滴水说起》一课的教学，按教材内容设计教学环节，在课堂教学的最后环节有“认识节水标志”“学习节水公益广告语”“欣赏节水公益广告”“设计节水公益广告语”“制定家庭节水公约”五个步骤，但由于内容、环节繁多，不利于学生掌握核心内容。若教师进行一定的筛选和整理，将“认识节水标志”和“欣赏节水公益广告”融合，除去“设计节水公益广告语”环节，重点切入制定并实行家庭节水公约。这样，活动目的明确，师生活动也显得扎实有效。

（二）形式为主题服务

手段服从目标，形式服务于主题。若不计时间，不顾成效，一味地运用资源，会使课程资源就如同摆设，有时不但没有教育价值，反而不利于教学目标的实现。

案例 17 《平安回家》教学设计①

（苏教版《品德与社会》三年级上册第二单元第六课）

教学目标：

（1）认识道路上常见的交通信号、标志和标线以及它们所代表的含义，了解交警的两个手势的含义。

（2）通过模拟实践，掌握行人过十字路口的基本交通规则。

（3）学会珍爱生命，树立自觉遵守交通法规的意识，注意安全，平安回家。

活动准备：

学生准备：收集交通标志，并用卡纸画出其中一个用于全班交流。

老师准备：课件，纸质红绿灯、黄灯。

一、情境导入

1．视频

同学们，打开电视，我们经常能看到这样的报道。（播放闯红灯视频）

看了这样的报道，你有什么想说的？

2．揭题

是啊，人的生命是最宝贵的，我们应该好好珍惜我们生命中的每一天（指视频齐说：开开心心上学来，平平安安回家去）。（出示题目）

二、实施活动

活动一：我会认标志

1．过渡

漫步在回家的路上，我们经常能看到这样的标志（出示生活中的标志），它们表示什么意思？又有什么作用呢？

2．练习

学生自主合作完成课本第 34 页连线题，老师巡视指导。

3．展示

考一考。依次出示 34 页的标志，学生抢答。

4．拓展

（1）交流收集到的交通标志。课前大家都收集了很多交通标志，并已经画了出来，现在将你收集到的标志介绍给大家吧。（引导学生说出在哪里见过这些标志，标志提醒我们

① 本案例由江苏省南通市如皋实验小学焦朝勤老师设计。

什么）

（2）归类。

请大家仔细看，这位同学手上的标志在颜色和形状上有什么特点，跟它同一类的在哪儿？快过来吧。

像这样黄底、三角形的标志，我们称为警告标志。警告大家此地有危险，要小心！（齐说：警告标志）

像这样白底、红圈、黑图案，上面还有个斜杠的标志，我们称为禁令标志。告诉我们哪些行为是不可以做的。（齐说：禁令标志）

像这样蓝底、白图案的，我们称为指示标志，是指引我们该怎么走的。（齐说：指示标志）

5. 小结

这些交通标志就像无声的警察，默默地提醒着我们：要想平安回家，就一定要留心它们！（黑板上出示：留心交通标志）让我们一起用心记住。（出示平安回家儿歌）

活动二：我能过马路

1. 过渡

（出示十字路口图片）指着图问：放学了，现在我们要到马路斜对面的家，该如何走呢？又要注意些什么呢？相机介绍：在人行横道的两边也有红绿灯，我们称为人行横道灯。瞧，老师将这人行横道灯带来了。

指明由一组示范练习过马路。

下面就让我们走进活动二，练习过马路吧。哪个组演得好，就有机会到前面来表演哦！

2. 活动

学生组内模拟，教师深入小组指导。

3. 模拟展示（出示模拟展示图）

（1）请一组到模拟十字路口演示，其他组评价做得好的地方。

（2）再请一组，加大难度：师手举黄灯。这时我们该怎么做呢？（我国的交通法规定，黄灯亮时，如果你已经在人行横道线上了，那就快速通过；如果还没有踩在人行横道线上，那就要等一等）

4. 小结

刚才的活动又告诉我们，要想平安回家就要做到（黑板上出示）看清交通信号。

出示安全用语：

（指名说）以不闯红灯为荣，做文明交通市民。

（指名说）宁等三分，不抢一秒。

（齐说）宁走千步远，不冒一步险。

活动三：我会听指挥

1. 过渡

孩子们，知道吗？我国交通法规定：在红绿灯正常工作的路口，如因特殊情况，交警指挥与红绿灯不一致时，我们首先要听从交警的指挥。每天上学、放学时，学校旁边的十字路口交通特别拥挤，我们总能看到交警忙碌的身影。瞧（播放交警指挥视频），看到了几种手势？

2. 跟老师学一学交警手势

想不想学一学？下面就跟老师学两个行人应看懂的手势。

（1）老师做，你们说手势的意思（停止手势、通行手势）。

（2）分解动作，学生跟做。

3. 组内自由练习

组长喊口令，组员一起做，并相互提醒。

4. 全班一起做一做

5. 看交警手势过马路

你精神饱满，真像一个英姿飒爽的交警！请你来做小交警，请几个小朋友在交警指挥下安全过马路吧。（抽号）

6. 小结

真是一群遵守交通的小公民！要想平安回家也应学会听从交警的指挥。（黑板上出示：听从交警指挥）

三、检测反馈

过渡：同学们，学完了所有的内容，现在你知道如何平安回家了吗？此时，你有什么想提醒自己、家人或同学的？请在组内说一说。

（1）组内说一说。

（2）交流完善。

四、总结

孩子们，从今天起让我们做到（指着板书齐说）留心交通标志，看清交通信号，听从交警的指挥，遵守交通规则；再用我们的实际行动去感染身边的每一个人，让更多的人都能平安回家。让我们用心聆听这首歌来结束今天的平安之行吧！

案例分析：

这是苏教版《品德与社会》三年级上册第六课，含“认识交通标志”“我是小交警”“怎样过马路”三个板块，通过让学生自主合作完成课本第 34 页连线题，学生认识了道路上常见的交通信号、标志和标线以及它们所代表的含义；通过小组内模拟实践，学生掌握了行人过十字路口的基本交通规则，了解了交警的两个手势的含义，继而树立了自觉遵守交通法规的意识，注意安全，平安回家。教师很好地处理了“模拟交警指挥”这一环节，师生共同模拟交警指挥的动作，意在教育学生能看懂指挥，这依然是为课堂教学的主题“平安回家”服务。而有的教师在教学同一课时，在这一环节大费周章，除设计“播放录像（交警指挥交通）”“说说交警指挥手势的含义”环节外，还安排了“现场采访交警叔叔”“跟着交警叔叔学习指挥”“练习、表演”等环节。课上，学生们高高兴兴地如同表演一般地展示着交警的手势，而这却冲淡了课堂教学的主题，忽视了课程实施的效果。

总之，在品德课堂教学过程中，我们应坚持一切为课程服务、为课堂教学服务、为儿童服务。坚持抛开负累，追求更加高效的课堂。

综上所述，在小学品德教学中，我们应遵循“课程本位、目标导向”原则，做好开发利用课程资源的“加减乘除”，追求“丰盈、简约、灵动、高效”的课堂。

思考与练习

1. 品德与生活（社会）学科的课程资源有哪些？教师可以通过哪些途径有效开发利用课程资源？

2. 选择小学《品德与生活》或《品德与社会》教材的某一内容，采用相关策略，开发利用其课程资源，完成一份教学设计。

阅读文献

1. 成尚荣. 义务教育课程标准（2011年版）案例式解读·小学品德与生活（社会）. 北京：教育科学出版社，2012.

2. 段兆兵，等. 课程资源开发与利用：原理与策略. 芜湖：安徽师范大学出版社，2011.

3. 多尔，高夫. 课程愿景. 北京：教育科学出版社，2004.

4. 派纳，等. 理解课程：历史与当代课程话语研究导论. 北京：教育科学出版社，2003.

5. 拉尔夫·泰勒. 课程与教学的基本原理. 北京：人民教育出版社，1994.

6. 陶行知全集：第2卷. 长沙：湖南教育出版社，1985.

7. 汪凤炎，等. 德化的生活：生活德育模式的理论探索与应用研究. 北京：人民出版社，2005.

第十章

小学品德与生活（社会）教学设计的组织实施

本章导读

如何组织实施品德与生活（社会）教学设计？本章通过说课、上课、评课等环节向你展示品德与生活（社会）教学设计的组织实施过程，探索其中的规律，从而更好地处理教学设计与教学实施之间的关系。

第一节　说课

一、说课概述

（一）说课的内涵

说课就是教师针对具体教学内容，口头表述其教学设想及其理论依据的过程。授课教师在备课的基础上，面对同行或教研人员，讲述自己的教学设计，然后由听者评说，达到互相交流、共同提高的目的。说课，是教师对备课内容的浓缩和升华，是融化在教师脑海里的教学方案。说课既可以是针对具体课题的，也可以是针对一个观点或一个问题的。说得简单点，说课其实就是围绕某些教学内容说说你是怎么教的，以及你为什么要这样教。①

（二）说课的类型

从不同角度，说课类型有多种划分。下面从研究性说课、示范性说课、评比性说课三

① 参见好搜百科：说课，http://baike.haosou.com/doc/5376076-5612189.html。此处参照了有关说课的内涵、意义等内容。

种类型进行分析。

1. 研究性说课

研究性说课指提前布置说课任务，由教师准备说课稿。说课之后集体评议、互动交流，促进参与说课活动的教师教学水平的提升。

2. 示范性说课

示范性说课指选择优秀说课案例，由教师完整展现说课流程。大家共同学习提高的示范性说课，是培养教学能手的重要途径。

3. 评比性说课

评比性说课指带有评比、比赛性质的说课。可分为两种：一种是提前准备讲稿的说课，另一种是现场抽题的说课。评比性说课一般用在新教师招考或是教师教学大讲赛中，常常带有甄别和选拔的性质。

（三）说课的要素

品德与生活（社会）教学的说课一般包括说教学理念、说教学内容、说学情、说教学目标、说教学流程、说教学策略、说板书设计等要素。如果在授课之后说课，还可以说教学反思。

（1）说教学理念：说明本主题的教学设计体现了本学科的哪些性质特点和课程理念。

（2）说教学内容：分析教学内容在本册本单元主题中的地位，剖析教学内容以及与前后知识的纵向和横向联系，分析教材，并挖掘教学资源，整合、拓展、延伸教学内容。

（3）说学情：依据心理学、教育学知识，通过观察、调查、谈话等方式了解所教年段学生的年龄、心理特点、兴趣爱好、学校氛围及家庭环境等，尤其要分析学生已有的与本课教学相关的知识、经验的积累情况。

（4）说教学目标：教学目标先于教学过程，是教学准备、实施的指挥棒，是教学评价的依据，也是教师预设、开展和组织实施教学活动的关键。说教学目标，就要分析教学目标的内容及其确定的依据。

（5）说教学流程：说明教学流程中各环节安排与衔接，分析教学环节安排的合理性与可操作性。

（6）说教学策略：说明教学实施的方式方法，包括教法、学法、教学手段以及教学技巧等。

（7）说板书设计：说明板书设计的内容、布局，并分析理由。

（8）说教学反思：一要反思教学行为是否达到教学目标。二要反思教学活动是否能“沟通”和“合作”，反思教学形式是否流于形式。为了活动而活动，教学活动难有实效。三要反思是否创造性地使用了教材。四要反思教学过程是否适应学生的个性差异。

（四）说课的意义

说课活动可以有效地调动教师投身教学改革，学习教育理论，钻研如何调动课堂教学的积极性，是提高教师素质，培养造就研究型、学者型教师的有效途径。

1. 有利于把握课标和教材

“在研究的状态下工作，是形成教师专业判断能力的基础。”① 说课展现教师教学设计理念、教学思路和对教材的把握情况。它是建立在深入解读教材、深刻理解课程标准基础上的表述过程，是教师从事教育科学研究不可缺少的一个环节。

2. 有利于提高备课质量

说课活动可以引导教师思考为什么要这样教学，这就能从根本上提高教师备课的质量。说课有助于教师全面把握教学内容，不断改进教学方法，减轻学生课业负担，是推动教学改革的有效措施。

3. 有利于提高课堂教学效率

教师通过说课，可以进一步明确教学的重点、难点，厘清教学思路。这样就可以克服教学中重点不突出、训练不到位等问题，从而提高课堂教学的效率。

4. 有利于提升教师的综合素养

说课要求教师具备一定的理论知识，这就促使教师不断地去学习教育教学理论，提高自己的理论水平，同时要求教师用语言把自己的教学思路及设想表达出来，又在无形中提高了教师的思维与表达能力。

二、说课的策略

（一）将教学设计转变为说课稿

教学设计一般包括教学理念、教学内容、学情分析、教学目标、教学流程、板书设计等部分，而说课稿包括说教学理念、说教学内容、说学情、说教学目标、说教学流程、说教学策略、说板书设计等部分，如何实现以上转变呢？

1. 对象与角度的转变

教学设计的对象是学生，说课的对象是教师。因此，角度和切入点不同，呈现的方式就不一样。

2. 内容的转变

教学设计是教学的实施方案，重在可操作性。说课稿不仅要说明教学设计内容，而且要说明其内在根据。

3. 文本和表达方式的转变

第一，直接引用。可以直接将教学设计中的教学理念、教学内容、学情分析、教学目标等部分的有关内容直接引用到说课稿当中。第二，深入分析。对教学设计中的有关

---

① 郭元祥：《教师的20项修炼》，123页，上海，华东师范大学出版社，2008。

部分，必须深入分析其理论基础或依据。比如关于教法学法，可结合课标进行理论与实际运用方面的阐述。又如，关于教学流程，在说课过程中，需要着重说明的是在教学过程中采用哪些活动达成教学目标，即每一项活动的设计意图和如何开展活动。在说教学流程这一环节中，需要依据品德与生活（社会）课程标准，寻找相关的理论依据支撑，详细说明其设计意图。再如，关于板书设计，要善于将简单、形象、有限的板书设计辅之以理论依据，并简要说明板书设计在教学过程中是如何逐步形成的。

（二）说课技巧

1. 开篇引人，结尾留寓

清代诗人李渔在《闲情偶寄》中说："开卷之初，当以奇句夺目，使之一见而惊，不敢弃去，此一法也。"作文如此，说课亦然。说课是个人综合素养和对品德教学理念把握程度的综合体现。开始时可以引用与本主题内容相关的名言佳句巧妙引入，也可结合课改理念恰当导入。在说课的结尾可以用一两句话谈谈自己对本门课程的追求或今后努力的方向。

2. 边说边演，说演自然

在说课过程中如果从头至尾都是背诵已经准备好的说课稿，那说课的效果会不好，听者也会觉得乏味。在说课时，可以边说边演，适时展现教学活动的流程，也可以结合板书一边说教学流程，一边在黑板上完成板书，这样的说课才显得灵动有趣。有条件的还可结合说课的课件，巧妙引用精彩的视频、音乐、资料、数据等关键点，渲染你的说课。

3. 眼神交流，沟通心灵

在说课中，要注意与听课者的眼神交流，要显得自然贴切，灵动亲切，大方得体。

三、说课案例与分析

案例 1　　**《我爱秋天》说课设计①**

（浙教版《品德与生活》二年级上册第二单元第二课）

说教学理念：

（1）品德与生活是一门以儿童生活为基础，以培养品德良好、乐于探究、热爱生活的儿童为目标的活动型综合课程。由于道德存在于儿童的生活之中，没有能与生活分离的"纯道德"。因此，在整个活动过程中，要紧密联系儿童实际生活，使活动设计源于生活，充分体现品德培养回归生活这一理念。

（2）体现以人为本，尊重学生的真实感受和内心体验，力求以丰富多彩的活动拨动儿

① 本案例由云南玉溪市第一小学刘芳老师提供。

童心弦，使孩子们稚嫩的心灵碰撞出情感的火花。

（3）学生在“活动—体验—感悟”中了解生活，认识生活，学会生活，快乐生活。

（4）力求把微笑带到课堂，把生活融入课堂，让快乐充满课堂。

说教学内容：

《我爱秋天》是继一年级下册第一单元“春天的歌”之后又一个反映季节变化的主题。这个主题分三课时完成，这堂课，主要目的是感受秋天，认识秋天是一个美丽、凉爽、丰收的季节，属于第一课时。儿童在各种活动和游戏中与“秋天”零距离接触，从而认识秋天、热爱秋天。

说教学目标：

根据课程标准及本课主题“我爱秋天”，联系学生的生活实际，具体确定了本课的教学目标如下：

（1）激发对秋天的热爱之情。

（2）到大自然中去寻找秋天的足迹，运用多种感官从感性上认识秋天的特征，感受秋天的独特魅力。

（3）观察并发现动植物及人的生产生活在秋天的变化。

说教学策略：

品德与生活课程标准指出，品德与生活以儿童直接参与的丰富多彩的活动为主要教学形式，强调寓教育于活动中，只有在生活中才能形成和发展人的品德。因此，针对学生实际和学科特点，教师采用了以活动为主，创设情境、感悟体验、生生互动、师生互动的教学方式，营造出了一个学生乐于接受的轻松和谐的活动氛围，学生在活动中体验，在体验中感悟，从而指导和帮助儿童学会生活、快乐生活。教师用真切的语言，充满童心、童趣的激励评价机制，引导学生主动参与，在活动中去发现、去体会、去感悟、去行动，从而更加热爱秋天、珍惜秋天，学会在大自然中寻找秋天、享受秋天。

低年级的孩子好奇心强，好动，乐于与人交流。因此，学生通过“唱一唱”“看一看”“说一说”“闻一闻”“尝一尝”“想一想”“议一议”等活动，认识秋天的特征，感受秋天的独特魅力，激发起喜爱秋天、珍惜秋天的热情。

说教学流程：

为了更好地让学生在课堂活动中自主学习，获得对秋天最真切的体验、最真实的感受，教师设计了“赏秋天”“闻秋天、尝秋天”“感受秋天”“赞秋天、惜秋天”四个活动，各个活动自然衔接，紧扣主题，层层递进。学生在动中学，学中乐，乐中悟，悟中行，从而较好地完成主题目标。具体如下：

活动一：赏秋天

课前布置一份寻找秋天的调查表，要求学生在家长的陪伴下到田野、蔬菜地、公园等地方寻找秋天，感受天气的变化，观察人们衣着的变化。这也很好地体现了品德教育来源于生活这一课改理念。上课开始，利用孩子们本学期音乐课上刚学过的歌曲《金铃铛》导入新课，融情入境，自然贴切。导入新课后，让孩子们联系生活说一说秋天的景色，这一环节实际上就是让儿童说说自己在生活中发现的秋天的足迹。然后和孩子们共同欣赏一组组秋天里迷人的风光！伴随着《秋日私语》这一曲动人心弦的音乐，孩子们不由自主地发出了一声声惊叹，从而感受到秋天是一个美丽的季节。

活动二：闻秋天、尝秋天

季节对孩子来说不是很具体，对于云南玉溪的孩子尤其如此。因为与我国其他地区相比，云南玉溪四季如春，季节并不分明。因此，教师力求把生活带到课堂，通过小组合作"闻桂花""尝水果"，让学生感受秋天的香甜。接着又通过"说一说"环节，让孩子了解秋天的花、水果、庄稼，感悟出秋天是一个丰收的季节。接着让孩子念语文课上学到的儿歌，强化知识，又体现学科间的相互渗透。这时提问："如果你见到在秋收的农民伯伯，你会说什么?"趁机对孩子进行思想教育。

活动三：感受秋天

利用一段录像，让孩子通过"看一看"环节，最直接地了解秋天里动物的变化，接着提问"这些动物为什么这样做"，很快地，学生就悟出秋天是一个凉爽的季节。这里适时提醒孩子添加衣服，进行卫生保健教育。

活动四：赞秋天、惜秋天

有了前面知识的铺垫，学生通过小组讨论说说在自己心目中秋天是一个怎样的季节，进而来称赞秋天，表达对秋天的爱。再让孩子说说怎样爱秋天、留住秋天，培养孩子们的爱心，并渗透环保知识。最后用《郊游》这首歌结束课程。

说板书设计：

精美简洁实用的板书，是教和学的重要凭借。为了使板书鲜明醒目，教师根据低段儿童的年龄特征和心理特点，巧妙地将重点词打在能表现秋天特征的苹果、花、枫叶上。这样的板书设计，使孩子们兴趣十足，体现了秋天的特点。

案例分析：

《我爱秋天》说课设计中阐述设计理念这一环节，体现了品德与生活课程的基本理念，同时有机融入了《我爱秋天》这一主题教学的特色以及教师对课程的理解。在教材分析中，教师注重本主题与一年级"春天的歌"这一单元主题的联系，关注学生已有的学习和生活经验。同时又是下一个主题目标《秋天的保健》学习的前奏。

与其他课程不同的是，在主题目标的几个方面中，小学品德课的学习要求把情感态度价值观作为第一目标，它关注孩子们的情感体验，重视深入儿童的内心世界，引领孩子健康积极地生活。

在教学流程的说课中，设计者紧紧围绕“赏秋天”“闻秋天、尝秋天”“感受秋天”“赞秋天、惜秋天”四个活动展开具体详细的说明。这一环节的阐述是整个说课的重点。要具体说明活动设计、开展、组织实施的方法及各环节的设计意图。如果是课前说课，阐述的是预期目标；如果是课后说课，阐述的是上课过程中活动组织实施的状况及达成的目标。

案例2　寓教育于无痕（《集体处处有规则》说课设计片段）①

（浙教版《品德与社会》四年级上册第三单元第二课）

说教学目标：

（1）知道集体处处有规则，明白遵守规则的重要性。

（2）了解日常的学习与生活中必须遵守的规章制度。

（3）树立自觉遵守规章制度的意识，努力做个讲文明、有教养的人。

说教学流程：

为了让孩子们在课堂活动中真切地体验到规则的重要性，从而自觉遵守规章制度，教师设计了“游戏引规则”“观图悟规则”“生活寻规则”“行为守规则”四个活动，各个活动自然衔接，紧扣主题，层层递进，从而较好地落实教学目标。具体如下：

活动一：游戏引规则

上课伊始，采用比赛灌篮的小游戏，创设生活情境，营造轻松愉快的学习氛围，既拉近师生间的距离，也在轻松、愉快的氛围中巧妙自然、不着痕迹地引出了“规则”。

活动二：观图悟规则

品德与社会课程标准明确要求引导学生通过与自己生活密切相关的社会环境、社会活动和社会关系的交互作用，不断丰富和发展自己的经验、情感、能力、知识等。在活动二中，教师巧妙地运用多媒体课件辅助教学，一幅幅令人触目惊心的画面，一组组震撼人心的数据，一段段声情并茂的讲述，把孩子们带到了一个个事件现场，让他们去捕捉图片中隐藏的问题，让他们在这些惨痛的教训中感悟到规则的重要性，并进入更深层次的思考，由此萌发自觉遵守规则的愿望，让遵守规则成为学生心中的向往。

活动三：生活寻规则

在课前安排学生“寻找生活中的规则”，要求学生通过自己的搜集，感受真实生活中的规则。校园中处处有规则，这是最现成、最生活化的课程资源。所以，教师在设计中使用图片充分挖掘隐藏在校园里的规则这一教育资源，让学生在自己熟悉的环境中找规则，

① 本案例由云南省玉溪市第一小学徐文琳老师设计。

对比自己的行为，从而引导他们在以后的学习生活中用实际行动做一个遵规、爱校的好孩子。

活动四：行为守规则

在这一环节中，潜移默化地让教学向孩子们的生活领域拓展、延伸，学生运用所学的道德知识进行推理、判断，争做守规则的文明小天使，并把这种意识带到社会上，使教育落实到生活中去。最后师生齐念《规则歌》，在轻松、欢快的氛围中自然地强化规则意识，结束教学。

案例分析：

“活动要源于生活又高于生活。教师要善于从儿童的生活中敏感地捕捉有教育价值的课题，用正确的价值观进行引导，使儿童在自己喜欢的活动中获得发展。”① 开展儿童喜欢的活动，使他们在主动积极的参与中，生活得到充实，情感得到熏陶，品德得到发展，价值判断得到初步的培养。说课中所设计的“游戏引规则”“观图悟规则”“生活寻规则”“行为守规则”四个教学活动符合儿童实际，从儿童的视角出发，引导孩子们更好地生活。

想一想：

一份完整的说课稿包括哪些要素？如何进行说课？

第二节　上课

一、上课概述

（一）上课的内涵

上课即课堂教学，“是教师组织和引导学生进行有效学习的过程，是师生互动、生生互动，共同实现具体发展目标的过程”②。小学品德与生活（社会）的“上课”环节，是教师引领与师生互动的真实展现，是教学设计组织与实施的关键环节，是围绕主题目标开展的师生共同交流学习的过程。小学一节课一般为40分钟。

品德课程对教师的组织和实施提出了新的要求：课堂中教师的角色要发生转变。教师要由过去的知识直接传授者、“教”教材的人彻底地转变为儿童活动的支持者、合作者和

① 中华人民共和国教育部制定：《义务教育品德与生活课程标准（2011版）》，16页，北京，北京师范大学出版社，2012。

② 张茂聪、史德志、张新颜主编：《小学品德、生活与社会教师专业能力必修》，161页，重庆，西南师范大学出版社，2012。

指导者，做引导、激发和深化儿童活动的人。教师要积极开发、利用班级、学校、家庭、社区的教育资源，为儿童创设安全、适宜、开放、多样并且富有变化性、发展性的活动环境，激发儿童对周围事物的好奇心，引发儿童探索和活动的欲望。

（二）品德课的教学模式

传统的思想品德课的教学模式有多种，比如“明理—激情—导行”模式就是其中的一种。所谓明理，就是讲道理。教师一般通过课文故事阐述其中所蕴含的道理。所谓激情，就是激发道德情感，是指教师在教学中挖掘教材的情感因素，精心选择或创设适当的教学情境，传授知识，以情传情，给学生一种直觉的情感体验，感染和熏陶学生的情感。所谓导行，即导之以行，指导道德行为。这种传统的教学模式“以图讲图，就事论事”，缺少与学生生活的联系，容易脱离学生实际，其教学的实效性欠强。

经过不断的探索、实践和研究，小学品德与生活（社会）教学形成了多种教学模式，其中“活动—体验—感悟—实践”的品德学科教学模式影响较为广泛。其基本模式及操作步骤如下：

1. 紧扣目标，预设活动

每上一个主题，教师都要先仔细研读课标，认真分析本主题在本册教科书中的地位和作用。研究本主题与其他年级教学内容的纵向联系，深入了解学生实际情况，从而准确确立本主题的目标。以此为基础，围绕目标精心设计活动，做到心中有目标，活动有目的。

2. 开展活动，获得体验

心理学研究认为：“人们接受外来信息和知识是通过人体的各个感官来实现的。”情感是在感知客观事物的基础上产生的。为此，在品德教学中，应该运用音像、表演、实践操作教学手段和教学方法，创设特定的教学情境，让学生多种感官并用，激发学生参与各种活动的积极性，让学生在多种活动中，通过直接感知、体验，主动地探索，快乐地学习。根据主题目标的需要，通过欣赏活动、角色扮演、情境模拟、游戏体验等学生喜闻乐见、丰富多彩的活动，让孩子们在游戏中认知，在角色互换中交流，在情境模拟中体会，从而变枯燥的说教为有趣的活动，变生硬的说理为形象的讲述，潜移默化地引领孩子们在活动中体验。

3. 讨论交流，内化感悟

品德教学的核心理念是“以人为本”，它强调教学要尊重学生的真实感受和内心体验，力求以丰富多彩的活动拨动儿童心弦，使孩子们稚嫩的心灵碰撞出情感的火花。讨论是一种多向的信息传递，能使学生积极参与，对多种信息进行创造性的加工组合，学生在听取不同意见时，可进行比较，取长补短，集思广益，共同提高。学生经过讨论，凭借对情境体验的直感，产生新的经验，内化为自我的感悟。“讨论交流，内化感悟”这一环节，是在学生有了初步的体验之后，通过讨论交流，触动孩子们的情思，打动孩子们的心灵，使孩子们在真切体验的基础上，深刻感悟，形成难以磨灭的记忆。

4. 指导实践，回归生活

生活是儿童学习品德的基础。引领孩子们在生活中实践，在生活中检验，在生活中创造。品德教育要指导学生学会生活，快乐生活。因此，教学的最后一环节便是紧密联系儿童生活实际，创设生活场景，指导儿童学会生活。例如，教学《当灾难来临时》，在最后教学环节，教师可出示不同场景的图片，让学生自主合作找到最佳避震地点和逃生路径，并圈画出来。这样的教学把课堂的学习延伸到了课外，把学习的空间拓展到了生活，为学生创设了生活的场景，使品德教育真正回归生活。

想一想：

在小学品德与生活（社会）教学中如何运用上述教学模式？请举例说明。

二、上课的策略

（一）明确品德与生活（社会）课程宗旨与性质

1. 紧扣课程宗旨

品德与生活课程旨在培养具有良好品德和行为习惯、乐于探究、热爱生活的儿童。品德与社会课程旨在促进学生良好品德形成和社会性发展，为学生认识社会、参与社会、适应社会，成为具有爱心、责任心、良好的行为习惯和个性品质的社会主义合格公民奠定基础。课堂教学千变万化，难以预料，但始终坚持课程宗旨，这样才能使教学过程始终为教学目标的达成服务。

2. 突出教学的生活性

品德教育的内容主要源于儿童的现实生活。罗素说：教育要使儿童过美好的生活。陶行知说：生活即教育。教育研究表明，学生通过组织和参加与其自身生活有关的、看得见摸得着的具体活动，学生所受的教育感受才能深刻，才能真正领悟到人在实际生活中该怎样做，才能使他们把在学校里所接受到的教育转化为他们生活中需要的实际行为，使他们在生活中发展，在发展中生活。因此，基于儿童生活的课堂教学必然充满变化，这就要求我们立足于儿童现实生活，以教学设计（预设）为基础，机动地实施教学。

3. 凸显教学的开放性

品德与生活（社会）课程面向儿童的整个生活世界，其开放性具体表现在：第一，课程内容是开放的。从教科书到所有对儿童有意义、有兴趣的题材教学，教师可以根据实际需要，自己开发、选择、整合教学内容，而不是像以前那样，只守着既定的课本。第二，教学渠道是开放的。从教室扩展到家庭、社区及儿童的其他生活空间。品德与生活（社会）课程一改过去以课堂（教室）教学为主渠道的阵地战方式，取而代之的是多渠道立体式的教育网络。学校、老师可根据教学内容、教学方式的实际需要，灵活地选择、确定教育渠道，以实现教育的最佳效果。第三，教学时间具有开放性。教学时间可以在与学校其他活动或学科的配合和联结中弹性地延展。第四，教学评价是开放的。新课程关注儿童丰富多彩的体验和个性化的创意与表现，其评价具有过程性、多样性及重视质性评价等特点，改变了过去只关注结果的、单一化的评价方式。新的评价方法不仅能更科学合理地反映教与学的过程与结果，同时也更有利于促进儿童的学习与发展。只有牢牢把握品德与生活（社会）课程宗旨与性质，才能应对充满变化的课堂。

（二）熟悉教学设计的意图与内容

教学设计是对教学活动的预设，是组织开展课堂教学活动的方案，在实际教学过程中会因时间、场地、学生的变化而发生变化。上课应根据课堂教学的实际情况灵活运用教学设计，熟悉其中的每一项活动目标及开展细节，组织的每一项活动，游戏、讨论、调查、采访都要围绕其活动目标开展，以免偏离目标，失去活动的有效性。此外，还要熟悉重要的过渡语和每项活动的小结。熟悉教学设计，才能做到胸有成竹。

（三）精巧生成，精彩纷呈

品德与生活（社会）教学是灵动的、活泼的，是弥漫浓浓的儿童品德生活气息的生活化的课堂，是对儿童生活真实情景的再现、提炼和升华。这种生活化、活动化以及开放性决定了课堂教学会因学生的不同、感受的差异带给我们更多的惊喜、更多的感动，也会给我们带来许多的意外。这一个个的意外便是课堂的生成。虽然教学设计是课堂教学的蓝图，但实施中又不能拘泥于此，而要巧妙处理新生成的资源，使之转化为新的教育资源，从而为达成主题目标服务。在本课程教学中，要密切关注活动开展的实际情况。教师要善于倾听学生的发言，善于观察实际活动，善于捕捉有效的信息。例如，某老师在执教《集体处处有规则》一课时①，在引导学生讨论课件上展示的因闯红灯酿成惨剧的那张图片时，学生谈到，违反交通规则的人是因为存在侥幸心理，以为会没事。其实生活中因存在侥幸心理违反规则酿成惨剧的事确实存在。教师及时抓住课堂上生成的问题进行深入讨论："不管结果如何，我们能否违反规则？"于是课堂上形成了一个小小辩论现场。孩子们经过谈论、辩驳，得出了一致结论：我们要时时遵守生活中的规则。而在最初的教学设计中，教师并没有预设小辩论这一活动环节。这便是对生成资源的巧妙运用，取得了预想不到的教学效果。

想一想：

如何处理品德与生活（社会）教学设计与课堂实施的关系？

① 根据玉溪市第一小学徐文琳老师教学实况整理。

三、上课案例与分析

案例 3　　**《我们的生命》教学片段赏析**[①]

（人教版《品德与社会》四年级上册第一单元第二课）

教学目标：

1. 情感目标

体验到亲人对自己的关爱与付出，学会感恩。

2. 能力目标

（1）学会从点滴小事中感受亲人的爱。

（2）学会用自己的点滴行动回报亲人的爱。

3. 知识目标

（1）在探寻生命孕育、生命成长的过程中，了解生命成长的不易。

（2）知道自己的生命承载了亲人的爱和期望，生命不仅仅属于自己，懂得珍爱生命。

教学过程：

活动一：在教学活动的开始，教师介绍自己

师：我姓杨，名海东，家人希望我像初升的太阳永远年轻、快乐。同学们，能向我这个新朋友介绍一下你们自己吗？

生：我叫朱禹安，爸爸妈妈希望我平平安安、健健康康。

师（小结）：名字只是我们生命的标记，却饱含着家人美好、殷切的期望，因为我们身上的每一块骨骼、每一根血管、每一个细胞都来自父母——我们的生命是父母给的。

活动二：在成长故事环节中，教师展示自己童年的照片

师：同学们认得出手中拿着一把玩具枪的男孩是谁吗，猜猜看？照片中的小男孩就是老师我本人。（教师讲述照片背后的故事）这就是老师照片背后的故事，有谁愿意和大家分享自己成长的故事吗？

活动三：听采访录音（宝宝出生当天的情况）

师：听完妈妈的一番讲述，大家感受到了什么？

师：说说看，为了小生命的诞生，谁最不容易？

师：是呀，妈妈在产房里除了要承受着身体上撕心裂肺的疼痛外，还要为即将出生的你揪着心捏着一把汗。再说说，为了小生命的诞生，还有谁不容易？

师：说得对，身为一个爸爸，我对这一点最有体会。作为一个爸爸，我当时只有一个

---

① 本案例由云南省玉溪市第一小学杨海东老师提供。

期望，就是产房里的妈妈和宝宝都平平安安、健健康康。妈妈不容易，爸爸也不容易，大家再想想看，为了小生命的诞生，还有谁不容易？

活动四：让学生交流“见证学生成长物品背后的故事”

（师读出生证记录，让学生说一说、比一比自己出生时的身长体重和现在的身高体重，直观得出结论：我们长大了）

师：如果按 10 岁计算，1 年 365 天，10 年就是 3 650 天。每一天，爸爸妈妈都要管好我们吃、住、身体、生活、学习，管好我们的方方面面，容易吗？我们应该怎么做，才能让父母家人觉得安心一点、踏实一点？

（由出生证记录体会自己的成长变化，再由成长变化导入物品背后的成长故事）

生 1：这是我的病历本，小时候我生病了，嗓子发炎，全家人守了我一夜。

生 2：CD 碟片记录了我小时候的趣事。

生 3：这是我的出生医学证明。

生 4：这是我的生日礼物。

师：看到这样一个精美漂亮的生日礼物，老师脑海中萌发了这样一个问题：“我们为什么要过生日呀？”

生：为了纪念我们出生的日子。

师：为什么要纪念我们出生的日子？

生：我们出生的日子很重要。

师：我们出生的日子对谁很重要？

生：对我们……不，对家人都很重要。

师：为什么我们出生的日子对我们、对家人都显得很重要？

生：因为我们的生命来之不易。

师：对呀，其实我们的生日也是妈妈在产房里撕心裂肺的日子，是爸爸和家人最焦急不安的日子。所以，我们的快乐要和家人一起分享，我们在接到生日礼物的同时，也把自己的祝福送给父母家人，好吗？

师：我们现在就思考一下，下一个生日你打算送给谁什么礼物，或者送上什么样的祝福最能表达自己的心情。

师：刚刚听到的是同学们自己讲述，我们的爸爸妈妈其实也有许多话要对我们讲。让我们趴在桌上静静聆听亲人们记忆犹新的故事。

（播放采访家长的录音）

师：其他同学此刻你想到谁了？你想对家人和关爱你的人说点什么或打算为他们做点什么吗？（学生感言）

案例分析：

教学中教师运用“活动—体验—感悟—实践”的教学模式展开教学。教师不限于教学设计，善于抓住课堂生成资源，及时对学生加以引导，让学生深刻感受自己快乐成长的背后凝聚着家人的付出，感受成长快乐的同时，也感受到家人的艰辛。

儿童是学习的主体，学生的品德形成和社会性发展，是在各种活动中通过自身与外界的相互作用来实现的。为了让学生体验到父母对自己的爱，自己生命成长的不易，教师创设了“分享小物品背后的故事”和“听父母讲述的故事”等学生乐于接受的学习情境。活动中教师充当一位引导者、组织者，提供充分的时空让学生去思考、体验、感悟，获得“自己生命承载着许多人的爱，生命不仅仅属于自己”的深切感受。这些引导与教学设计有关，但又超越了教学预设。

新课程强调构建互动的师生关系和教学关系。教学中老师把自己的姓名及对姓名的解读、自己的照片及照片背后的故事与同学们分享，自己不仅仅是教学活动的组织者，也是教学活动的参与者，是学生学习的伙伴。在这个过程中教师与学生分享彼此的思考、见解和知识，交流彼此的情感，求得难以预设的新的发现，从而达成共识、共享、共进，实现教学相长和共同发展。在教育教学过程中，建立互动的师生关系，可以激发学生的学习兴趣，启发学生积极思维，培养学生创造力，提高教育教学质量。[①] 案例中，围绕“不容易”，对学生的回答，老师及时肯定、及时启发，使学生想到了很多关爱自己的人，如爷爷奶奶、外公外婆、医生护士等等。老师根据这些教学设计（预设）外的内容，因势利导，让学生自主体验“生命的来之不易”。这一环节在预设与生成的辩证关系中较好地体现了学生是学习的主体这一理念。

案例 4 **《我有一双明亮的眼睛》活动实录**[②]

（人教版《品德与生活》一年级下册第三单元第十课）

活动一：欣赏活动

（1）多媒体展示第一组风景画，大屏幕出示雄伟的长城、巍峨的高山、美丽的瀑布、可爱的草原、五彩缤纷的花朵、香甜可口的水果、迷人的海南风光等图片。

（2）师生共赏。

（3）师：亲爱的小朋友们，你们看到了什么？感受到了什么？

生：我看到了菊花，觉得很漂亮！

生：我看见了瀑布，觉得很美。

---

① 参见蒙明建：《教学中如何构建互动的师生关系》，载《时代教育（教育教学版）》，2008（9）。

② 参见胡梅芳：《我有一双明亮的眼睛教学实录》，见《品德与生活教师培训手册》，217 页，北京，人民教育出版社，2007。

生：我看到了长城，觉得长城很壮观。

生：我看到了大海，感受到了大海很美丽！

（4）多媒体展示第二组风景画，大屏幕出示可爱的唐老鸭、漂亮的汽车、迷人的卡通画、城市、骏马奔腾等图片。

（5）师生共赏。（蒙上眼睛的孩子一脸的困惑，其他孩子情绪非常激动）

（6）师：说一说你们看到了什么。

（先叫蒙着眼睛的同学说，再让其他同学说）

生：我的眼前一片黑暗，什么也看不到。

生：我蒙着眼睛，感觉眼前黑漆漆的，我觉得很害怕。

师：请其他小组的同学来说一说，你们看到了什么？

其他同学说：

生：我看到了小汽车。

生：我看到了圣诞老人。

生：我看到了米老鼠。

生：我看到了骏马。

生：我看到了可爱的小猫咪。

…………

（7）师：为什么他们看到了这么多，你们却没有看到呢？

生：因为我们蒙着眼睛看不见！

生：因为我们戴上了眼罩，就什么都看不见了。

师：是啊，世界是这么的美好，但是假如没有一双明亮的眼睛，我们将无法感受到五彩缤纷的世界。

那么，没有一双明亮的眼睛，还会给我们的学习、生活带来哪些不方便呢？下面我们一起玩一个游戏，小朋友们一起来体验一下。请看老师在画什么？

活动二：贴鼻子游戏

（1）师边说边画：

一个圆圈画个头，两个半圆小耳朵，两个椭圆大眼睛，弯弯的月牙小嘴巴。

（孩子们迫不及待地叫起来——熊猫、熊猫）

（2）这是什么呀？仔细观察，熊猫头上少着什么呢？它正等着大家帮它给贴上去呢，谁愿意帮助它？

（孩子们踊跃举手，都想来试一试）

（3）师：每一个小组请一个同学上来蒙上眼睛贴一贴，试试看？

（各组选派代表）

(4) 教师组织学生蒙眼睛贴鼻子，孩子们有的贴到了耳朵上，有的贴到了嘴巴上，有的贴到离熊猫很远的黑板上，有的根本找不到熊猫在哪，有一个孩子贴对了，大家都为他鼓掌！观战的孩子们不时发出一阵又一阵的笑声和加油声！

师：熊猫想问一问小朋友们，怎么把它的鼻子给贴歪了呢？

生：因为我们戴着布，看不清楚。

生：我蒙着眼睛，感觉眼前黑漆漆的就贴不准了。

生：因为我看不清楚，所以我们才会把它贴歪。

师：你来说一说你的感受吧！

生：因为蒙着黑色的布，所以看不见图画。看不见图画就贴不准。

师：原来是因为你们看不见，所以贴歪了，熊猫原谅你们了！

活动三：写字活动

(1) 师：下面请大家拿出铅笔，准备好汉语拼音纸，老师要让大家写几个字，可是今天写字跟平时不一样。怎么不一样呢？因为要把眼睛给蒙起来哟！

(孩子们发出惊奇的感叹声，都感到很好奇。有的还自言自语地说蒙着眼睛怎么写字呀？有的很自信地说“我能写好”。对于孩子们的窃窃私语教师不做任何评价，紧接着组织学生蒙眼)

师：同学们蒙好眼睛了吗？大家想做诚实的孩子吗？

(孩子们异口同声地说：想！)

师：老师早就听说咱们班的小朋友都是诚实的孩子，老师相信诚实的孩子是不会偷看的，现在请同学听老师念，老师念一个词大家写一个。写不正也没关系。

师：小朋友你好。(孩子们用心地摸索着写)

(2) 师：取下眼罩，互相看看写得怎么样？

(孩子们取下眼罩后，迫不及待地交流起来。很多孩子都笑别人写得不好，写得不好的孩子都在抱怨因为蒙着眼睛，所以写不好字)

师：谁愿意把你写的字给大家看一看？

(孩子们纷纷举手上台展示，田字格里的字写得东倒西歪，许多孩子都叫起来：“太难看了，写歪了。”)

师：你对你写的字满意吗？

生：不满意。写得太难看了。

师：为什么写不好字呢？

生：因为看不见。

师：今天蒙着眼睛写字，你有些什么感受？

生：太难过了，看不见东西，写不好字。

（另一位同学上台展示）

师：蒙着眼睛写字，你有什么感受？

生：我蒙着眼睛写字，觉得眼前的一切都是黑漆漆的。

师：原来是这样呀！接下来请同学们在小组里说一说，你们刚才参加了贴鼻子游戏和蒙着眼睛写字活动，有些什么感受？

（孩子们在小组里开始合作学习，每组6～8人，孩子们讨论激烈，气氛活跃）

（教师深入每个小组，认真倾听每个孩子的发言。然后针对不同的情况加以引导，使各组的讨论既激烈又深入。讨论大约持续了5分钟）

（3）汇报交流：说一说眼睛看不见会给我们的学习、生活带来哪些不方便。

生：如果眼睛看不见，我们就写不好字，还看不见读书。

生：进学校上楼梯时会摔跤。

生：万一旁边是一堵墙，你不知道撞上去就会摔倒了。

生：如果眼睛看不见，我们就看不见黑板上的字，看不见画画。

生：如果眼睛看不见，我们就看不见老师、同学，看不见上学和回家的路。

生：如果我的眼睛看不见，吃饭时不知道吃些什么菜，还会把饭吃到鼻子里。

生：走路不方便。

生：不知道自己穿什么颜色的衣服。

生：如果眼睛看不见，我们的生活、学习就会很不方便。

生：读书时想学习，根本不知道是什么字。

…………

师：有哪位同学知道盲人是怎样学字的？

生：他们是用手摸点。

师：你觉得盲人学起字来，跟我们相比怎么样呢？

生：非常困难。

师：亲爱的小朋友们，这说明眼睛对于我们每一个人来说怎么样呢？

（孩子们齐声说：很重要）

（4）小结过渡：正像大家所感受到的，眼睛对于我们每一个人来说确实很重要，老师希望每一位同学都能拥有一双明亮的眼睛。（板贴课题。学生不由自主地齐说“我有一双明亮的眼睛”）

师：通过刚才的活动，大家都体验到了没有一双明亮的眼睛，就会给我们的学习、生活带来很多不方便。没有一双明亮的眼睛，我们就感受不到世界的美好。

活动四：讨论活动

（1）师：亲爱的小朋友们，怎样才能拥有一双明亮的眼睛呢？在平时的学习、生活中，我们应该怎样保护眼睛呢？下面请同学们分组讨论，比一比哪一组小朋友知道的方法最多，最会保护自己的眼睛，我们就奖给他们组一颗智慧星。

（2）分组讨论。（教师巡视、指导、奖励）

（3）汇报交流。

生：不能长时间看电视，看电视要离屏幕远一点。

生：眼睛离书不能太近，看书、写字要坐正。

生：眼睛不小心进了灰尘，这时候可以用清水洗眼睛，然后闭一会儿眼睛就好了。

生：游戏时，不能用棍子打闹，这样会伤害眼睛。如果不小心伤着了眼睛，要快点去医院。

生：不能边走路边看书。

生：要多吃蔬菜和水果。

生：不能躺在床上看书。

生：不用脏手揉眼睛，不然容易得沙眼。

生：放鞭炮要小心，不要伤着眼睛。

生：要多看远处，多看青山、绿水和蓝天。多看一些绿色植物，对眼睛有帮助。

生：不能在光线太强的地方看书。

生：多吃胡萝卜。

生：要坚持做眼保健操。

师：咱们班的同学在做眼保健操的时候，有不认真的吗？

（学生小声说：有）

师：对那些没有认真做眼保健操的同学，你想对他说点什么呢？

生：我要对他说，你要好好地做眼保健操，要好好保护自己的眼睛，不然自己的眼睛瞎了，就看不到这个美丽的世界了。

师：还有谁知道有关保护眼睛的其他方法吗？

生：看书时眼睛离桌子30～35厘米。

生：要多吃鱼的眼睛，你就会有一双明亮的小眼睛。

…………

（孩子们都抢着说）

（4）读儿歌。

师：小朋友们可真会保护自己的眼睛。老师也想到了一些保护眼睛的方法，编成了一首儿歌，我们一起来读一读吧！（课件展示儿歌）

（5）师生边拍手边念儿歌。

小小眼睛对我说：
光线太强受不了，

光线太暗不舒服，
读写姿势要正确，
少看电视多休息，
绿色植物我喜欢，
多吃蔬菜和水果，
眼保健操坚持做。

（生领健康卡）

师：为了帮助小朋友用心保护自己的眼睛，老师为大家制作了一份健康卡。下课时，请小组长来领取。希望同学们在今后的学习、生活中，在老师和家长的帮助下好好保护自己的眼睛。

活动五：齐唱自编歌曲，结束课程

师：最后，老师祝愿在坐的小朋友们人人都能永远有一双明亮的眼睛，亲爱的同学们，让我们一起唱起来、跳起来吧！

师生非常投入地齐唱：

一眨一眨小眼睛，
亮呀亮呀亮晶晶，
小小眼睛用处大，
大家都来保护它！

师：祝愿小朋友们永远健康、幸福、快乐！小朋友们再见！

案例分析：

品德与生活教学强调尊重儿童的真实心理，尊重儿童的内心体验。在本堂课的教学中，教师紧密联系儿童的生活实际，注重体现儿童的心理和年龄特征。整堂课的教学源于学生现实生活，始终坚持让品德教育回归生活。根据教学设计，教师按照“欣赏画面——感悟生活；实际体验——认识生活；激发情感——行为实践”的教学流程展开教学。最终孩子们充分认识到保护眼睛的重要性，激发学生保护好眼睛的情感，引导学生在实际生活中保护好眼睛的正确行为。在本堂课的教学中，学生通过参加欣赏画面、贴鼻子游戏和蒙着眼睛写字的体验活动，感悟拥有一双明亮的眼睛是多么重要。通过课堂的组织实施，教师创设了一个开放的活动空间，将课堂还给了孩子们，把自主权交给了孩子们，使整个活动与孩子们的情感、体验、思维水乳交融。同时也使孩子们稚嫩的心灵在活动中得到滋养。以上教学的具体情形是教学设计无法预料的。

课中，教师注重以情感为基点，在讨论活动和儿歌欣赏活动中，引导孩子们互相学习、共同感受，初步了解了许多有关保护眼睛的常识，使整个活动又推向了一个新的高潮，从而体现了本堂课教学预设的主题目标。教学中教师尊重学生的体验、感悟，学生主体性得到凸显，充分体现了品德与生活课程的学科特点和课改理念。

第三节 评课

一、评课概述

（一）评课的内涵

所谓评课，顾名思义，即评价课堂教学，是在听课活动结束之后的教学延伸，是对执教教师课堂教学的得失、成败进行评议的一种活动，是加强教学常规管理、开展教育科研活动、深化课堂教学改革、促进教师专业发展的重要手段。

评课，属于常规教学活动。它与备课、上课联系起来，构成“备课—上课—评课”这样一个完整的工作体系。备课是课前准备和计划，上课是备课方案的实施过程，评课则是课后总结与教学评价。

评课是在立足课堂教学的基础上，肯定成功，发现不足，提出修改建议，指明教学方向的教学研究活动。其目的在于总结课堂教学经验，提高课堂效率，提升教师业务能力。

（二）评课的意义

（1）评课能深入分析课堂教学成败的原因，总结课堂教学的经验与教训，从而为广大教师提供借鉴，帮助教师转变教学观念，提高教学技能，甚至逐渐形成自己独特的教学风格。

（2）评课有利于教师形成教学反思的习惯。评课本身就是一种教学反思，包括对他人的反思和自我反思。经常开展课堂评价活动，能帮助教师逐渐养成课后反思的良好习惯，促进教学向反思型方向转变。

（3）以课堂为依托的评课活动的扎实开展，能加强教师之间教学思想和教学方法的交流、切磋，促进教师教学方式的转变，促进校本研究广泛而有效地实施。

（三）评课应注意的问题

1. 发挥评课的导向和激励功能

评课一是要唤醒进取心，二是要激发创造力。评课中，评课者要评出课堂教学的特色，发掘教学思想和教学方法中创新的火花，让授课教师产生成就感，激发热爱教师职业和进一步创造性开展教育教学工作的内驱力，同时也能激起听课者强烈的模仿学习的动机。

评课不是为了证明，而是为了改进。评课集管理调控、诊断指导、鉴定激励、沟通反馈及科研为一体，是研究课堂教学最直接、最具体、最有效的方法和手段之一。评课要善于抓住课堂教学中凸显的亮点，评析品德与生活（社会）课堂教学是如何体现课程宗旨与性质的。当然，也应对需要改进的方面提出中肯的建议。

2. 从品德与生活（社会）的学科特点出发进行评课

品德与生活（社会）课程标准指出："教师的主要任务不是讲解教科书，而是努力创设适宜的活动环境与条件，灵活多样地选用教学活动和组织形式，结合实际地培养儿童的品德和习惯。""教师应通过多种教学活动，帮助学生获得丰富的情感体验，从而整体地实现课程目标。"从以上两段表述，我们不难看出，品德与生活（社会）课程注重活动化、生活化，这也是我们在评课中必须要关注的重要方面。

3. 评课要有的放矢，抓住关键

在评价过程中，切忌面面俱到，毫无重点。要善于抓住关键内容进行评课，从而使得评课达到解决根本问题的目的。例如，上课教师特别注重对学生活动的引导，评课时就可以紧紧围绕这一点，理论联系实际，提出自己的看法。在对教材的处理、对教学资源的有效运用方面，哪些地方需要改进，哪些地方很有特色，都要点评到位，让参与者听了评课有"茅塞顿开"的感觉。

二、评课的策略

（一）评教学目标与教学内容

评价教学目标，即看课堂教学目标是否符合课程理念，是否符合课程标准要求；是否符合学生的实际，是否与学生的心理特征、认知水平相适应；课堂教学目标是否明确、具体，是否具有可操作性。

教学活动在内容上既依据教材又不拘泥于教材，提倡和鼓励教师从儿童的实际生活中捕捉有教育意义的内容，或与儿童合作选择内容，或利用儿童自己的选择来组织活动。评教学内容，就是要评价教师对教材的重点、难点、知识点、品德培养目标及能力训练点的把握。评价教师是否根据教学目标的需要，创造性地使用教材；是否依据学生实际，充分挖掘、利用教学资源。"重点评价教师如何看待教材，如何利用教材，在对待教材的处理方式上是否把教材看作师生对话的'案例'，而不是课程的全部。在对教材的处理方式上，能否结合学生的实际生活，对教学内容进行适当的删减和补充，是否真正做到'用教材'而不是'教教材'。"①

（二）评教学过程

"品德课应以儿童直接参与的丰富多彩的活动为主要教学形式，强调寓教育于活动之

① 郭元祥：《教师的20项修炼》，183页，上海，华东师范大学出版社，2008。

中。”品德与生活（社会）课程要求其教学活动在形式上不拘一格，做到形式服从内容，可根据具体目标、内容、条件、资源的不同，因地制宜、因校制宜地选择各种不同的教学活动类型。教学活动形式可以是单一的，也可以几种形式结合使用。教学活动时间的安排可以灵活机动些，根据主题、内容，可在一课时内完成，也可持续几课时或一段时间。可在课堂上完成，也可安排必要的课前准备活动或课后延伸活动来配合。作为一节课的教学过程，既有一般的步骤，如“导入—新授—小结”；又有个性化的流程，个性化流程主要体现在“新授”环节上。

评教学过程主要看教学准备是否充分、有效，导入是否精彩、实用。评“新授”环节的教学过程是否流畅自然，是否围绕主题目标有层次地开展活动，做到层层递进、环环相扣，以及各项活动实施开展及目标达成情况。此外，还要看教学重点是否突出，在活动过程中是否注重体验学习，活动是否具有实效性，评“小结”环节是否总结深化教学内容，等等。

（三）评教学策略

评教学策略就是要评为达成教学目标，教师有效选择、采用了哪些教学活动的方式方法或途径，如讨论、资料收集、现场调查、情景模拟与角色扮演、游戏等。具体来讲，评学生自主学习的形式与效率是否得到统一，是否尊重学生的不同意见；是否以学生自主学习为主，教师评价是否以鼓励、表扬、启发为主；是否注意引导学生从多角度思考问题；是否符合教学要求和学生实际；是否从教学实际出发，有机选择和运用现代教育技术等。

（四）评教师基本功及业务能力

评教师基本功及业务能力包括评价教师的教学基本素质、教学构思能力、教学组织能力、教学应变能力等。要求教师做到仪态端庄大方，情绪饱满，语言流畅，富有感染力，提问精练，具有启发性。要求教师对活动具有指导与调控能力。当课堂教学超出教学设计时，教师要围绕教学目标，善于调控，及时调整课堂，巧妙处理新生成的资源，使其为教学目标服务。

（五）评课堂教学效果

评教学效果主要看教师是否按时、按量、按质完成了教学任务和目标；学生的情感态度价值观是否有所提高；学生是否掌握了所学知识和能力；学生是否积极主动地参与活动，通过活动，学生是否在原有基础上获得发展。通过课堂观察查看学生学习的参与面、积极性；通过活动的开展、学生的感受体验，评价学生是否学得轻松、学得愉快。此外，还要看整个课堂教学有无特色。总之，对教学效果的评价是评价课堂教学组织与实施是否成功的关键。

（六）提出不足及改进建议

针对实际教学中存在的问题，从教学目标的设置、教学活动的开展、生成资源的运用、教学策略的选择等方面提出改进的意见和建议。

一般来说，品德与生活（社会）课堂教学中经常出现的问题有：第一，活动的实效性不强。有些活动在组织实施的过程中流于形式，导致活动偏离主题目标。第二，资源运用的效果欠佳。例如，某位教师在执教《春天说了什么》一课时，从网络上下载了许多图片让学生欣赏。图片虽美，但离学生的实际生活有些远，这种脱离儿童生活的欣赏活动难以奏效。品德与生活（社会）课堂教学中使用的教学资源应该紧扣教学目标，收集来自学生生活真实场景的图片、资料。第三，活动存在安全隐患。例如，某位教师在执教《集体力量大》一课时，设计了折断牙签的体验活动，存在安全隐患。第四，教师角色转换不到位，没有体现学生的主体地位。教师讲授过多，学生体验不够、感悟不深。第五，没能及时捕捉、有效利用课堂上的新生成资源，教师调控课堂教学的能力有待提高。

三、评课案例与分析

案例 5 **《集体处处有规则》评课片段**①

（浙教版《品德与社会》四年级上册第三单元第二课）

《集体处处有规则》一课的教学，较好地体现了品德与社会课程的教学要求与学科特点。

1. 体现了本课程的基本理念

虽然有限的教学时间无法涵盖学生的全部生活，但回归生活，关注儿童的现实生活，反映儿童的需要，始终是我们每堂课中所追寻的。教师在教学中能够紧密联系儿童实际，从儿童所见所闻所感出发，重视儿童的切身体验，通过开展一系列丰富多彩的活动，达成主题目标。学生在这堂课上，感悟到规则就像一位神奇的魔术师：在游戏中，它是一张张可爱的笑脸，让我们玩得更开心；在校园里，它就是一朵朵盛开的鲜花，让我们的校园生活充满了欢乐；在马路上，它就像一名无声的指挥家，让车辆和行人有序地通过，奏响了一首和谐的马路交响曲。教学的意义不知不觉地向课外的生活世界延伸。

2. 教学目标明确、具体、全面

教师在教学时通过使用各种灵活巧妙的方法，让学生在轻松、愉快的课堂氛围中知道集体处处有规则，明白遵守规则的重要性，做个讲文明、有教养的人。

3. 教师精心设计每一个活动环节，源于生活，高于生活，从而指导儿童学会生活

从整个教学活动设计来看，活动充分体现了品德与社会课程的学科特点，老师转变教

① 本案例由云南省玉溪市第一小学胡梅芳老师提供。

育观念，真正做到了教师角色的转变。

案例分析：

教师抓住本课程的宗旨与课程性质展开评课，评课体现了本课程的总目标要求，对教师确立教学目标的准确度、体现的学科特点以及设计活动的基本理念进行了评析。

案例6 **《我们的生命》“教学组织实施”评课片段**①

（人教版《品德与社会》四年级上册第一单元第二课）

《我们的生命》一课教学活动丰富多彩、趣味盎然，教法灵活多样，妙趣横生，体现了创新教育理念，彰显了学科特色（部分教学片段详见本章第二节案例3）。

教师巧妙设计了“课前访谈、课中交流、分享成长故事、聆听家长采访录音”等儿童喜闻乐见、丰富多彩、妙趣横生而又意义深远的活动。活动设计目的性强，教师驾驭课堂能力强，做到了活而不乱、动则有序，收放自如，活动效果好。这既活跃了课堂气氛、调动了学生学习的热情，又使孩子们在活动中体验、感悟、升华，从而取得了“水到渠成”的教育效果。“落叶有声，教育无痕”。课堂上一次次声情并茂的讲述，一幕幕动人的情景，一件件感人的故事，将成为孩子们永恒的记忆！

教学中教师善于充分利用教材、巧妙挖掘教育资源，加以提炼，点石成金。教学中恰当利用多媒体辅助教学，让音乐、美术素材较好地为教学服务，体现了学科的综合性。活动内容的呈现形式多样，充分调动儿童多种感官。教师通过创造性地运用教材、有创意地设计活动，鼓励学生有创意地回答，让孩子们在“看一看”“说一说”“听一听”“议一议”等活动中学习有创意地生活。

生成性课程资源是课程资源中的重要组成部分。在这一堂课的教学中，学生交流不是“走形式”，教师非常注意教学设计与教学实施的关系，倾听学生的交流发言，及时抓住“有价值的点”，把它们当作课堂上临时生成的资源并加以利用，及时引导学生讨论和思考：“为什么爸爸要戒烟？”“为什么妈妈不吃药？”通过讨论交流，让学生深切地体验和感悟到“生命的来之不易”，明白“生命不仅仅属于自己”。教师没有机械地按照教学设计进行教学，而是通过捕捉、激活和利用生成的课程资源，充分调动学生学习的积极性和主动性，使课堂真正成为生命的课堂，一个灵动的、鲜活的、充满生机的课堂。

案例分析：

《我们的生命》一课是四年级上册的内容，属于品德与社会课程。评课教师善于抓住

① 根据玉溪市第一小学胡梅芳老师提供的教研活动交流稿改编。

本堂课的闪光点，对执教教师具有较强的教学资源把握能力及课堂组织调控能力进行评课，围绕活动设计的目的性、组织形式的多样性、实施效果的有效性以及教师巧妙运用新生成资源等方面进行了评价。这样的评课，重点突出，使整堂课的构思、脉络跃然纸上，既是对教学各环节的剖析，又与听课及授课教师进行了深刻交流。

思考与练习

1. 在品德与生活（社会）教学设计的组织实施中，说课是不可或缺的重要环节。请自选现行教材中的某部分内容，撰写一篇说课稿。

2. 观看一段品德与生活（社会）教学视频，完成一篇评课稿，以小组为单位进行交流。

阅读文献

1. 张行涛，郭东岐. 新世纪教师素养. 北京：首都师范大学出版社，2003.

2. 郭元祥. 教师的 20 项修炼. 上海：华东师范大学出版社，2008.

3. 朱慕菊. 走进新课程：与课程实施者对话. 北京：北京大学出版社，2002.

4. 张茂聪，史德志，张新颜. 小学品德、生活与社会教师专业能力必修. 重庆：西南师范大学出版社，2012.

参考文献

［1］中华人民共和国教育部．义务教育品德与生活课程标准（2011 年版）．北京：北京师范大学出版社，2012.

［2］中华人民共和国教育部．义务教育品德与社会课程标准（2011 年版）．北京：北京师范大学出版社，2012.

［3］吴效锋．新课程怎样教：教学艺术与实践．沈阳：沈阳出版社，2003.

［4］蒋蓉，李金国．小学课程与教学论．北京：北京师范大学出版社，2013.

［5］刘文奇，等．新课程发展性教师评价．北京：中国轻工业出版社，2004.

［6］张茂聪，林冶金．小学品德与生活课程标准研究与实施．济南：山东教育出版社，2012.

［7］朱慕菊．走进新课程：与课程实施者对话．北京：北京师范大学出版社，2002.

［8］钱源伟．基础教育改革研究．上海：上海科技教育出版社，2003.

［9］赵志毅．德育原理与方法．北京：人民教育出版社，2013.

［10］赵昕．新教材编写的思考与实践//品德与生活教师培训手册．北京：人民教育出版社，2007.

［11］中国社会科学院语言研究所词典编辑室．现代汉语词典：第 6 版．北京：商务印书馆，2012.

［12］马丁一．小学品德与生活　品德与社会．北京：北京师范大学出版社，2010.

［13］杨翠英．换个角度想一想．试教通讯．品德与社会专辑（六），2007.

［14］李吉林．美的彼岸：诠释：情境课程的建构．北京：教育科学出版社，2012.

［15］李吉林．为了儿童的学习：情境课程的实验与建构．北京：外语教学与研究出版社，2008.

［16］余文森．情境教学的知识论基础和教学论意义//李吉林和情境教育学派研究．北京：教育科学出版社，2011.

［17］黄向阳．德育原理．上海：华东师范大学出版社，2000.

［18］朱小蔓．情感教育论纲．南京：南京出版社，1993．

［19］刘惊铎．道德体验论．北京：人民教育出版社，2003．

［20］曾钊新，李建华．道德心理学．长沙：中南大学出版社，2002．

［21］邱伟光，张耀灿．思想政治教育学原理．北京：高等教育出版社，2006．

［22］鲁洁，王逢贤．德育新论．南京：江苏教育出版社，2010．

［23］鲁洁．品德与社会教师用书．南京：江苏教育出版社，2008．

［24］陶行知．陶行知全集：第 2 卷．长沙：湖南教育出版社，1985．

［25］汪凤炎等．德化的生活：生活德育模式的理论探索与应用研究．北京：人民出版社，2005．

［26］郭元祥．教师的 20 项修炼．上海：华东师范大学出版社，2008．

［27］胡梅芳．我有一双明亮的眼睛教学实录//品德与生活教师培训手册，北京：人民教育出版社，2007．

［28］苏霍姆林斯基．给教师的建议．北京：教育科学出版社，1988．

［29］拉尔夫·泰勒．课程与教学的基本原理．北京：人民教育出版社，1994．

［30］卢梭．爱弥尔．北京：人民教育出版社，2001．

［31］阿莫纳什维利．孩子们，你们好!．北京：教育科学出版社，2002．

［32］洛克．教育漫话．北京：人民教育出版社，1985．

［33］成尚荣．生活教育·儿童世界·青春文化：从审视的视角解读品生、品社和思品课标．基础教育课程，2012（Z1）．

［34］成尚荣．体验：学生新的学习方式．人民教育，2005（18）．

［35］杨翠英．以人为本　自主体验　获得发展：《品德与生活》教学体会．课程教材教学研究（小教研究），2003（12）．

［36］杨翠英．让家长成为教学活动的合作者．云南教育，2005（16）．

［37］杨翠英．谈品德与生活（社会）课教学目标的确立．云南教育·小学教师，2008（Z2）．

［38］有宝华．品德与生活课程性质分析．人民教育，2002（增刊）．

［39］鲁洁．行走在意义世界中：小学德育课堂巡视．课程·教材·教法，2006（10）．

［40］鲁洁．回归生活："品德与生活""品德与社会"课程与教材探寻．课程·教材·教法，2003（9）．

［41］鲁洁．品德与生活、品德与社会：最有魅力的课程//品德与生活教师培训手册．北京：人民教育出版社，2007．

［42］鲁洁．教育：人之自我构建的实践活动．教育研究，1998（9）．

［43］高峡．品德与社会课程标准修订要点简述．基础教育课程，2012（Z1）．

［44］吴慧珠．学习和实施《品德与社会课程标准》．中小学教材教学，2003（31）．

［45］吴慧珠．《品德与社会》课程设计背景、课程性质、课程理念和设计思路．人民教育，2002（增刊）．

［46］陶元红．品德与社会课教学的实施探讨．课程·教材·教法，2003（9）．

［47］马乃根，从立新．品德与社会课程的实施建议．人民教育，2002（增刊）．

［48］肖川．体验：从知识到教养的中介．北京教育，2003（4）．

［49］丁晓东．马克思交往实践观在道德教育中的意义解读．教育评论，2005（5）．

［50］文喆．学习方式、传播方式与课堂教学改革．人民教育，2000（12）．

［51］王发亮．语文“口语交际”教学因思辨而彰显智慧火花．教书育人·校长参考，2014（11）．

［52］黄伟．构建思辨课堂　领略思维光芒．中小学德育，2012（9）．

［53］王立岩，于合乐．巧设道德两难问题　促进道德判断发展．小学时代，2009（12）．

［54］蒙明建．教学中如何构建互动的师生关系．时代教育（教育教学版），2008（9）．

［55］吴刚平．课程资源的理论构想．教育研究，2001（9）．

［56］段兆兵．课程资源的内涵与有效开发．课程·教材·教法，2003（3）．

图书在版编目（CIP）数据

小学品德与生活（社会）教学设计与案例分析/丁晓东主编．—北京：中国人民大学出版社，2017.3
21世纪小学教师教育系列教材/惠中总主编
ISBN 978-7-300-22796-2

Ⅰ.①小… Ⅱ.①丁… Ⅲ.①思想品德课-教学研究-小学-师资培养-教材②劳动课-教学研究-小学-师资培养-教材③社会科学课-教学研究-小学-师资培养-教材 Ⅳ.①G623.102

中国版本图书馆CIP数据核字（2016）第079921号

21世纪小学教师教育系列教材
总主编 惠 中
小学品德与生活（社会）教学设计与案例分析
主 编 丁晓东
副主编 董一红 杨翠英 陈丽芳
Xiaoxue Pinde yu Shenghuo（Shehui）Jiaoxue Sheji yu Anli Fenxi

出版发行	中国人民大学出版社		
社　　址	北京中关村大街31号	**邮政编码**	100080
电　　话	010－62511242（总编室）		010－62511770（质管部）
	010－82501766（邮购部）		010－62514148（门市部）
	010－62515195（发行公司）		010－62515275（盗版举报）
网　　址	http://www.crup.com.cn		
经　　销	新华书店		
印　　刷	北京七色印务有限公司		
规　　格	185 mm×260 mm　16开本	**版　　次**	2017年3月第1版
印　　张	18.75	**印　　次**	2022年8月第5次印刷
字　　数	358 000	**定　　价**	38.00元